Tous ensemble

Grammatik

für den mittleren Abschluss

von
Anja Reuthe
Brigitte Schröder
Sabine Schweiger

Ernst Klett Verlag
Stuttgart Leipzig

1. Auflage

1 8 7 6 5 4 | 2020 19 18 17 16

Alle Drucke dieser Auflage sind unverändert und können im Unterricht nebeneinander verwendet werden.
Die letzte Zahl bezeichnet das Jahr des Druckes.

Autoren: Anja Reuthe, Hamburg; Brigitte Schröder, Freiburg; Sabine Schweiger, Sigmaringen

Redaktion: Burgunde Niemczyk, Christine Séguret

Gestaltung: Eveline Wiest
Umschlaggestaltung: Birgit Gaab; Eveline Wiest
Illustrationen: Myrtia Rockstroh, Berlin; Helga Merkle, Albershausen
Satz: media office gmbh, Kornwestheim
Reproduktion: Meyle + Müller, Medien-Management Pforzheim
Druck: Mohn Media Mohndruck GmbH, Gütersloh

Printed in Germany
ISBN 978-3-12-523933-3

Bonjour!

Diese Grammatik enthält den gesamten Lernstoff, den du im **Französischunterricht** für den **Abschluss in Klasse 10** beherrschen musst und der in allen Lehrwerken behandelt wird.

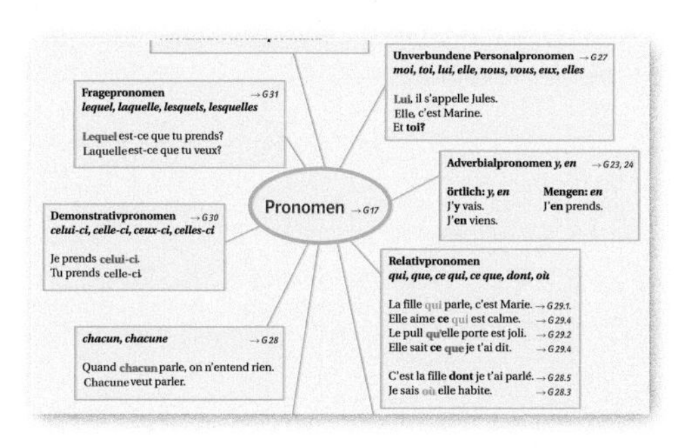
Unverbundene Personalpronomen → G 27
moi, toi, lui, elle, nous, vous, eux, elles
Lui, il s'appelle Jules.
Elle, c'est Marine.
Et **toi?**

Fragepronomen → G 31
lequel, laquelle, lesquels, lesquelles
Lequel est-ce que tu prends?
Laquelle est-ce que tu veux?

Adverbialpronomen *y, en* → G 23, 24
örtlich: *y, en* — J'y vais. J'en viens.
Mengen: *en* — J'en prends.

Pronomen → G 17

Demonstrativpronomen → G 30
celui-ci, celle-ci, ceux-ci, celles-ci
Je prends celui-ci.
Tu prends celle-ci.

Relativpronomen
qui, que, ce qui, ce que, dont, où
La fille qui parle, c'est Marie. → G 29.1.
Elle aime **ce** qui est calme. → G 29.4
Le pull qu'elle porte est joli. → G 29.2
Elle sait **ce** que je t'ai dit. → G 29.4
C'est la fille **dont** je t'ai parlé. → G 28.5
Je sais où elle habite. → G 28.3

chacun, chacune → G 28
Quand chacun parle, on n'entend rien.
Chacune veut parler.

Du kannst die Grammatik **zum selbstständigen Lernen**, **zum Nachschlagen** bei **Hausaufgaben** und **zur Vorbereitung** von **Klassenarbeiten** nutzen.

Die Grammatik ist in **13 thematische Kapitel** gegliedert (s. Inhaltsverzeichnis ab S. 4).
Zu Beginn jeden Kapitels gibt es eine **Zoom-Seite**, aus der du auf einen Blick alle grammatischen Strukturen ersehen kannst.

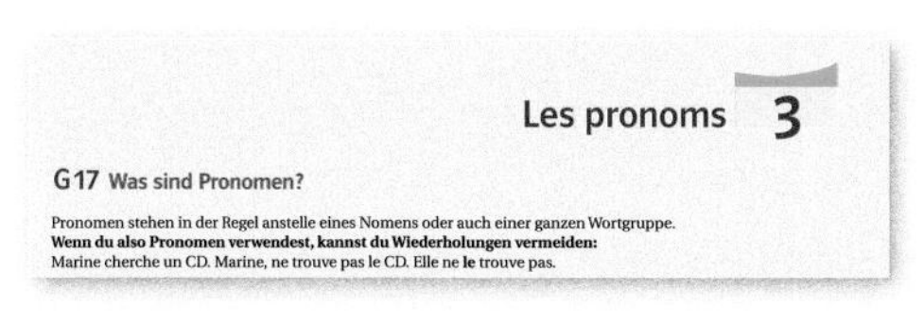
Les pronoms 3

G 17 Was sind Pronomen?

Pronomen stehen in der Regel anstelle eines Nomens oder auch einer ganzen Wortgruppe.
Wenn du also Pronomen verwendest, kannst du Wiederholungen vermeiden:
Marine cherche un CD. Marine, ne trouve pas le CD. Elle ne **le** trouve pas.

Auf der gegenüberliegenden Seite findest du eine erklärende **Einführung** in das Kapitel (z.B. Was sind Pronomen?).

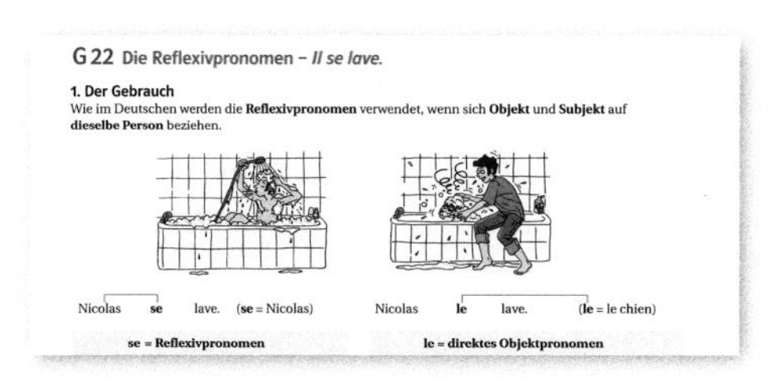
G 22 Die Reflexivpronomen – *Il se lave.*

1. Der Gebrauch
Wie im Deutschen werden die **Reflexivpronomen** verwendet, wenn sich **Objekt** und **Subjekt** auf **dieselbe Person** beziehen.

Nicolas **se** lave. (**se** = Nicolas) — Nicolas **le** lave. (**le** = le chien)

se = Reflexivpronomen — **le = direktes Objektpronomen**

Bei den jeweiligen grammatischen Strukturen wird zunächst der **Gebrauch** und dann die **Bildung** erläutert. Viele einprägsame **Beispielsätze** und **Illustrationen** aus dem alltäglichen Leben helfen dir, die **Regeln** zu lernen und anzuwenden.

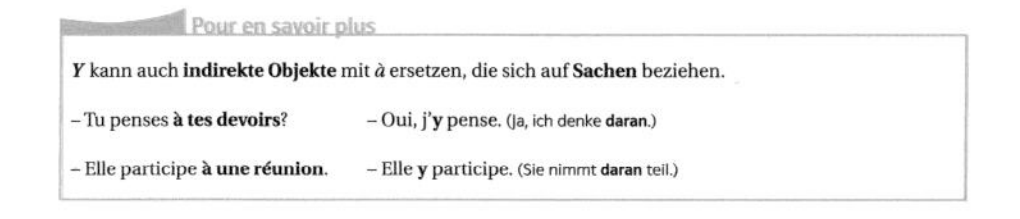
Pour en savoir plus

Y kann auch **indirekte Objekte** mit *à* ersetzen, die sich auf **Sachen** beziehen.

– Tu penses **à tes devoirs**? — – Oui, j'y pense. (Ja, ich denke **daran**.)

– Elle participe **à une réunion**. — – Elle y participe. (Sie nimmt **daran** teil.)

Um mehr über das grammatische Thema zu wissen, kannst du dir die Rubrik ***Pour en savoir plus*** anschauen.

Eine Übersicht über alle wichtigen Verben findest du in **Kapitel 13**.

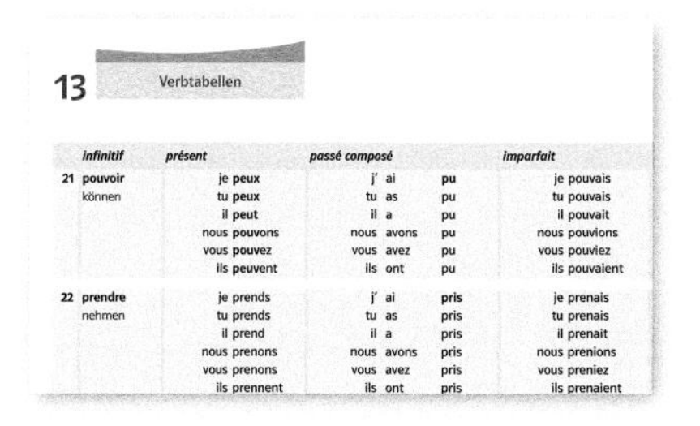
13 Verbtabellen

	infinitif	*présent*	*passé composé*		*imparfait*
21	**pouvoir**	je **peux**	j' ai	**pu**	je pouvais
	können	tu **peux**	tu as	pu	tu pouvais
		il **peut**	il a	pu	il pouvait
		nous **pouvons**	nous avons	pu	nous pouvions
		vous **pouvez**	vous avez	pu	vous pouviez
		ils **peuvent**	ils ont	pu	ils pouvaient
22	**prendre**	je prends	j' ai	**pris**	je prenais
	nehmen	tu prends	tu as	pris	tu prenais
		il prend	il a	pris	il prenait
		nous prenons	nous avons	pris	nous prenions
		vous prenons	vous avez	pris	vous preniez
		ils prennent	ils ont	pris	ils prenaient

Im Anhang gibt es ein Verzeichnis der **grammatischen Begriffe** und ein **Stichwortverzeichnis** ab Seite 180.

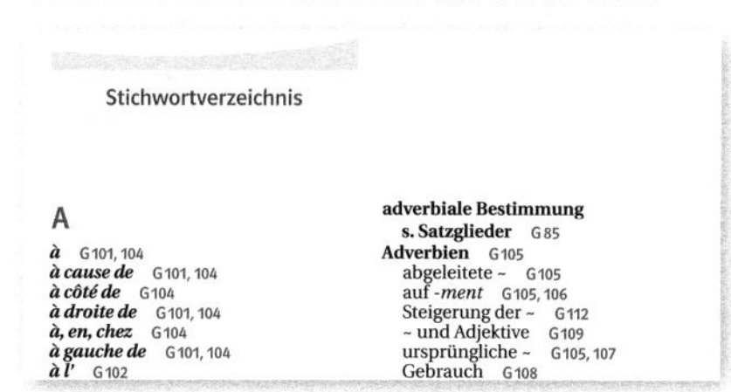
Stichwortverzeichnis

A

à G 101, 104
à cause de G 101, 104
à côté de G 104
à droite de G 101, 104
à, en, chez G 104
à gauche de G 101, 104
à l' G 102

adverbiale Bestimmung
s. Satzglieder G 85
Adverbien G 105
abgeleitete ~ G 105
auf *-ment* G 105, 106
Steigerung der ~ G 112
~ und Adjektive G 109
ursprüngliche ~ G 105, 107
Gebrauch G 108

Viel Erfolg beim Lernen und Üben!

1 Französisch mit System

2 Die Nomen und Begleiter

3 Die Pronomen

4 Die Adjektive

5 Das Verb

6 Die Verneinung

7 Der Satz

8 Der Fragesatz

9 Die Präpositionen

10 Die Adverbien

11 Die Länder und Nationalitäten

12 Die Zahlen und Mengen

Zeichenerklärung

F/D **Sprachvergleich:** Die französische Sprache wird mit der deutschen verglichen.

Achte auf die **Aussprache.**

! Das Ausrufezeichen macht dich auf besondere **Schwierigkeiten**, häufige **Fehlerquellen** oder **Ausnahmen** aufmerksam.

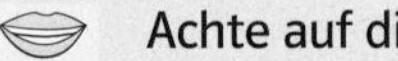

Um **weitere Informationen** zu erhalten, einfach den entsprechenden Online-Link auf www.klett.de eingeben. → *G 133–135*

Un peu de méthode 1

Um eine Sprache zu lernen, ist es wichtig, ihre **Gesetzmäßigkeiten** und **Systematik** zu verstehen.

In diesem Kapitel werden dir Lerntipps gegeben, die sich auf folgende Bereiche beziehen:

Die *accents* →G1

– *l'accent aigu* **é**
– *l'accent grave* **è**
– *l'accent circonflexe* **ê**

Nomen und Artikel →G4

– Lerntipp

Fehler vermeiden! →G5

– Worauf achte ich beim Verb?
– Worauf achte ich beim Nomen?

Die Sonderzeichen →G2

– *la cédille* ç
– *le tréma* ë
– *l'apostrophe* l'

Französisch mit System

Besonderheiten der Aussprache →G3

– Konsonanten und Vokale
– Nasalvokale
– die Bindung

Die Verben →G6

– die Verb-Endungen
– die Zeiten

1 Französisch mit System

G1 Die *accents*

Im französischen **Schriftbild** fallen sofort die **Akzente** ***(les accents)*** auf:

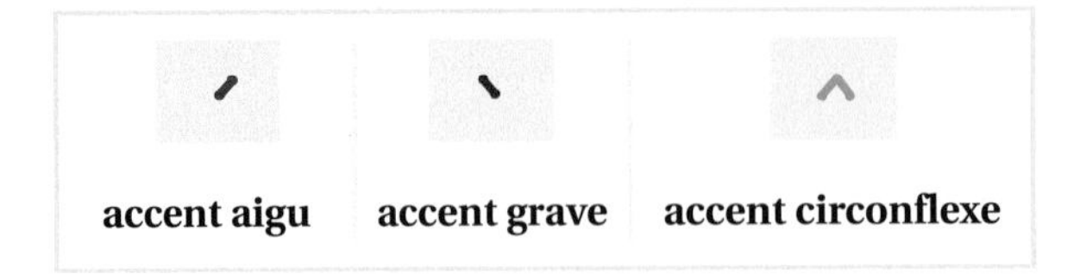

- **Die Akzente** dienen der Unterscheidung von zwei **gleich klingenden Wörtern**:

a	=	Verb „haben": **hat**
à	=	Präposition: **in, nach, zu** …
ou	=	**oder**
où	=	die Frage: **Wo?**

- oder sie zeigen eine **besondere Aussprache** an:

le caf**é**	la m**è**re	le r**ê**ve	**le**
[e]	[ɛ]	[ɛ]	[ə]

a Der *accent aigu*

Der ***accent aigu*** steht nur auf dem ***é***.

Er beeinflusst die **Aussprache**: *le café*
(-e ≠ -é).

le caf**é** [e] le t**é**l**é**phone [e] [e]

b Der *accent grave*

Der ***accent grave*** kann auf ***è***, ***à*** oder ***ù*** stehen.

- Steht er auf dem **è**, so beeinflusst er die **Aussprache**: *le père*
(-e ≠ -è)

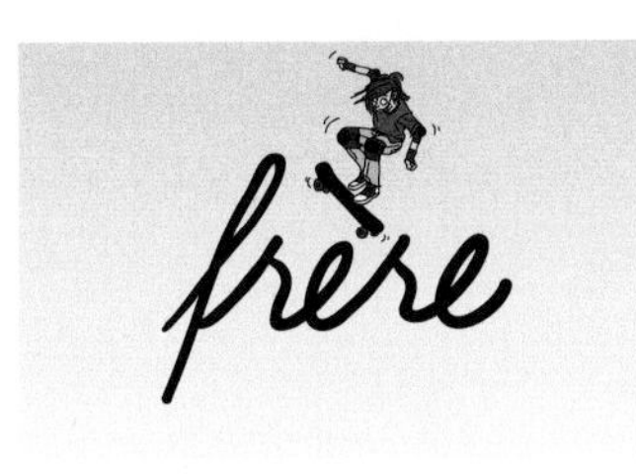

la m**è**re [ɛ] le p**è**re [ɛ] le fr**è**re [ɛ]

- Steht der ***accent grave*** auf anderen Vokalen, so dient er der **Bedeutungs**unterscheidung. Die Aussprache ändert sich nicht.

Je suis **à** Paris. in	Elle **a** 15 ans. hat
Je suis **là**! da	Voilà **la** prof de maths. die
Où est Jules? Wo	Tu veux du café **ou** du thé? oder

à

ù

c Der *accent circonflexe* ^

Der ***accent circonflexe*** kann auf allen Vokalen (außer auf *y*) stehen:

la fenêtre	une île	un hôtel	une pâtisserie	sûrement
das Fenster	eine Insel	ein Hotel	eine Konditorei	bestimmt

Der *accent circonflexe* beeinflusst die Aussprache bei -ê: *fenêtre*:
[ɛ]

-ê wird wie -**è** ausgesprochen.

G 2 Die Sonderzeichen

a Die *cédille* ¸

c-cédille steht **vor *a, o, u*** und beeinflusst die **Aussprache**:

français	le garçon	déçu
[s]	[s]	[s]

Nicolas est un garçon français.

ça ço çu

- ***C*** vor ***a, o, u*** wird **[k]** ausgesprochen: *le coca.*

Cécile adore le coca.
[s] [s] [k] [k]

- ***C*** vor ***e, i*** und ***y*** wird **[s]** ausgesprochen: *la cédille, **Cécile**.*

Cécile n'a pas de cédille.
[s] [s] [s]

b Das *tréma* ¨

Das ***tréma*** steht bei einigen Wörtern über dem Vokal ***ë*** oder ***ï*** und beeinflusst die **Aussprache**: Jeder Vokal wird einzeln ausgesprochen.

No**ë**l [oɛ]	l'ég**oï**ste [oi]	le m**aï**s [ai]
Weihnachten	der Egoist	Mais

ë ï

Vergleiche: le m**aï**s (Mais) – m**ai**s (aber)

Schreibe die Akzente immer besonders deutlich.

Beim Lernen kannst du sie farbig nachzeichnen: *On va à la fête de Léa.*

Ordne die Lernwörter mit Sonderzeichen in einer Tabelle an:

é	à / è / ù	â / ê / î / ô / û	ë / ï	ça / ço / çu
le caf**é**	la m**è**re	l'h**ô**tel	No**ë**l	la le**ç**on

c Der Apostroph – *L'apostrophe* '

Vor Vokal und stummem ***h*** werden **Begleiter** und **Pronomen auf *-e*** und ***-a*** und das Verneinungswort ***ne*** **apostrophiert.**

Apostrophiert werden z. B.:

le → **l'é**léphant	**ne** → il **n'é**coute pas
la → **l'a**mbiance / **l'h**eure	**que** → parce **qu'e**lle
je → **j'a**ime / **j'h**abite	**ce** → **c'e**st
me, te, le → tu **m'a**imes / elle **t'a**ime	

d Sonderzeichen tippen

Du drückst **zuerst** die **Akzenttaste**, **dann** den **Vokal**.

l'accent aigu ´ + e

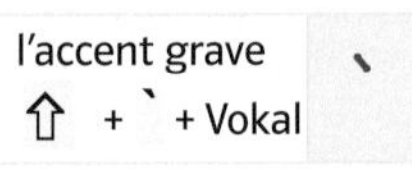

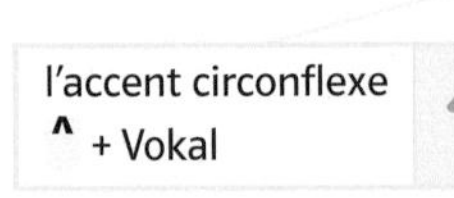

l'apostrophe ⇧ + '

Mit **Tastenkombinationen** kannst du die Sonderzeichen ***Ç, ç, œ, ë, ï*** eingeben. **Halte** dabei **die Alt-Taste fest** und **tippe die Ziffern** über die **Num-Tastatur** ein.

Die Num-Tastatur wird über  aktiviert.

Du findest auch alle Symbole in WORD® unter „Einfügen / Symbol", Schriftart: Normaler Text.

Ç = **Alt + 128**
ç = **Alt + 135**
œ = **Alt + 0156**
ë = **Alt + 0235**
ï = **Alt + 0239**
« = **Alt + 0171**
» = **Alt + 0187**

G 3 Besonderheiten der Aussprache

a Aussprache einiger Konsonanten und Vokale – *Les consonnes et les voyelles*

Allgemeine Ausspracheregeln der französischen Sprache:

	Französische **Aussprache**	Französische **Schreibweise**	**Beispiele**
Konsonanten	[g]	g (+ a, o, u)	Les **gar**çons jouent au **go**lf.
	[ʒ]	g (+ e, i, y)	Notre **gy**mnase est **gé**nial, n'est-ce pas **Geo**rges?
	[ʒ]	j	En **j**uin, les **j**eunes **j**ouent dans le **j**ardin.
	[s]	c (+ e, i, y)	**Cé**cile va au **cy**bercafé.
	[s]	ç	J'ai re**çu** un gar**ço**n fran**ça**is.
	[k]	c (+ a, o, u)	**Ca**roline aime la **co**nfiture.
	[k]	qu	**Qu**i est-ce? **Qu**'est-ce **qu**e c'est?
Vokale	[a]	a	**a**lors
	[ə]	e	**le**, **de**, **me**, **ce***
	[e]	é	Tu prends du th**é** ou du caf**é**?
	[e]	er, ez, es	Je vais all**er** ch**ez** d**es** amis.
	[i]	i, y	**Ici**, **il** **y** a notre g**y**mnase.
	[ij]	ill	fam**ille** Ausnahmen: mi**lle**, tranqui**lle**
	[o]	o, au, eau	A c**ô**té de l'h**ô**pital, il y a **au**ssi un b**eau** chât**eau**.
	[u]	ou	**où**, p**ou**r
	[wa]	oi	**toi**, v**oi**r
	[ɛ]	è, ê, ai	Ma m**è**re **ai**me ouvrir les fen**ê**tres.
	[ø]	eu	Il v**eu**t d**eu**x **eu**ros.
	[œ]	œ, eu	Ma s**œu**r est venue à n**eu**f h**eu**res.
	[y]	u	T**u** veux d**u** j**u**s?

c sprichst du [k], *g* sprichst du [g] vor *a, o, u*.

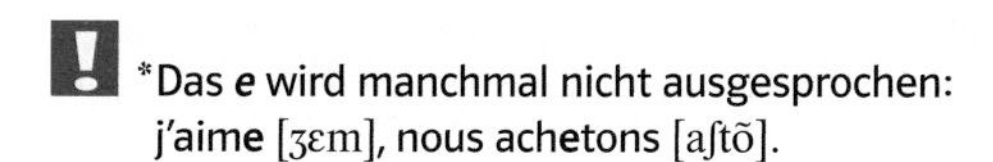

*Das **e** wird manchmal nicht ausgesprochen: j'aime [ʒɛm], nous achetons [aʃtõ].

b Der Nasalvokal

Eine Besonderheit in der Aussprache des Französischen ist der **Nasalvokal / Nasallaut**.

[ɑ̃]	en, an	d**an**s, pr**en**dre, **em**mener, ex**em**ple
[ɛ̃]	in, ain, un	**un**, br**un**, p**ain**, **im**portant
[õ]	on	**on**, b**on**, c**om**pter, n**om**
[jɛ̃]	ien	b**ien**, t**ien**s, v**ien**s
[wɛ̃]	oin	m**oin**s, l**oin**

• Wenn auf die Vokale ***a, e, i, o, u, y*** ein ***n*** bzw. ***m*** folgt, wird der Laut in der Regel **nasal** ausgesprochen: **Nasalvokal**.

c Die Bindung – *La liaison*

Beim **Sprechen** und **Lesen** musst du im Französischen besonders auf die **Bindungen** *(les liaisons)* achten.

les **é**lèves	→	les‿élèves (z)	Das gebundene **s‿** wird wie [z] ausgesprochen.
est **à**	→	Il est‿à Paris (t)	
un ami	→	un‿ami (n)	
un hôtel	→	un‿hôtel (n)	

• Endet ein Wort mit einem **stummen Konsonanten** (z. B. *les*) und beginnt das nächste Wort mit **einem Vokal** *(a, e, i, o, u, y)*, bzw mit **stummem *h*,** so werden beide **gebunden**.

! Attention! Nach ***et*** gibt es keine Bindung:
Il cherche et‿il trouve.

G 4 Nomen und Artikel

Im **Deutschen** gibt es **drei** grammatische Geschlechter.	**der Mann**	**die Frau**	**das Rad**
Im **Englischen** gibt es **ein** grammatisches Geschlecht.	**the man** **the woman**		
Im **Französischen** gibt es **zwei** grammatische Geschlechter.	**le garçon**	**la fille**	

F/D **Lerne: Nomen + Artikel**

la rue – die Straße
le citron – die Zitrone

Markiere männliche **Nomen** blau, und weibliche **Nomen** rot.

Beim Vokabel lernen ist es wichtig, dass du dir zu dem Nomen gleich den Artikel einprägst, denn die französischen Nomen haben **oft ein anderes Geschlecht** als die entsprechenden deutschen Nomen.

G 5 Fehler vermeiden!

Um Fehler zu vermeiden, solltest du deine Hausaufgaben, Tests oder Klassenarbeiten in **zwei Etappen** überprüfen.

1. Das Verb ist das Zentrum des Satzes.

Kontrolliere zuerst, ob alle Verben die richtige **Endung** haben.

- Stimmen **Zeit** *(présent, passé composé …)* und **Person** *(je, tu, il …)*?
- Passt die **Verbform zum Subjekt** des Satzes?

2. Das Nomen

Die Übersicht zeigt dir, welche Wortarten sich dem Nomen angleichen müssen.

Ist das Nomen weiblich und/oder steht es im Plural, so musst du die **Begleiter,** aber auch die **Adjektive** und das ***participe passé*** entsprechend **anpassen**.

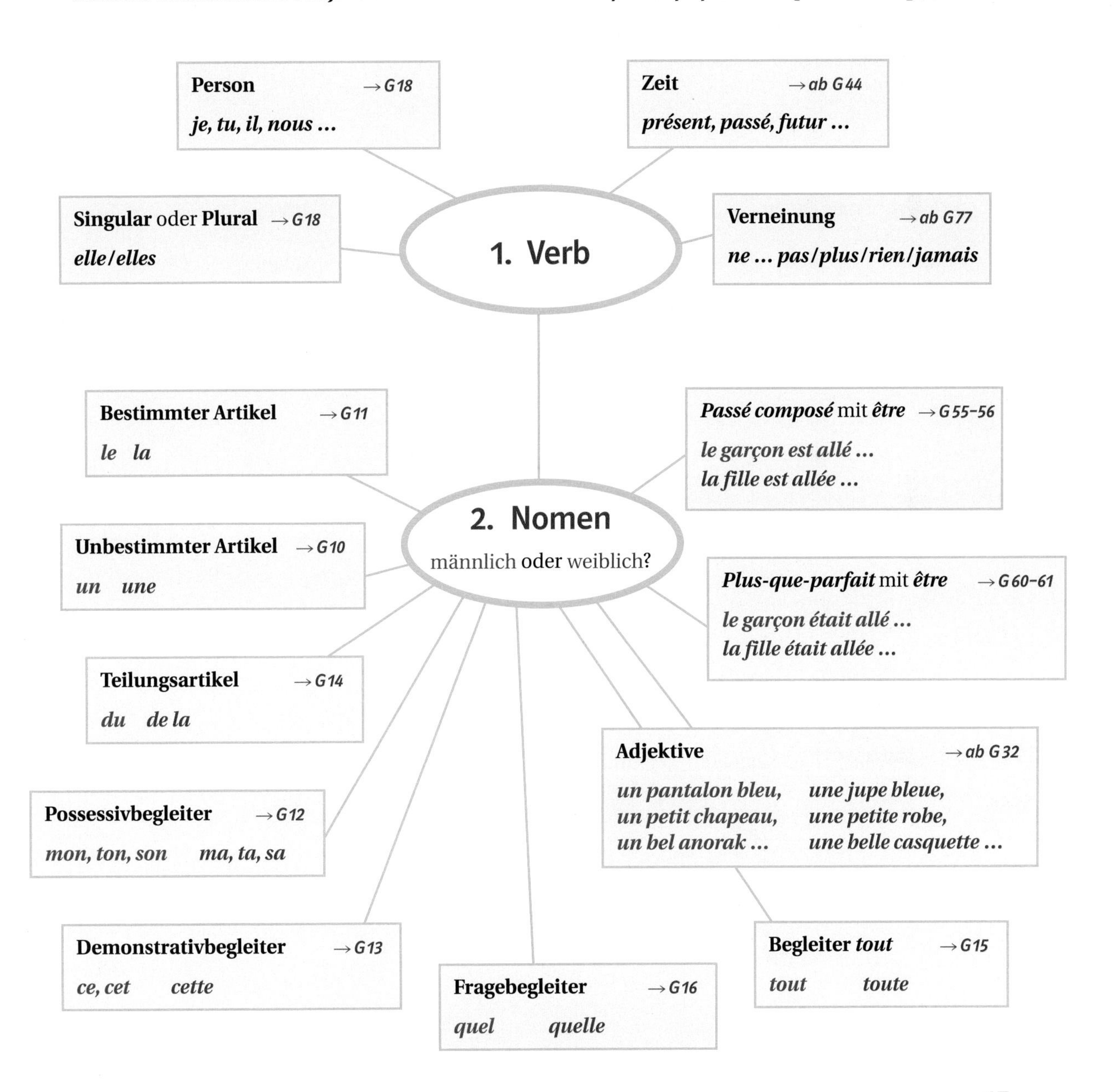

G 6 Die Verben

a Die regelmäßigen Verb-Endungen

Die Verben einer Sprache bilden eine wichtige Grundlage beim Lernen.
Folgende Kärtchen zeigen dir **Regelmäßigkeiten** bei den **Verb-Endungen**.

Imparfait

Singulier	Pluriel
-ais	**-ions**
-ais	**-iez**
-ait	**-aient**

Présent, verbes en -er

Singulier	Pluriel
-e	**-ons**
-es	**-ez**
-e	**-ent**

Présent, verbes en -ir

Singulier	Pluriel
-s	**-(ss)ons**
-s	**-(ss)ez**
-t	**-(ss)ent**

Présent, verbes en -(d)re

Singulier	Pluriel
-s	**-ons**
-s	**-ez**
-d	**-ent**

Futur simple

Singulier	Pluriel
-ai	**-ons**
-as	**-ez**
-a	**-ont**

Subjonctif

Singulier	Pluriel
-e	**-ions**
-es	**-iez**
-e	**-ent**

Conditionnel

Singulier	Pluriel
-ais	**-ions**
-ais	**-iez**
-ait	**-aient**

b Die Bildung der Zeiten

Folgende Tabelle zeigt dir am Beispiel **der Verben auf *-er*** gewisse **Regelmäßigkeiten** bei der Bildung der Verben in verschiedenen **Zeiten**.
Erstelle deine eigenen Verbposter für andere Verben (auf *-ir*, *-(d)re*, unregelmäßige Verben …).
Siehe Tabellen → ab G 133

Die Verben auf *-er*				
Vorvergangenheit	**Plus-que-parfait**			
	j' **avais** aim-é	nous **avions** aim-é		
	tu **avais** aim-é	vous **aviez** aim-é		
	il **avait** aim-é	ils **avaient** aim-é		
Vergangenheit	**Imparfait**		**Passé composé**	
	j' aim-**ais**	nous aim-**ions**	j' **ai** aim-é	nous **avons** aim-é
	tu aim-**ais**	vous aim-**iez**	tu **as** aim-é	vous **avez** aim-é
	il aim-**ait**	ils aim-**aient**	il **a** aim-é	ils **ont** aim-é
Gegenwart	**Présent**		**Impératif**	
	j' aim-**e**	nous aim-**ons**		Aim-**ons**.
	tu aim-**es**	vous aim-**ez**	Aim-**e**.	Aim-**ez**.
	il aim-**e**	ils aim-**ent**		
Zukunft	**Futur composé**		**Futur simple**	
	je **vais** aim-**er**	nous **allons** aim-**er**	j' aimer-**ai**	nous aimer-**ons**
	tu **vas** aim-**er**	vous **allez** aim-**er**	tu aimer-**as**	vous aimer-**ez**
	il **va** aim-**er**	ils **vont** aim-**er**	il aimer-**a**	ils aimer-**ont**
Wunsch/ ungewiss	**Conditionnel**		**Subjonctif**	
	j' aimer-**ais**	nous aimer-**ions**	que j' aim-**e**	que nous aim-**ions**
	tu aimer-**ais**	vous aimer-**iez**	que tu aim-**es**	que vous aim-**iez**
	il aimer-**ait**	ils aimer-**aient**	qu'il aim-**e**	qu'ils aim-**ent**

Zu passé simple → G 62

2 Die Nomen und Begleiter

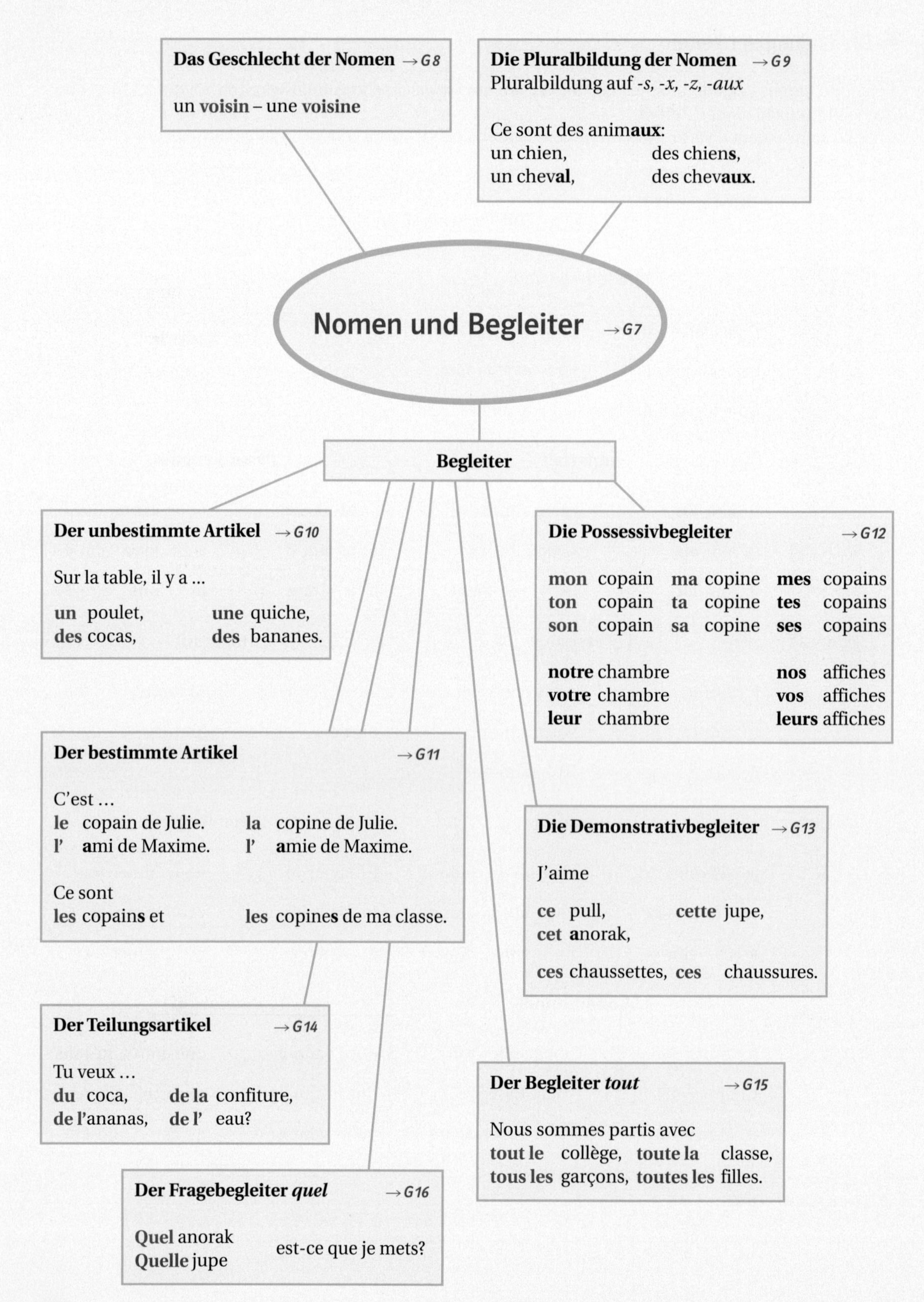

Les noms et les déterminants 2

G7 Was sind Nomen und Begleiter?

- **Nomen sind Hauptwörter** wie z. B. ***chien*** Hund

Sie bezeichnen	Gegenstände:	***casquette***	Baseballkappe
	Lebewesen:	***garçon***	Junge
oder	abstrakte Begriffe:	***vacances***	Ferien

Im Französischen werden Nomen **kleingeschrieben.**
Geographische Namen, Vornamen und Nachnamen werden großgeschrieben *(**P**aris, **L**éa, **E**iffel ...).*
Sie können im **Singular** *(casquette, chien, oncle)* oder im **Plural** *(vacance**s**, croissant**s**)* stehen.

- Nomen stehen sowohl im Deutschen als auch im Französischen in der Regel in Verbindung mit **Begleitern/Artikeln.** Die Begleiter des Nomen findest du in der Mind-Map auf S. 18.
Die Begleiter bezeichnen das Nomen in Geschlecht (z. B. ***le*** oder ***la***) und Zahl *(**le/la*** oder ***les***).

Um die Satzglieder richtig anzugleichen, musst du unbedingt wissen, ob das Nomen männlich oder weiblich, im Singular oder Plural steht.

Im **Deutschen** gibt es **drei** grammatische Geschlechter.	**männlich** **der Mann**	**sächlich** **das Haus**	**weiblich** **die Frau**
Im **Englischen** gibt es **ein** grammatisches Geschlecht.		**the** { **street**, **woman**, **flower** }	
Im **Französischen** gibt es **zwei** grammatische Geschlechter.	**männlich** **le quartier** **le garçon**		**weiblich** **la rue** **la fille**
Das Geschlecht kannst du am besten am dazugehörigen **Artikel** erkennen.	Lerne: Nomen + Artikel la maison - **das** Haus le citron - **die** Zitrone		

Artikel Begleiter des Nomens	**Nomen** Hauptwort
un ein	**chien** Hund
le der	**chien** Hund
ce dieser	**chien** Hund
mon mein	**chien** Hund

▶ Singular = Einzahl   Plural = Mehrzahl

G 8 Das Geschlecht der Nomen

Wie du bereits weißt, gibt es im Französischen nur männliche und weibliche Nomen.

1. Personen und Tiere

- **Personen** und **Tiere haben** meistens **zwei Formen: eine männliche** und **eine weibliche Form**.

Beispiele:

männliche Form	weibliche Form	Endungen	
un ami	une ami**e**	-	-e
un music**ien**	une music**ienne**	-ien	-ienne
un ch**ien**	une ch**ienne**		
un vend**eur**	une vend**euse**	-eur	-euse
un direc**teur**	une direc**trice**	-teur	-trice
un ac**teur**	une ac**trice**		
un cous**in**	une cous**ine**	-in	-ine
un vois**in**	une vois**ine**		
un lycé**en**	une lycé**enne**	-en	-enne
un patr**on**	une patr**onne**	-on	-onne
un princ**e**	une princ**esse**	-e	-esse

*Zu den Nationalitäten → **G 118***

- **Einige Nomen haben die gleiche Form im Femininum und Maskulinum**, beispielsweise:

→ un **élève** → une **élève**
→ un **artiste** → une **artiste**

2. Andere Nomen

Einige Wortgruppen lassen sich einem Geschlecht zuordnen.

Männlich sind:

Wochentage	**le lundi, le mardi …**	der Montag, der Dienstag
Jahreszeiten	**le printemps, l'été …**	der Frühling, der Sommer
Sprachen	**le français, l'allemand …**	das Französische, das Deutsche
Bäume	**le sapin …**	die Tanne
öffentliche Verkehrsmittel*	**le bus, le train, le taxi, l'avion, le bateau …**	der Bus, der Zug, der Taxi, das Flugzeug, das Boot

* aber: la voiture (das Auto)

Geographische Namen

	Weiblich sind: Départements, Flüsse, Länder, Regionen die auf ***-e*** enden.	**Männlich** sind: Länder, Regionen, Départements, Flüsse, die **nicht** auf ***-e*** enden.
Länder	**la France, l'Allemagne, l'Italie, l'Espagne** …	**le Portugal, le Danemark** … Ausnahme: **le** Mexiqu**e**!
Regionen	**la Bretagne, la Normandie, l'Alsace** …	**le Nord-Pas-de-Calais** …
Départements	**la Savoie** …	**le Var** …
Flüsse	**la Loire, la Garonne, la Seine, l'Ardèche** …	**le Rhin**, **le Tarn** … Ausnahme: **le** Rhôn**e**!

*Zu den Ländernamen → **G116***

Einige Endungen für **männliche** oder **weibliche** Nomen

männlich *(m.)*		**Endung**		**weiblich** *(f.)*	**Endung**
le	trav**ail**	**-ail**	la la	sal**ade** promen**ade**	**-ade**
un le	anim**al** chev**al**	**-al**	la une	ch**ance** ambi**ance**	**-ance**
un un	éléph**ant** enf**ant**	**-ant**	la l'	journ**ée** ann**ée**	**-ée**
le le	bur**eau** bat**eau**	**-eau**	l' la	ess**ence** différ**ence**	**-ence**
le	v**ent**	**-ent**	la l'	boulang**erie** infirm**erie**	**-erie**
le le	tick**et** bouqu**et**	**-et**	la une	jeun**esse** adr**esse**	**-esse**
le le	cah**ier** calendr**ier**	**-ier**	une une	bagu**ette** assi**ette**	**-ette**
le le	magas**in** cous**in**	**-in**	la la	fam**ille** f**ille**	**-ille**
le l'	tour**isme** athlét**isme**	**-isme**	la une	stat**ion** émot**ion**	**-ion**
un un	apparte**ment** instru**ment**	**-ment**	la la	public**ité** national**ité**	**-ité**
le le	dev**oir** coul**oir**	**-oir**	une la	avent**ure** chauss**ure**	**-ure**

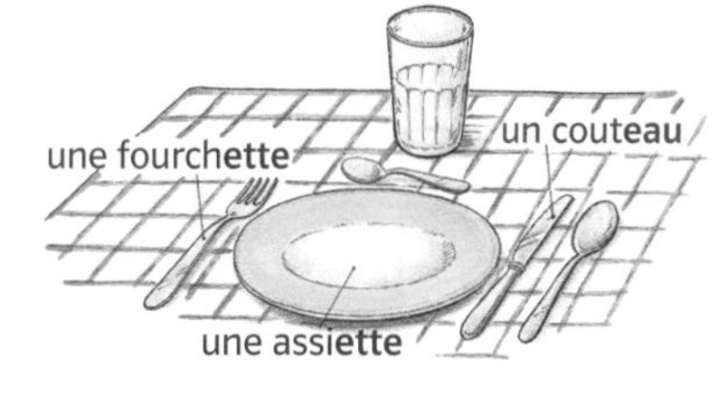

* Achtung: **l'eau** *(f.)* (Hier ist *eau* keine Endung, sondern das ganze Wort.)

G 9 Die Pluralbildung der Nomen

1. Bei den **meisten französischen Nomen** bildest du den **Plural**, indem du ein ***-s*** an das Nomen anhängst. Dieses ***-s*** wird geschrieben, aber nicht ausgesprochen.

Singular		Plural
le poulet la quiche	→	le**s** poulet**s** le**s** quiche**s**

*Zum Plural der Adjektive → **G 34***

2. Manche Nomen haben eine andere Pluralendung.

le journ**al** le chev**al** l'hôpit**al**	→	le**s** journ**aux** les chev**aux** les hôpit**aux**
le trav**ail**		le**s** trav**aux**

• Viele **Nomen auf *-al*** oder ***-ail*** bekommen **im Plural** ein ***-aux***.

un cad**eau** un gât**eau** un bat**eau** un drap**eau** un cout**eau** un chât**eau**	→	de**s** cad**eaux** des gât**eaux** des bat**eaux** des drap**eaux** des cout**eaux** des chât**eaux** des couteauX
un chev**eu** un **jeu**	→	des chev**eux** des **jeux** ! *un œil deux yeux*

• Nomen, die im **Singular auf *-eau*** und ***-eu*** enden, erhalten **im Plural** ein ***-x***.

le pri**x** le ne**z** un cour**s**	→	le**s** pri**x** le**s** ne**z** des cour**s**

• Nomen, die im **Singular auf *-x, -z*** oder ***-s*** enden, bleiben im **Plural unverändert**.

▶ Singular = Einzahl Plural = Mehrzahl

3. Die Franzosen benutzen viele **Abkürzungen**.

une BD	des BD
un VTT	des VTT
le CDI	les CDI
le TGV	les TGV

- **Abkürzungen**, die aus Großbuchstaben bestehen, bleiben im Plural **unverändert**.

4. Plural der zusammengesetzten Nomen mit Bindestrich

Adjektiv + Nomen		**Nomen + Nomen**	
un grand-père	des grand**s**-père**s**	un centre-ville	des centre**s**-ville**s**
une grand-mère	des grand**s**-mère**s**	un mot-clé	des mot**s**-clé**s**
un petit-fils	des petit**s**-fil**s**	un hôtel-restaurant	des hôtel**s**-restaurant**s**
une petite-fille	des petite**s**-fille**s**	**Ausnahme:**	
un petit-déjeuner	des petit**s**-déjeuner**s**	une fiche-métier	des fiche**s**-métier

- Bei zusammengesetzten Nomen mit Bindestrich wird meistens an jedes einzelne **Nomen** und **Adjektiv** ein **-*s* angehängt**.

Präposition + Nomen		**Verb + Nomen**	
un après-midi	des après-midi**s**	un porte-bonheur	des porte-bonheur**s**
une avant-première	des avant-première**s**	un pique-nique	des pique-nique**s**

- **Präpositionen** und **Verben** bleiben **unverändert.**

5. Zeitangaben

une heure → deux heure**s**
un quart-d'heure → trois quart**s**-d'heure**s** (drei Viertel **einer** Stunde)
*Zu den Zeitangaben → **G 122***

6. Zusammengesetzte Nomen mit Präposition *à/au* oder *de*

Nomen + *à/au/de* + Nomen	
un maillot de bain	des maillot**s** de bain
une mousse au chocolat	des mousse**s** au chocolat
une auberge de jeunesse	des auberge**s** de jeunesse
un sac à dos	des sac**s** à dos

- Bei den **zusammengesetzten Nomen mit *à/au*** oder ***de*** wird im Plural meistens an das **erste Nomen** ein -***s*** angehängt.

G 10 Der unbestimmte Artikel – *un / une / des*

Am Artikel erkennst du das Geschlecht des Nomens.
Den unbestimmten Artikel benötigst du, um über Personen und Dinge zu sprechen, die nicht näher bestimmt sind: **irgendeine** Person, **irgendein** Gegenstand.

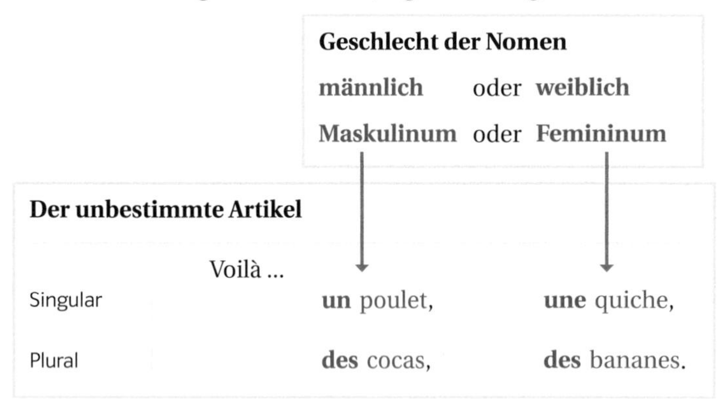

Geschlecht der Nomen

männlich	oder	**weiblich**
Maskulinum	oder	**Femininum**

Der unbestimmte Artikel

	Voilà ...		
Singular		**un** poulet,	**une** quiche,
Plural		**des** cocas,	**des** bananes.

1. Der unbestimmte Artikel im Singular – *un / une*

Im Französischen gibt es wie im Deutschen **zwei unbestimmte Artikel** im Singular:

Nicolas est **un** garçon.
... ein Junge

Il a **un** T-shirt.
... ein T-Shirt

Nicolas mange **un** croissant.
... ein Croissant

Julie est **une** fille.
... ein Mädchen

Elle a **une** casquette.
... eine Baseballkappe

Elle mange **une** orange.
... eine Orange

- Im Französischen gibt es einen männlichen Artikel ***un*** und einen weiblichen Artikel ***une***.
- Sie begleiten die Nomen.

D/F Beachte den unterschiedlichen Artikel!

Einige Nomen haben im Deutschen nicht den gleichen Artikel wie im Französischen. Um dir die Artikel besser zu merken, solltest du sie gleich mit dem Nomen lernen und farbig schreiben: un sac.

! **un sac eine Tasche**

2. Der unbestimmte Artikel im Plural – *des*

Im Französischen gibt es nur eine Form für den **Plural** des unbestimmten Artikels.
Er heißt sowohl für die **männliche** als auch für die **weibliche** Form: ***des***.

Au supermarché, il y a ...

des sacs,
– Taschen

des‿ordinateur**s**.
– Computer

Au supermarché, il y a

des baguette**s**,
– Baguettes

des‿orange**s**.
– Apfelsinen

- **Im Plural** haben männliche und weibliche Nomen denselben unbestimmten Artikel: ***des***
- Vor Vokal und stummem ***h*** wird das ***-s*** von ***des*** **gebunden** und stimmhaft gesprochen: *des‿ordinateurs*. Diese Bindung heißt im Französischen *la liaison*.
[dezɔʀdinatœʀ]

*Zur Bindung → **G 3.c***

F/D Im Deutschen gibt es den unbestimmten Artikel **nur im Singular**, nicht im Plural!

Sur la table, il y a	**une**	orange.
Auf dem Tisch liegt	**eine**	Orange.
Sur la table, il y a	**des**	sacs.
Auf dem Tisch liegen	–	Taschen.

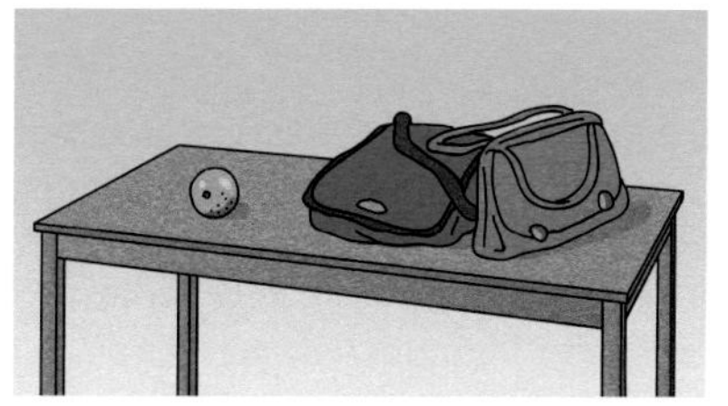

Übersicht

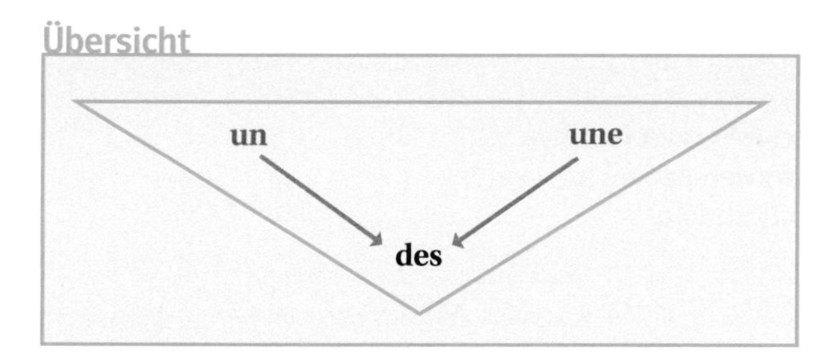

*Zum bestimmten Artikel → **G 11***

G 11 Der bestimmte Artikel – *le / la / l' / les*

Der bestimmte Artikel ***(le, la, l', les)*** begleitet ein Nomen.
Den **bestimmten** Artikel benutzt du, wenn du über ganz bestimmte Dinge oder Personen sprechen willst.
*Zum unbestimmten Artikel → **G 10***

1. Der bestimmte Artikel im Singular

Nicolas cherche **un** plan. einen Stadtplan C'est **le** plan **de Paris**. der Stadtplan von Paris	Il cherche **un** hôtel. ein Hotel C'est **l'hôtel** **Ritz**. das Hotel Ritz
Maxime a **une** photo. ein Foto C'est **la** photo **de la Tour Eiffel**. das Foto von Julie	Maxime cherche **une** adresse. eine Adresse Il cherche **l'** adresse **de Charlotte**. Charlottes Adresse

- Der bestimmte Artikel bezeichnet **bestimmte Dinge** oder **Personen**.
  Zum Beispiel: Um welche Person, welchen Gegenstand geht es?
- Bei **männlichen** Nomen heißt der bestimmte Artikel ***le***, bei **weiblichen** Nomen heißt er ***la***.
- Vor einem Nomen, das mit Vokal *(**o**range)* oder stummem *h (**h**ôtel)* beginnt, werden ***le*** und ***la*** zu ***l'*** verkürzt: *l'orange, l'hôtel*.

D/F **Denke daran:** Die französischen Nomen haben oft ein anderes Geschlecht als die deutschen Nomen:
la table – **der** Tisch.

In Wörterbüchern findest du Einträge wie z.B. **l'**hôtel *(m.)* oder **l'**orange *(f.)*
Nomen lernst du aber am besten mit dem **unbestimmten** Artikel *(un / une)*.
So steht es auch in der *Liste des mots* in deinem Schülerbuch.

Übersicht

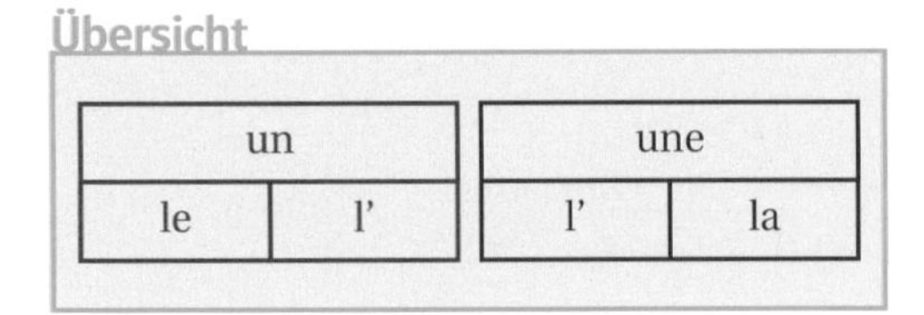

un		une	
le	l'	l'	la

▶ **Vokal** = ***a, e, i, o, u, y***

2. Der bestimmte Artikel im Plural

Julie écoute	**les** CD de Marine.	Marine regarde	**les** photo**s** des vacances.
Elle regarde	**les** magazine**s** de Marine.	Elle voit	**les** copine**s** à la plage.
Elle regarde	**les**‿anorak**s** dans le magazine.	Elle aime	**les**‿idée**s** de Julie.

- Der **Plural** des bestimmten Artikels heißt ***les***. Er ist vor männlichen und weiblichen Nomen gleich.
- Vor Vokal und stummem *h* wird das **-*s*** von ***les*** **gebunden** und **stimmhaft** ausgesprochen: *les‿hôtels, les‿e-mails.*
  [z] [z]

- **Unterscheide beim Sprechen** besonders deutlich zwischen ***le*** und ***les***. Nur so können deine Zuhörer erkennen, ob du Nomen im Singular oder im Plural meinst!
  le [lə] chien **les** [le] chien**s**

Zu der Aussprache → ***G 3***

Pour en savoir plus

Der bestimmte Artikel steht auch:

- vor Familiennamen,
  Les Dupon**t** habitent à Paris.
  Ils ont des voisins, c'est **la** famille Meunier.
- bei Anreden **nach *monsieur*/*madame***, wenn ein Titel oder eine Berufsbezeichnung folgt.
  Pardon, monsieur **l'**agent …
  Je vous présente madame **la** directrice.

3. Alle Artikel auf einen Blick

Übersicht

Die **unbestimmten** Artikel C'est **un** chien.	**un** chien — **une** promenade **des** chiens
Die **bestimmten** Artikel C'est **le** chien de Nicolas.	**le** chien … — **l'**éléphant / **l'**idée … — **la** promenade … **les** chiens

G 12 Die Possessivbegleiter – *mon / ton / son / notre / votre / leur ...*

1. Die Possessivbegleiter für einzelne Besitzer: *mon, ton, son ...*

Mit den Possessivbegleitern in der ersten, zweiten und dritten Person **Singular** sprichst du von Dingen, die **einer Person gehören**.

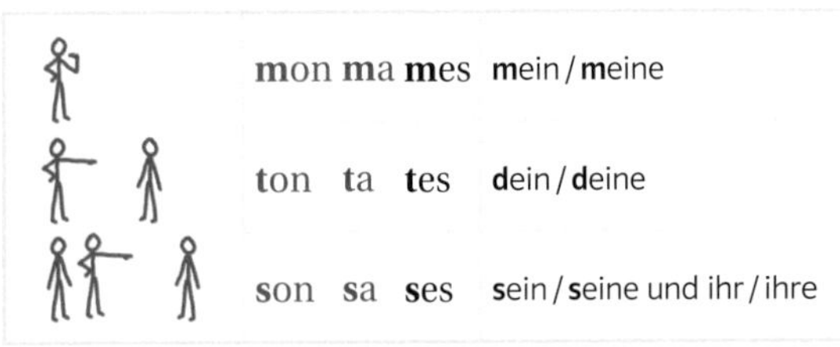

	mon	**m**a	**m**es	**m**ein / **m**eine
	ton	**t**a	**t**es	**d**ein / **d**eine
	son	**s**a	**s**es	**s**ein / **s**eine und ihr / ihre

ein Besitzer	**ein** Besitzgegenstand			**mehrere** Besitzgegenstände
J'aime	**mon** livre,	**ma** chambre,	**mon**‿affiche,	**mes** livres.
Tu regardes	**ton** livre,	**ta** chambre,	**ton**‿affiche,	**tes** livres.
Il adore	**son** livre,	**sa** chambre,	**son**‿affiche,	**ses** livres.

- Der Possessivbegleiter richtet sich im Französischen nach dem **Geschlecht des Nomens**, nicht nach dem des Besitzers.
  Julie adore **son** chien.
- Steht das Nomen im Singular, verwendest du
  mon, ton, son – bei allen **männlichen Nomen**
  – bei **weiblichen Nomen**, die mit **Vokal** oder ***h* beginnen**.
  ***mon** livre, **mon**‿hôtel, **mon**‿ami, **mon**‿amie, **mon**‿idée.*
  [n] [n] [n] [n]
  ma, ta, sa – bei **weiblichen Nomen**, die **nicht** mit Vokal oder *h* beginnen.
  ***ma** chambre*
- Steht das **Nomen** in der **Mehrzahl**, verwendest du ***mes, tes, ses:***
  ***mes** livres, **tes**‿idées, **ses** copines.*
  [z]

Übersicht

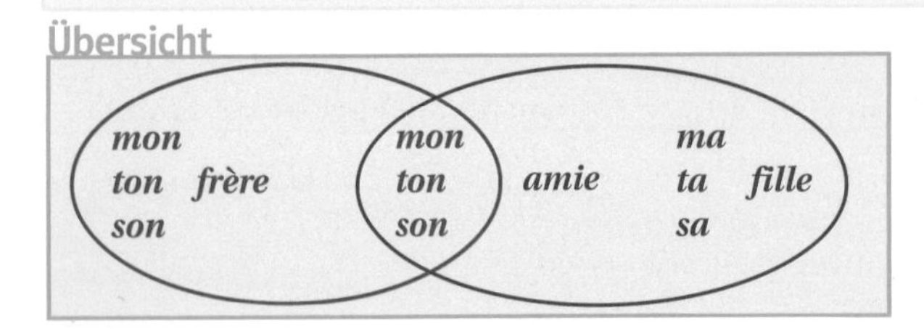

▶ Der Possessivbegleiter: das besitzanzeigende Fürwort

F/D Anders als im Deutschen verwendest du im Französischen in der dritten Person Singular für **männliche** und **weibliche „Besitzer“** den **gleichen** Possessivbegleiter.

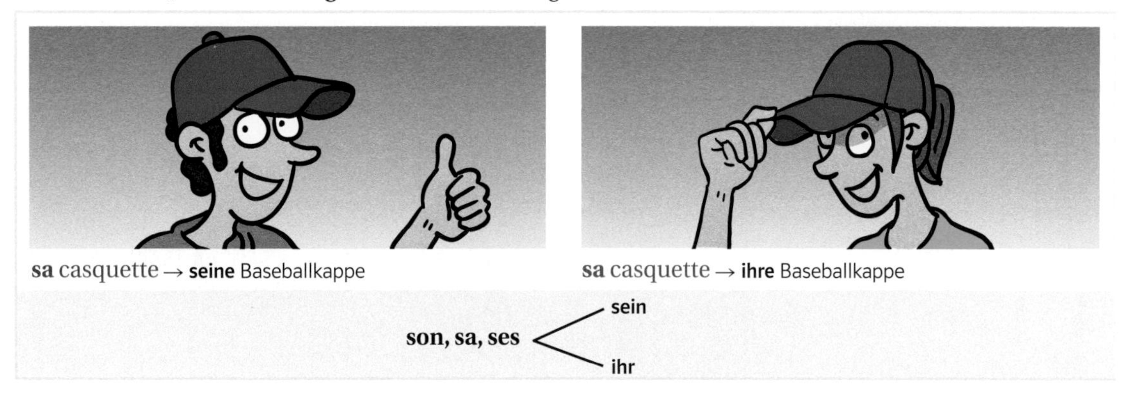

sa casquette → **seine** Baseballkappe

sa casquette → **ihre** Baseballkappe

son, sa, ses < sein / ihr

2. Die Possessivbegleiter für mehrere Besitzer: *notre, votre, leur …*

Mit den Possessivbegleitern der ersten, zweiten und dritten Person **Plural** sprichst du von Dingen, die **mehreren Personen gehören**.

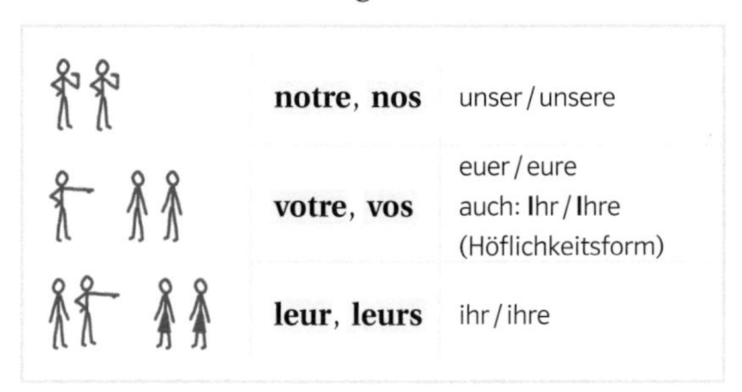

	notre, **nos**	unser / unsere
	votre, **vos**	euer / eure auch: Ihr / Ihre (Höflichkeitsform)
	leur, **leurs**	ihr / ihre

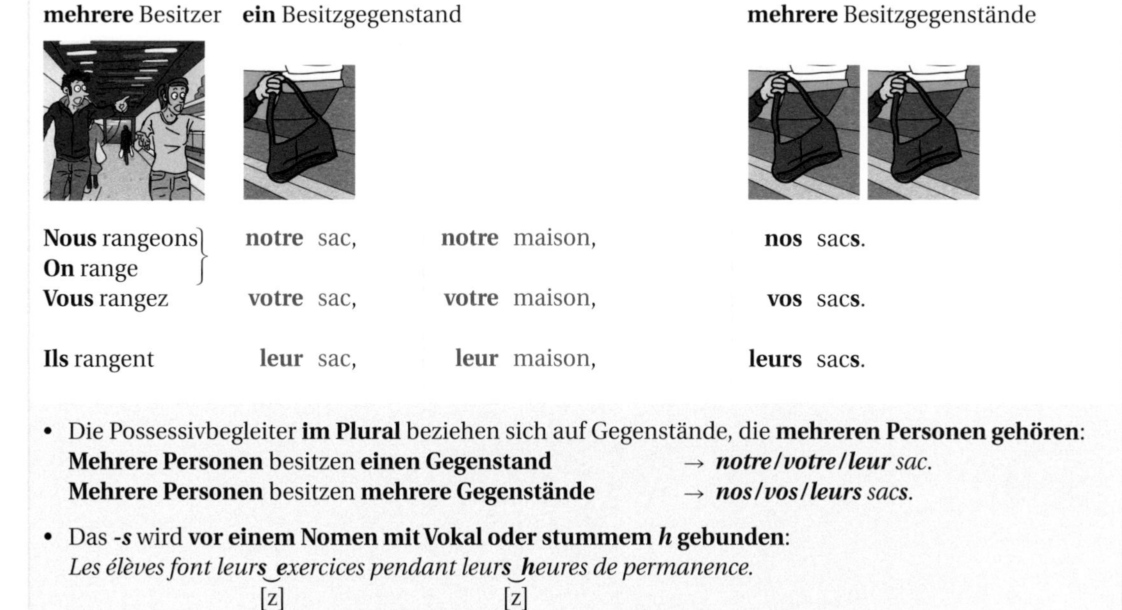

mehrere Besitzer	**ein** Besitzgegenstand		**mehrere** Besitzgegenstände
Nous rangeons / **On** range	**notre** sac,	**notre** maison,	**nos** sacs.
Vous rangez	**votre** sac,	**votre** maison,	**vos** sacs.
Ils rangent	**leur** sac,	**leur** maison,	**leurs** sacs.

- Die Possessivbegleiter **im Plural** beziehen sich auf Gegenstände, die **mehreren Personen gehören**:
  Mehrere Personen besitzen **einen Gegenstand** → ***notre*/*votre*/*leur*** *sac*.
  Mehrere Personen besitzen **mehrere Gegenstände** → ***nos*/*vos*/*leurs*** *sacs*.
- Das ***-s*** wird **vor einem Nomen mit Vokal oder stummem *h* gebunden**:
  Les élèves font leurs‿exercices pendant leurs‿heures de permanence.
  [z] [z]

- ***Nous*** und ***on*** stehen für „wir“.
Sie werden beide mit ***notre*** oder ***nos*** verwendet.
On prend **notre** ballon et **nos** baskets.

- Wenn du jemanden höflich ansprichst, verwendest du ***votre/vos*** (Ihr / Ihre).

3. Die Possessivbegleiter im Überblick

Le sac de Nicolas → **son** sac.

Le sac de Nicolas et Julie → **leur** sac.

Les sacs de Nicolas → **ses** sac**s**.

Les sacs de Nicolas et Julie → **leurs** sac**s**.

Übersicht

	ein Besitzer			mehrere Besitzer
ein Besitzgegenstand	**mon** **ton** sac **son**	**ma** **ta** photo **sa**	**mon** **ton**‿adresse **son**	**notre** **votre** sac **leur**
mehrere Besitzgegenstände	**mes** **tes** sacs **ses**			**nos** **vos** sacs **leurs**

G 13 Die Demonstrativbegleiter – *ce / cet / cette / ces*

Du verwendest die **Demonstrativbegleiter**, um **genau** auszudrücken, welche Personen oder welchen Gegenstand du meinst. Im Deutschen benutzt du hierfür **dieser / diese / dieses.**

	Maskulinum		Femininum	
Singular	**le** T-shirt ↓ **ce** T-shirt	**l'** **a**norak ↓ **cet** **a**norak	**la** jupe ↓ **cette** jupe	**l'** amie ↓ **cette** amie
Plural	**les** basket**s** ↓ **ces** basket**s**	**les**‿**e**uro**s** ↓ **ces**‿**e**uro**s**	**les** chaussure**s** ↓ **ces** chaussure**s**	**les**‿affaire**s** ↓ **ces**‿affaire**s**

- Im Französischen richten sich die **Demonstrativbegleiter** nach dem Geschlecht des Nomens, auf das sie sich beziehen: ***ce*** *T-shirt*, ***cette*** *jupe*.
- Im **Maskulinum** gibt es im **Singular** zwei Demonstrativbegleiter: ***ce*** und ***cet***.
- ***Cet*** benutzt du vor einem männlichen Nomen, das mit stummem *h* oder *a, e, i, o, u, y* anfängt: ***cet a****gent*.

cet + a, e, i, o, u, y, h

- Im **Femininum** verwendest du immer ***cette***: ***cette*** *fille*, ***cette*** *année*.
- Im **Plural** gibt es nur die Form ***ces: ces*** *baskets*.

- Achte auf die Aussprache: *cet* klingt wie *cette* [sɛt], aber *ce* [sə] klingt anders als *ces* [se].
  cet *ami* – ***cette*** *amie*   ***ce*** *copain* – ***ces*** *copains*

Übersicht

! Vergleiche:

Der unbestimmte Artikel

le / l'	la / l'
les	

Der Demonstrativbegleiter

ce / cet	cette
ces	

▶ ein Demonstrativbegleiter: ein hinweisendes Fürwort

Pour en savoir plus

- ***Ce/cet/cette/ces*** werden auch in Verbindung mit **Zeitangaben** benutzt:

Ce week-end, on **va** faire une fête.	Am (kommenden) Wochenende …
Ce week-end, on **a fait** la fête.	Am (letzten) Wochenende …
Cette semaine, je vais acheter un ordinateur.	In dieser Woche / Diese Woche …
Cette année, il va passer son bac.	In diesem Jahr / Dieses Jahr …
Cet été, nous allons à la mer.	In diesem Sommer / Diesen Sommer …
Ce jour-là, elle m'a téléphoné.	An diesem Tag …

- In Verbindung mit **Tageszeiten** wird der Demonstrativbegleiter mit **„heute"** übersetzt:

Ce matin, je suis arrivé(e) en retard au collège.	Heute Morgen …
Cet après-midi, je fais mes devoirs.	Heute Nachmittag …

G 14 Der Teilungsartikel *du / de la / de l'*

Du verwendest den **Teilungsartikel**, um eine **unbestimmte Menge von nicht zählbaren Dingen** zu benennen: ein bisschen Wasser … / etwas Brot …

Im Deutschen gibt es den Teilungsartikel nicht, deshalb musst du im Französischen ganz besonders darauf achten, ihn nicht zu vergessen.

Samedi, Nicolas et Julie font un pique-nique.

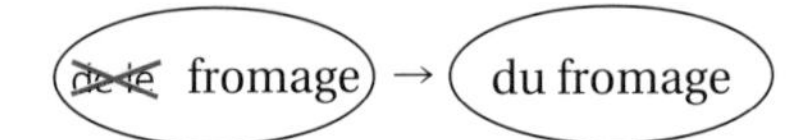

Ils mangent	**du** (~~de le~~ → du)	fromage.	Sie essen – Käse.
Ils mangent	**de la**	salade de riz.	Sie essen – Reissalat.
Ils mangent	**de l'**	ananas.	Sie essen – Ananas.
Ils boivent	**de l'**	eau.	Sie trinken – Wasser.

- Der **Teilungsartikel** besteht aus der Präposition ***de*** + dem bestimmten Artikel ***le, la, l'***.
- Mit dem **Teilungsartikel** gibst du eine **unbestimmte Menge nicht zählbarer** Dinge an: ***de l'eau***.

- Nach ***avec*** steht immer der Teilungsartikel: *Il prend du pain **avec de la** confiture.*
- Nach ***sans*** steht **kein** Teilungsartikel: *Elle prend du pain **sans** confiture.*

C'est du pain **avec de la** confiture.

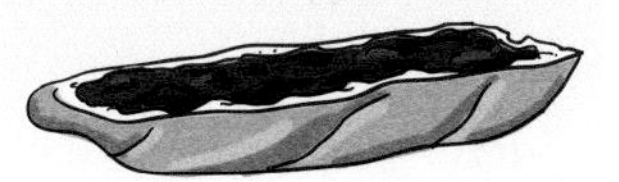

C'est du pain **sans** confiture.

Logisch:
Avec steht **mit** Teilungsartikel und ***sans*** steht **ohne** Teilungsartikel!

- Bei einigen **festen Wendungen** steht **immer** der Teilungsartikel.

Redewendungen mit ***faire***:	**faire**	**du**	sport
	faire	**de la**	natation
	faire	**de l'**	escalade
	faire	**du**	camping
	faire	**du**	théâtre
	faire	**de la**	place
	se faire	**du**	souci
Redewendungen mit ***jouer***:	**jouer**	**du**	piano
	jouer	**de la**	guitare
Redewendungen mit ***avoir***:	**avoir**	**de la**	chance
	avoir	**de l'**	ambition
Andere Redewendungen:	**gagner**	**de l'**	argent
	prendre	**de l'**	essence
	mettre	**de l'**	ambiance

- Wenn du eine **unbestimmte Menge** von **zählbaren** Dingen angeben willst, verwendest du den unbestimmten Artikel im Plural: ***des***.

Maxime mange **des** chips.
– Chips

Pour en savoir plus

- Wenn du angeben möchtest, was du **im Allgemeinen gern magst** – oder nicht magst – (Speisen, Sportarten, Hobbys …) benutzt du nicht den Teilungsartikel, sondern **den bestimmten Artikel**: ***le, la, l'***.
  Julie **aime la** salade et **le** pain. → Julie mag Salat und Brot (im Allgemeinen).
  Elle **déteste le** poulet. → Sie mag Hähnchen nicht.
  Maxime **adore l'**escalade. → Maxime liebt das Klettern (im Allgemeinen).
  Il **préfère la** natation. → Er mag Schwimmen am liebsten.

- Immer wenn du eine **Menge** angibst, steht **kein** Teilungsartikel, sondern **die Menge** + ***de***.
  Julie a **beaucoup de** livres mais **peu de** vidéos.

*Zum bestimmten Artikel → **G 11*** *Zu den Mengenangaben → **G 128–130***

G15 Die Begleiter *tout le / toute la / tous les / toutes les*

Mit dem Begleiter ***tout*** kannst du auf eine **Gesamtheit von Menschen oder Gegenständen** hinweisen.

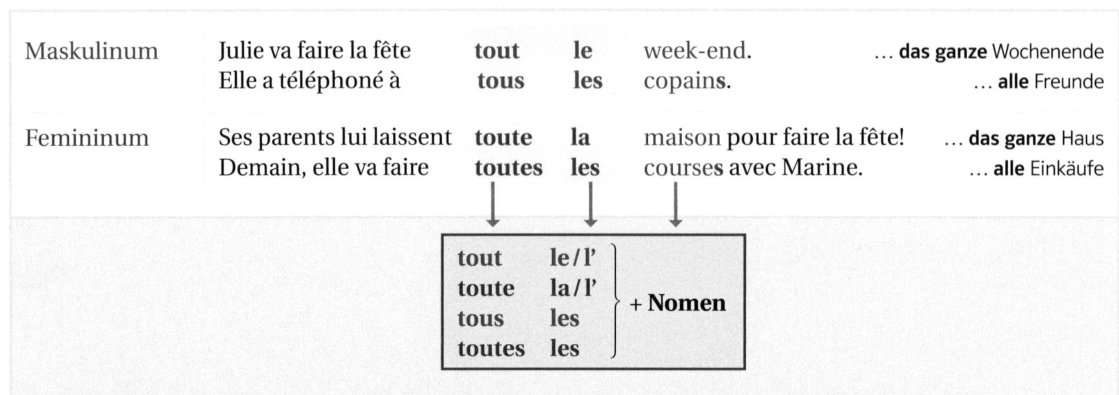

Maskulinum	Julie va faire la fête	**tout**	**le**	week-end.	… **das ganze** Wochenende
	Elle a téléphoné à	**tous**	**les**	copain**s**.	… **alle** Freunde
Femininum	Ses parents lui laissent	**toute**	**la**	maison pour faire la fête!	… **das ganze** Haus
	Demain, elle va faire	**toutes**	**les**	course**s** avec Marine.	… **alle** Einkäufe

tout	**le / l'**	+ **Nomen**
toute	**la / l'**	
tous	**les**	
toutes	**les**	

- Der **Begleiter** *tout* richtet sich in **Geschlecht** und **Zahl** nach dem darauffolgenden **Nomen**.
- **Nach *tout, toute, tous, toutes*** steht meistens **der bestimmte Artikel**: ***le, la, l', les***.
  Du kannst aber auch ***tout* mit einem**
  Possessivbegleiter (*toutes **mes** amies:* alle **meine** Freundinnen) oder
  Demonstrativbegleiter (*tous **ces** élèves:* alle **diese** Schüler) **ergänzen.**

*Zu den Possessivbegleitern → **G12** Zu den Demonstrativbegleitern → **G13***

D/F Im Deutschen werden die verschiedenen Formen von *tout* wie folgt übersetzt:
- im Singular: ***tout le / l', toute la / l'*** der, die, das Ganze
- im Plural: ***tous les, toutes les*** alle, sämtliche

Singular			**Plural**		
Julie a préparé	**tout le** … das ganze	buffet. Buffet.	Elle a fait	**tous les** … alle	gâteaux. Kuchen.
Elle a rangé	**toute la** … das ganze	maison. Haus.	Elle a acheté	**toutes les** … alle	pizzas. Pizzas.

- In der **Aussprache** sind die beiden männlichen und die beiden weiblichen Formen jeweils gleich.

tout = tous	toute = toutes
[tu] [tu]	[tut] [tut]

Nur an der **Aussprache** des **bestimmten Artikels** kannst du hören, ob *tout* im Singular oder im Plural gemeint ist!
Tout **le** gâteau ou tous **les** gâteaux?

Pour en savoir plus

- Im Französischen gibt es einige feste **Redewendungen** mit dem Begleiter *tout*.
  Achte auf die Übersetzung.

• ***Tout* mit Artikel**		
tout le monde	**Tout le monde** connaît la tour Eiffel.	jeder … / die ganze Welt …
tout le temps	Nicolas parle **tout le temps.**	ständig, immer, die ganze Zeit …
tous les jours **tous les** soirs **tous les** ans	**Tous les jours**, Jules se lève à 7 heures. **Tous les soirs**, il écoute la radio. **Tous les ans**, il passe une semaine à la mer.	jeden Tag … jeden Abend … jedes Jahr …

• ***Tout* ohne Artikel**		
tout seul **tous ensemble** **de toute façon**	Il chante **tout seul.** Elle part **toute seule.** Les filles parlent **toutes ensemble.** **De toute façon**, ce n'est pas grave.	ganz allein alle zusammen auf jeden Fall, sowieso

Unterscheide:
Tout le monde est prêt. **Chacun** est à sa place.
Alle… Jeder Einzelne …

Bei ***chacun*** ist jeder Einzelne gemeint, bei ***tout le monde*** ist jeder (im Sinne von alle) gemeint.
*Zum Pronomen chacun → **G28***

G16 Die Fragebegleiter *quel / quelle / quels / quelles*

Quel	short	
Quels	short**s**	**est-ce que** je prends?
Quelle	casquette	
Quelles	casquette**s**	

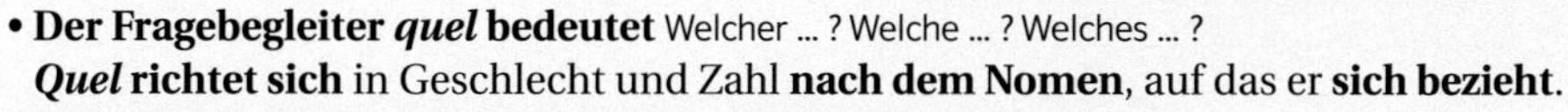

- **Der Fragebegleiter *quel* bedeutet** Welcher ... ? Welche ... ? Welches ... ?
  ***Quel* richtet sich** in Geschlecht und Zahl **nach dem Nomen**, auf das er **sich bezieht**.

- **Vor Konsonanten** werden alle Formen **gleich ausgesprochen**.
- Vor **Vokal** und **stummem *h*** wird das ***-s*** von ***quels*** und ***quelles*** gebunden.
  Quels‿articles? Quelles‿idées?

[z] [z]

*Zur Frage mit quel / quelle → **G98***

3 Die Pronomen

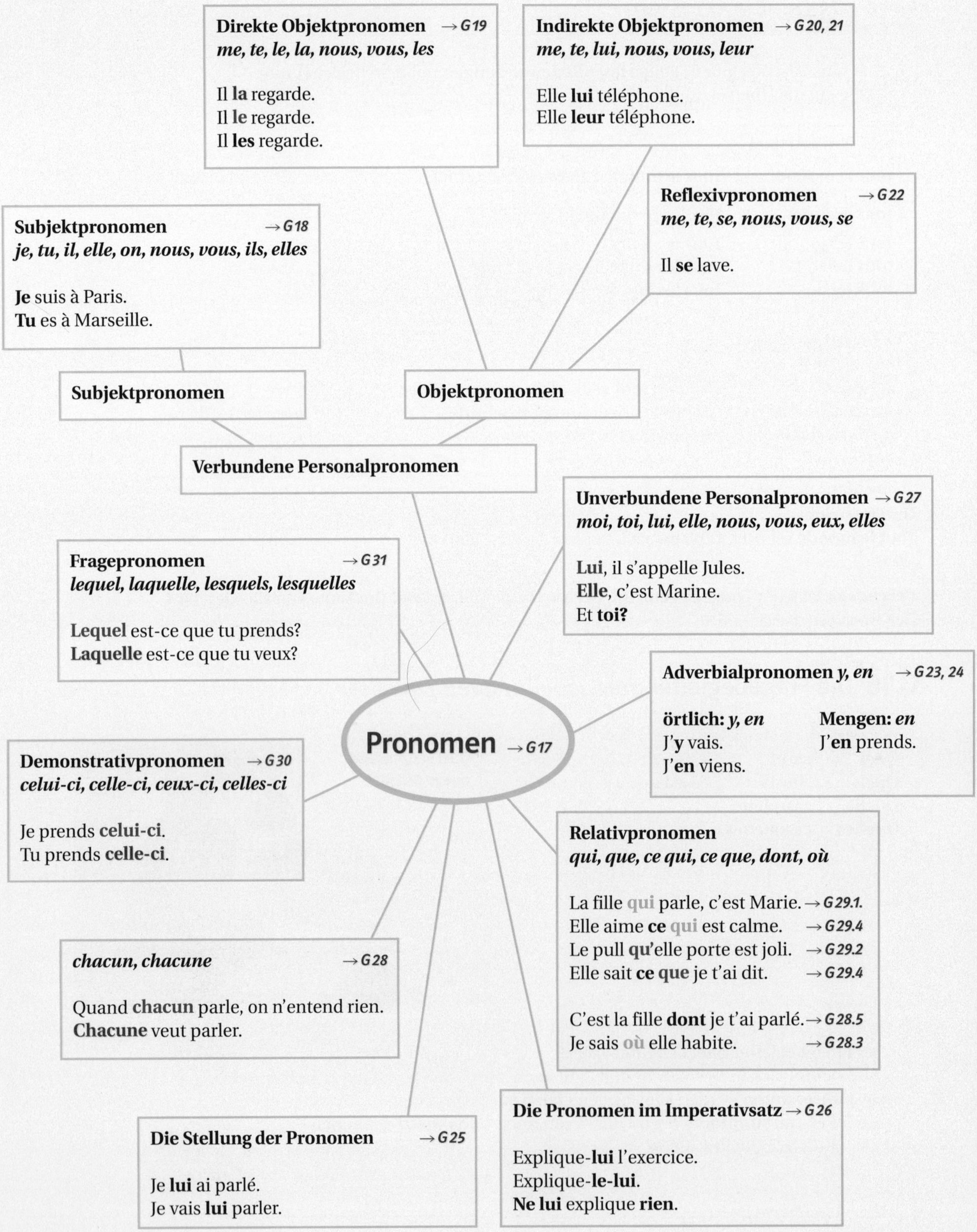

Direkte Objektpronomen → G19
me, te, le, la, nous, vous, les

Il **la** regarde.
Il **le** regarde.
Il **les** regarde.

Indirekte Objektpronomen → G20, 21
me, te, lui, nous, vous, leur

Elle **lui** téléphone.
Elle **leur** téléphone.

Reflexivpronomen → G22
me, te, se, nous, vous, se

Il **se** lave.

Subjektpronomen → G18
je, tu, il, elle, on, nous, vous, ils, elles

Je suis à Paris.
Tu es à Marseille.

Subjektpronomen

Objektpronomen

Verbundene Personalpronomen

Unverbundene Personalpronomen → G27
moi, toi, lui, elle, nous, vous, eux, elles

Lui, il s'appelle Jules.
Elle, c'est Marine.
Et **toi?**

Fragepronomen → G31
lequel, laquelle, lesquels, lesquelles

Lequel est-ce que tu prends?
Laquelle est-ce que tu veux?

Pronomen → G17

Adverbialpronomen *y, en* → G23, 24

örtlich: *y, en*
J'**y** vais.
J'**en** viens.

Mengen: *en*
J'**en** prends.

Demonstrativpronomen → G30
celui-ci, celle-ci, ceux-ci, celles-ci

Je prends **celui-ci**.
Tu prends **celle-ci**.

Relativpronomen
qui, que, ce qui, ce que, dont, où

La fille **qui** parle, c'est Marie. → G29.1.
Elle aime **ce qui** est calme. → G29.4
Le pull **qu'**elle porte est joli. → G29.2
Elle sait **ce que** je t'ai dit. → G29.4

C'est la fille **dont** je t'ai parlé. → G28.5
Je sais **où** elle habite. → G28.3

chacun, chacune → G28

Quand **chacun** parle, on n'entend rien.
Chacune veut parler.

Die Pronomen im Imperativsatz → G26

Explique-**lui** l'exercice.
Explique-**le-lui**.
Ne lui explique **rien**.

Die Stellung der Pronomen → G25

Je **lui** ai parlé.
Je vais **lui** parler.

G 17 Was sind Pronomen?

Pronomen stehen in der Regel anstelle eines Nomens oder auch einer ganzen Wortgruppe.
Wenn du also Pronomen verwendest, kannst du Wiederholungen vermeiden:
Marine cherche un CD. Marine, ne trouve pas le CD. Elle ne **le** trouve pas.

Vergleiche:

Sätze ohne Pronomen		Sätze mit Pronomen	
Voilà Marine. Da ist Marine.	**Marine** cherche un CD. Marine sucht eine CD.	Voilà Marine. Da ist Marine.	**Elle** cherche un CD. **Sie** sucht eine CD.
Jules prépare une pizza pour la fête de Marine. Marine ne sait pas **que Jules prépare une pizza pour sa fête**. Jules bereitet eine Pizza für die Fete von Marine vor. Marine weiß nicht, **dass Jules eine Pizza für ihre Fete vorbereitet**.		Jules prépare une pizza pour la fête de Marine. Marine ne **le** sait pas. Jules bereitet eine Pizza für die Fete von Marine vor. Marine weiß **es** nicht.	

▶ Pronomen = Fürwörter

G18 Die Personalpronomen – *je/tu/il …*

1. Die Formen

Die **Personalpronomen** sind Subjektpronomen.
Sie sind immer **Subjekt** eines Satzes.

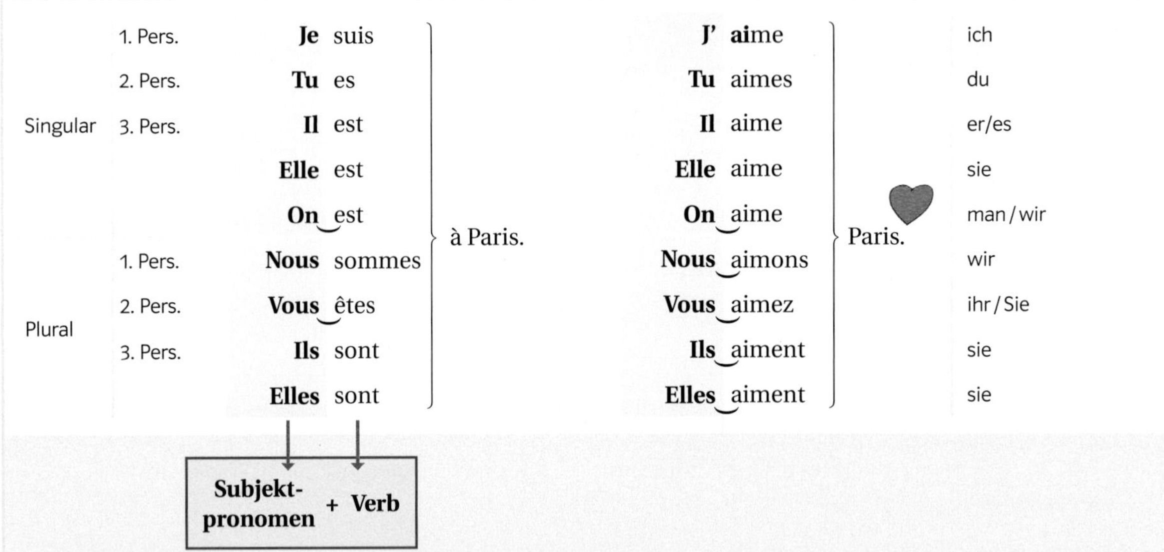

	1. Pers.	**Je** suis			**J'** **ai**me			ich
	2. Pers.	**Tu** es			**Tu** aimes			du
Singular	3. Pers.	**Il** est			**Il** aime			er/es
		Elle est			**Elle** aime			sie
		On‿est	à Paris.		**On**‿aime	Paris.	♥	man / wir
	1. Pers.	**Nous** sommes			**Nous**‿aimons			wir
Plural	2. Pers.	**Vous**‿êtes			**Vous**‿aimez			ihr / Sie
	3. Pers.	**Ils** sont			**Ils**‿aiment			sie
		Elles sont			**Elles**‿aiment			sie

Subjektpronomen + **Verb**

- Die Personalpronomen *je, tu, il, elle, on, nous, vous, ils, elles* (ich, du, er, sie, es, wir, ihr, Sie, sie) stehen für Personen, Gegenstände *(Jules →* ***il****/le plan →* ***il****)* oder abstrakte Begriffe *(une idée →* ***elle****)*.
- Sie stehen immer in enger Verbindung mit einem Verb (Tätigkeitswort). ***Il*** *aime Paris.*
- Vor Vokal und stummem *h* wird ***je*** zu ***j'****: j'****a****ime, j'****h****abite …*
- Das -***n*** von ***on*** und das -***s*** von ***nous, vous, ils*** und ***elles*** werden vor Vokal **gebunden**.
  Das -***s*** wird dadurch stimmhaft: *Nous‿avons …*
  [z]
  On‿est …
  [n]
- Sie sind **Subjekt** des Satzes (Frage: Wer oder was?).

▶ Subjekt = Satzgegenstand (Wer oder was?) Vokal = Selbstlaut *(a, e, i, o, u, y)* Singular = Einzahl

2. *il / elle – ils / elles*

il	er	• **Il**	steht für **ein männliches Nomen**.
elle	sie	• **Elle**	steht für **ein weibliches Nomen**.
ils	sie	• **Ils**	steht für **mehrere männliche Nomen**.
elles	sie	• **Elles**	steht für **mehrere weibliche Nomen**.
ils	sie	• **Ils**	steht auch **für gemischte Gruppen** (männlich und weiblich).

F/D *Zum Geschlecht der Nomen → **G 8***

Die Personalpronomen stehen für Personen oder Gegenstände.

• sie → ils	**Nicolas et Maxime**	← **ils** →	**le livre et le CD**
• sie → elles	**Julie et Marine**	← **elles** →	**la BD et la photo**
• sie → ils	**Julie, Marine et Maxime**	← **ils** →	**le livre et la BD**

Pour en savoir plus

• ***Il*** wird auch als neutrales Pronomen verwendet:

Il pleut.	– Es regnet.
Il faut partir.	– Es ist Zeit zu gehen.
Il faut du lait.	– Man braucht Milch.
Il y a deux magasins.	– Es gibt zwei Läden.
Il est midi.	– Es ist 12 Uhr.

3. *on*

On est là.	Wir sind da.
On dit: …	Man sagt: …

- In der Umgangssprache wir ***on*** oft für die 1. Person Plural ***nous*** („wir“) verwendet.
- ***On*** kann aber auch die Bedeutung von „man“ haben.
- ***On*** wird wie ***il*** und ***elle*** konjugiert (3. Person Singular). ***On va** au ciné?*

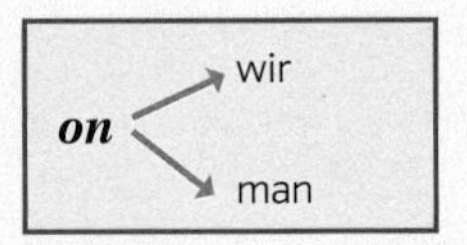

Pour en savoir plus

- Wird ***on*** in der **Bedeutung *nous*** gebraucht, so entspricht ihm das **Objektpronomen *nous***.
  On a acheté deux CD. Ils **nous** plaisent beaucoup. *Zu den Objektpronomen → **G 19–21***
- Das entsprechende **Reflexivpronomen** zu ***on*** ist immer ***se***:
  Ma copine et moi, **on se** lève à 7 heures. *Zu den Reflexivpronomen → **G 22***
- Das ***participe passé*** kann bei ***on*** angeglichen werden.
  (Es gilt aber nicht als Fehler, wenn man es nicht angleicht.)
  Luc et **moi, on** est partis.
  Léa et **moi** (= Alice), **on** est parties. *Zur Angleichung des Participe passé → **G 56***

4. Höflichkeitsform: *vous*

Wenn du Personen **siezen** möchtest,
benutzt du das Pronomen ***vous***.

Bonjour, madame Renaud. Vous prenez un café?	Guten Tag Frau Renaud, trinken **Sie** einen Kaffee?
Monsieur et madame Renaud, vous pouvez m'aider?	Herr und Frau Renaud, können **Sie** mir helfen?

- Wenn du **eine** oder **mehrere Personen siezt** (Höflichkeitsform – „Sie“), musst du immer die 2. Person Plural ***vous*** benutzen.

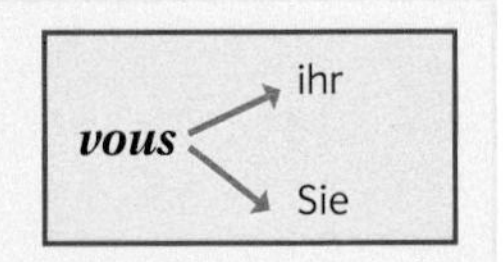

G19 Die direkten Objektpronomen – *me/te/le/la …*

Das **direkte Objekt** kann durch ein **direktes Objektpronomen** ersetzt werden.

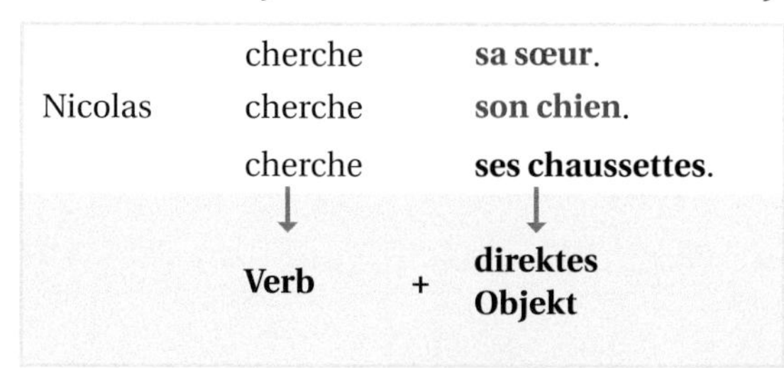

	cherche	**sa sœur.**	
Nicolas	cherche	**son chien.**	
	cherche	**ses chaussettes.**	
	↓	↓	
	Verb	+	**direktes Objekt**

	la	cherche.
Nicolas	**le**	cherche.
	les	cherche.
	↓	
	direktes Objektpronomen	**+ Verb**

	1. Pers.		**me**			**m'**		mich
Singular	2. Pers.		**te**			**t'**		dich
	3. Pers.		**le**			**l'**		ihn / es /
		Il	**la**	cherche.	Elle	**l'**	invite.	sie
	1. Pers.		**nous**			**nous**		uns
Plural	2. Pers.		**vous**			**vous**		euch / Sie
	3. Pers.		**les**			**les**		sie

- **Die direkten Objektpronomen** lauten ***me/m'-te/t'-le/la/l'-nous-vous-les***
  vous Höflichkeitsform.
- ***Le*** ersetzt ein maskulines Nomen im Singular.
  La ersetzt ein feminines Nomen im Singular.
  Les ersetzt maskuline und/oder feminine Nomen im Plural.
- Die Pronomen ***me, te, nous, vous*** stehen für Personen.

Die Pronomen ***le, la, les*** können **Personen**, **Gegenstände** oder **abstrakte Begriffe** ersetzen.

Je cherche **ta sœur.** / **la BD.** / **la réponse.**	→ Je **la** cherche.

- Vor Vokal und stummem *h* werden ***le*** und ***la*** zu ***l'***, ***me*** zu ***m'*** und ***te*** zu ***t'***. *Je **t'**invite.*

*Zur Stellung der Objektpronomen in Aussage- und Fragesatz → **G25***
*Zur Stellung und Form der Objektpronomen im Imperativsatz → **G26***
*Zur Stellung und Form der Objektpronomen im verneinten Satz. → **G79***

F/D

- Meistens entspricht **einem direkten Objekt im Französischen** ein **direktes Objekt** im Deutschen:
  *inviter **qn** / acheter **qc*** (**jdn.** einladen / **etw.** kaufen (**wen** oder **was**?))

• Marine Marine	invite lädt	**sa copine.** **ihre Freundin** ein.	→	Marine	**l'**invite. **sie**
• Elles Sie	achètent kaufen	**deux CD.** **zwei CDs.**	→	Elles	**les** achètent. **sie**

F/D

- In einigen Fällen entspricht einem **direkten Objekt im Französischen** ein **indirektes Objekt** im Deutschen.

! **Beachte:**
écouter qn / **aider** qn / **suivre** qn / **remercier** qn / **applaudir** qn
(**jdm.** zuhören / **jdm.** helfen / **jdm.** folgen / **jdm.** danken / **jdm.** applaudieren).

• Marine Marine	écoute hört	**sa copine.** **ihrer Freundin** zu.	→	Marine	**l'**écoute. **ihr**
• Elles Sie	aident helfen	**les copains.** **den Freunden.**	→	Elles	**les** aident. **ihnen**
• Les filles Die Mädchen	suivent folgen	**leurs copines.** **ihren Freundinnen.**	→	Elles	**les** suivent. **ihnen**

*Zur Stellung der Pronomen → **G 25***

G 20 Die indirekten Objektpronomen – *me / te / lui ...*

Das **indirekte Objekt** kann durch ein **indirektes Objektpronomen** ersetzt werden.

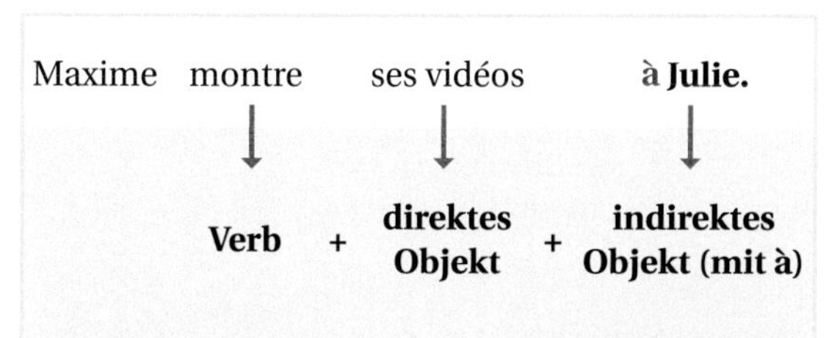

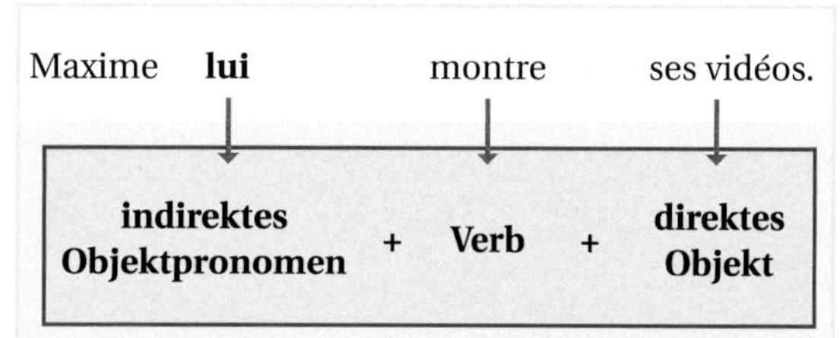

	1. Pers.		**me**			**m'**		mir
Singular	2. Pers.		**te**			**t'**		dir
	3. Pers.	Nicolas	**lui**	montre ses DVD	et il	**lui**	explique tout.	ihn / ihr
	1. Pers.		**nous**			**nous**		uns
Plural	2. Pers.		**vous**			**vous**		euch / Ihnen
	3. Pers.		**leur**			**leur**		ihnen

- Die indirekten Objektpronomen lauten

me	1. Person Singular	***nous***	1. Person Plural
te	2. Person Singular	***vous***	2. Person Plural
lui	3. Person Singular	***leur***	3. Person Plural
		vous	Höflichkeitsform

- ***Lui*** ersetzt **maskuline** und **feminine** Nomen **im Singular**.
  Leur ersetzt **maskuline** und **feminine** Nomen **im Plural**.
- Vor Vokal und stummem *h* wird ***me*** zu ***m'*** und ***te*** zu ***t'***.

! Das **indirekte Objektpronomen *leur*** bekommt **nie ein „s"**.

leur + Verb → *Je leur dis.*
leur (s) + Nomen → *C'est leur fille.*
Ce sont leurs filles.
Leur(s) = Possessivbegleiter → ***G 12***

*Zur Stellung der Objektpronomen im verneinten Satz → **G 79***
*Zur Stellung der Objektpronomen in Aussage- und Fragesatz → **G 25***
*Zur Stellung der Objektpronomen im Imperativsatz → **G 26***
*Zu penser à qn → **G 27***

D/F

Meistens entspricht einem **indirekten Objekt** im Französischen ein **Dativobjekt** im Deutschen:

Nicolas donne	le DVD	**à sa copine.**	**Wem?**	Il **lui** donne le DVD.
Nicolas gibt	**seiner Freundin**	die DVD.		**ihr**

D/F

! Wichtige **Ausnahmen** sind:
demander qc à qn – jdn. etw. fragen
mentir à qn – jdn. belügen
téléphoner à qn – jdn. anrufen.

• Julie	téléphone	**à sa mère.**		Elle **lui** téléphone.
Julie	ruft	**ihre Mutter** an.	**Wen?**	**sie**
• Elle	demande	une information **à son père.**		Elle **lui** demande une information.
Sie	fragt	**ihren Vater** nach einer Auskunft.	**Wen?**	**ihn**
• Elle	ne ment pas	**à ses parents.**		Elle ne **leur** ment pas.
Sie	belügt	**ihre Eltern** nicht.	**Wen?**	**sie**

G 21 Die direkten und indirekten Objektpronomen

Übersicht

direktes Objektpronomen	**indirektes Objektpronomen**
chercher qn/qc	téléphoner à qn
me	**me**
te	**te**
le/la	**lui**
nous	**nous**
vous	**vous**
les	**leur**

G 22 Die Reflexivpronomen – *Il se lave.*

1. Der Gebrauch

Wie im Deutschen werden die **Reflexivpronomen** verwendet, wenn sich **Objekt** und **Subjekt** auf **dieselbe Person** beziehen.

Nicolas **se** lave. (**se** = Nicolas)

se = Reflexivpronomen

Nicolas wäscht **sich**.

Nicolas **le** lave. (**le** = le chien)

le = direktes Objektpronomen

Nicolas wäscht **ihn**. (den Hund).

2. Die Bildung

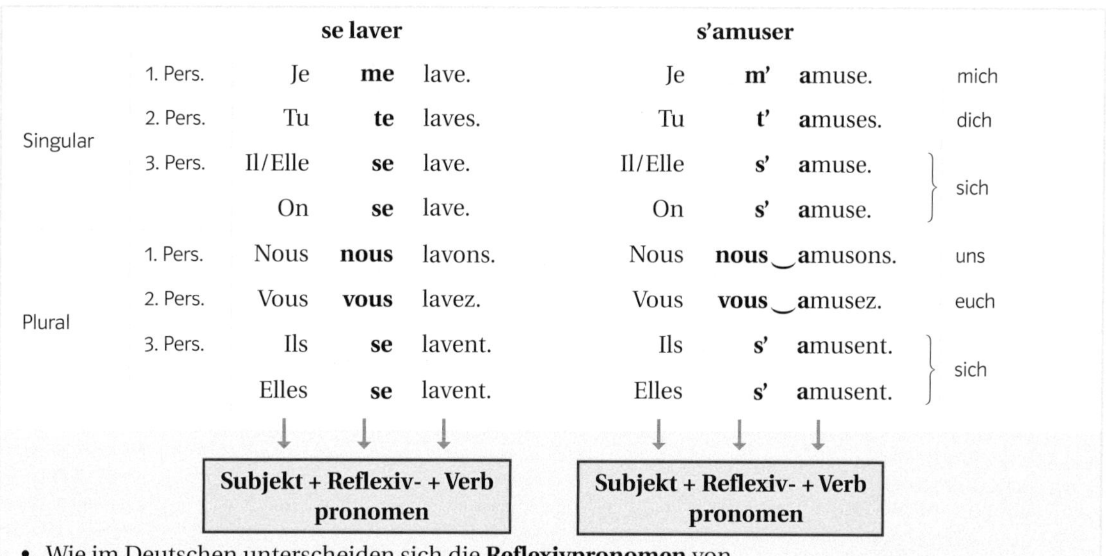

		se laver			s'amuser			
Singular	1. Pers.	Je	**me**	lave.	Je	**m'**	amuse.	mich
	2. Pers.	Tu	**te**	laves.	Tu	**t'**	amuses.	dich
	3. Pers.	Il/Elle	**se**	lave.	Il/Elle	**s'**	amuse.	sich
		On	**se**	lave.	On	**s'**	amuse.	
Plural	1. Pers.	Nous	**nous**	lavons.	Nous	**nous**	‿amusons.	uns
	2. Pers.	Vous	**vous**	lavez.	Vous	**vous**	‿amusez.	euch
	3. Pers.	Ils	**se**	lavent.	Ils	**s'**	amusent.	sich
		Elles	**se**	lavent.	Elles	**s'**	amusent.	

Subjekt + Reflexiv- pronomen + Verb — **Subjekt + Reflexiv- pronomen + Verb**

- Wie im Deutschen unterscheiden sich die **Reflexivpronomen** von den Objektpronomen nur in der **3. Person**: ***se*** – **sich**
- Die Reflexivpronomen ***me, te, se*** werden **vor Vokal** und **stummem *h*** zu ***m', t'*** und ***s'***.
- Das **Subjekt** und das **Reflexivpronomen** bezeichnen **dieselbe Person**.

F/D

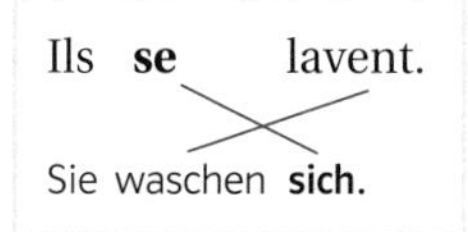

*Zu den reflexiven Verben → **G 48***
*Zur Stellung der Reflexivpronomen in Aussage- und Fragesatz → **G 25***
*Zur Stellung der Reflexivpronomen im Imperativsatz → **G 26***

▶ Reflexivpronomen = rückbezügliches Fürwort

G 23 Die Pronomen *y* und *en*

Die Pronomen ***y*** und ***en*** können Wörter oder Wortgruppen ersetzen, die mit Präpositionen *(sur, à, chez, dans, en, de …)* stehen.

1. *Y* (örtlich)

	à l'école.		
	à la fête de Julie.		
	au restaurant.		
Nicolas est	**aux Etats-Unis.**	Il **y** est.	**Il y va.** → •
Marine va	**chez son copain.**	Elle **y** va.	
	dans sa chambre.		
	en ville.		
	sur les rochers.		

- ***Y*** ersetzt **Ortsangaben**, die mit Präpositionen wie ***à, sur, sous, chez, dans, en*** … eingeleitet werden.
  Y bedeutet **„dorthin“** (in Richtung auf einen Ort) oder **„dort“** (an einem Ort).

*Zur Stellung von y → **G 25***

Pour en savoir plus

Y kann auch **indirekte Objekte** mit *à* ersetzen, die sich auf **Sachen** beziehen.

– Tu penses **à tes devoirs**? – Oui, j'**y** pense. (Ja, ich denke **daran**.)

– Elle participe **à une réunion**. – Elle **y** participe. (Sie nimmt **daran** teil.)

*Zu penser à qn → **G 27***

2. *En* (örtlich)

	de l'école.	
	de la fête de Céline.	
Julie vient	**du restaurant.**	Elle **en** vient.
	des Etats-Unis.	
	de chez son copain.	

- ***En*** ersetzt **Ortsangaben**, die mit der Präposition ***de*** eingeleitet werden. Es bedeutet **„von dort“** oder **„von daher“**.

Elle en vient. ←•

3. *En* (Mengen)

	une orange / des oranges?		une.
	de la mousse au chocolat?		un peu.
Tu prends	**du café?**	J'**en** prends	une tasse.
	de l'eau?		un verre.
	un peu de gâteau?		un morceau.

- ***En*** kann Folgendes ersetzen:
  – den **unbestimmten Artikel *(un, une, des)* + Nomen.** ***Des oranges → en.***
  – den **Teilungsartikel *(du, de la, de l')* + Nomen.** ***Du café → en.***
  – **Nomen,** die **in Verbindung mit einer Mengenangabe *(peu de, beaucoup de, assez de, un kilo de, un verre de ...)*** stehen.
- Die Mengenangabe kann im Satz mit ***en*** durch eine andere Mengenangabe **ergänzt werden:**
  *J'**en** prends **une tasse**.* Ich nehme eine Tasse (davon).

Beachte: Bei einem Nomen mit Adjektiv:
*– Tu as acheté **une tasse bleue**? – Non, j'en ai acheté **une blanche**.*

- ***En*** im verneinten Satz

Vous voulez **du café**? Non merci, je **n'en** veux **pas**. Ich möchte **keinen**.

- Im verneinten Satz steht ***en*** in der Bedeutung „kein“.

*Zur Stellung von en → **G 25** Zum Teilungsartikel → **G 14***

Pour en savoir plus

En kann auch andere Ausdrücke mit ***de*** ersetzen.

Je parle **de mes vacances.** } – J'**en** parle.
Je parle **de mon frère.** }

Den Ausdruck ***Il y en a encore.*** lernst du am besten auswendig.

Il y a encore du jus d'orange? – Oui, **il y en a encore**. – Ja, es gibt noch davon.
– Non, **il n'y en a plus**. – Nein, es gibt keinen mehr.

G 24 Die Objektpronomen, die Pronomen *y* und *en* – Übersicht

Diese Übersicht will dir helfen die Pronomen, die in den Kapiteln *G 18* bis *G 22* besprochen werden, gedanklich zu ordnen.

Übersicht

direkte Objektpronomen	indirekte Objektpronomen	Reflexivpronomen	Ortsangaben		Mengen
chercher **qn/qc**	téléphoner **à qn**	**se** laver	être/aller **à, chez, sur, sous, dans …**	venir **de …**	prendre **des, du, de la, de l'…**
me **te** **le/la** **nous** **vous** **les**	**me** **te** **lui** **nous** **vous** **leur**	**me** **te** **se** **nous** **vous** **se**	**y**	**en**	**en**

G 25 Die Stellung der Pronomen im Aussage- und Fragesatz

La mère de Maxime est en Italie.
Elle lui téléphone pour savoir si tout se passe bien à la maison.

Présent

– Tu fais **les courses**?	– Oui, je	**les**	**fais.**	
– Tu viens **du supermarché**?	– Oui, j'	**en**	**viens.**	
– Tu fermes bien **le garage** le soir?	– Oui, je	**le**	**ferme.**	

Passé composé

– Tu as rangé **le salon**?	– Oui, je	**l'**	**ai**	rangé.
– Luc est allé **au foot**?	– Oui, il	**y**	**est**	allé.
– Il a parlé **à son entraîneur**?	– Oui, il	**lui**	**a**	parlé hier.
– Tu **t'**es levé tôt?	– Euh, je	**me**	**suis**	levé à 11 h.
– Vous avez mangé **des fruits**?	– Oui, on	**en**	**a**	mangé …

↓ ↓

Pronomen + konjugiertes Verb

- Im **Aussage**- und **Fragesatz stehen die Pronomen** unmittelbar **vor dem konjugierten Verb,**

Futur composé

– Tu vas faire **tes devoirs**?	– Oui, je	vais	**les**	**faire!**
– Tu vas aller **au cinéma**?	– Oui, je	vais	**y**	**aller.**
– Tu ne vas pas prendre **le scooter**?	– Si, je	vais	**le**	**prendre.**

Hilfsverb + Infinitiv

– Tu peux acheter **de l'eau**?	– Oui, je	peux	**en**	**acheter.**
– Tu veux aussi parler **à ton père**?	– Oui, je	veux	**lui**	**parler.**

↓ ↓

Pronomen + Infinitiv

außer
- im ***futur composé*** und in **Sätzen mit Hilfsverb + Infinitiv.** Hier stehen **die Pronomen** unmittelbar **vor dem Infinitiv.**

*Zur Verneinung → **G 79***

Il **me plaît** ce T-shirt.
Je vais **l'acheter**.

D/F Je **l' achète**. Je vais **l' acheter**.

Ich kaufe es. Ich werde es kaufen.

Pour en savoir plus

Die **Pronomen** stehen unmittelbar **vor dem konjugierten Verb** nicht nur im ***présent*** und ***passé composé***, sondern auch im ***imparfait*** und ***futur simple***.

Le foot, c'est cool. J'**en faisais** l'année dernière.
Le handball, c'est super. J'**en fais** cette année.
La natation, c'est génial. J'**en ferai** l'année prochaine.

G 26 Die Pronomen im Imperativsatz

Beim Imperativ hängt die Stellung (und teilweise auch die Form) des Pronomens davon ab, ob der Imperativ bejaht oder verneint ist.

Ist er **bejaht,** steht das Pronomen **nach** dem Verb, ist er **verneint,** steht es **vor** dem Verb.

Attends-**moi**. Ne **m'**attends pas.

1. Der bejahte Imperativ mit einem Pronomen – *Attends-moi.*

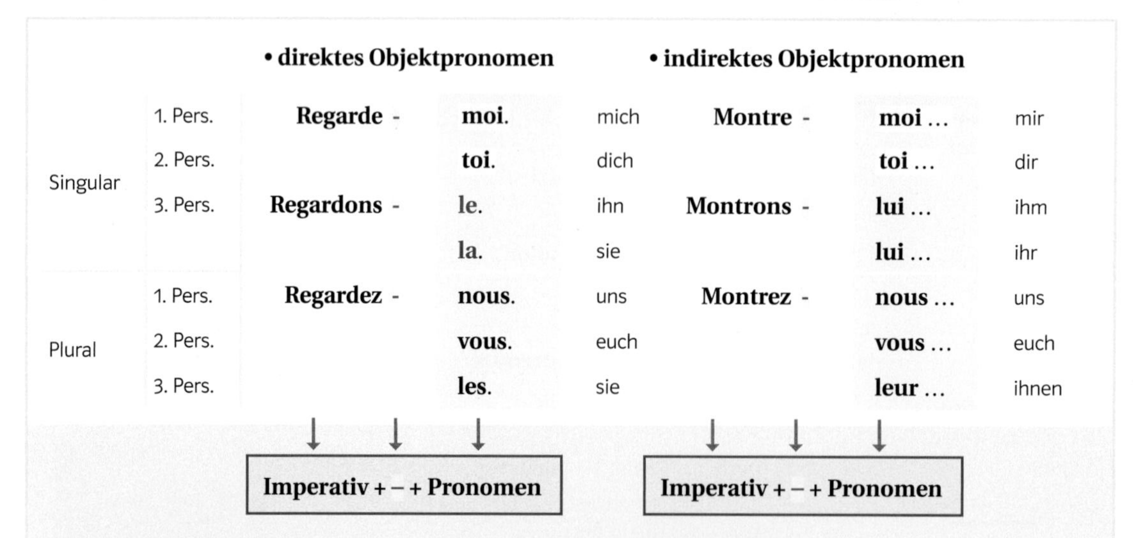

		• direktes Objektpronomen			• indirektes Objektpronomen		
Singular	1. Pers.	**Regarde -**	**moi.**	mich	**Montre -**	**moi …**	mir
	2. Pers.		**toi.**	dich		**toi …**	dir
	3. Pers.	**Regardons -**	**le.**	ihn	**Montrons -**	**lui …**	ihm
			la.	sie		**lui …**	ihr
Plural	1. Pers.	**Regardez -**	**nous.**	uns	**Montrez -**	**nous …**	uns
	2. Pers.		**vous.**	euch		**vous …**	euch
	3. Pers.		**les.**	sie		**leur …**	ihnen

Imperativ + – + Pronomen **Imperativ + – + Pronomen**

- Beim **bejahten Imperativ** stehen die **Pronomen nach** dem Imperativ.
- Das Pronomen wird durch einen **Bindestrich** mit dem Imperativ verbunden.
- Statt ~~me~~ und ~~te~~ stehen ***moi*** und ***toi***. *Vergleiche mit den Objektpronomen im Präsenssatz* → ***G 19, 20***
- Das gleiche gilt für die **Reflexivpronomen**: *Lave-**toi**.*

▶ Infinitiv = Grundform eines Verbs Konjugiertes Verb = gebeugtes Verb

Pour en savoir plus

Achte auf die **Sonderform** des **Imperativs Singular** von ***aller*** + *y*:

Vas-y. – Geh los, geh hin!
Allons-y. – Gehen wir los!
Allez-y. – Geht los!

Verneinung:
N'y va pas! – N'y allons pas. – N'y allez pas.

2. Der bejahte Imperativ mit zwei Pronomen – *Dis-le-lui.*

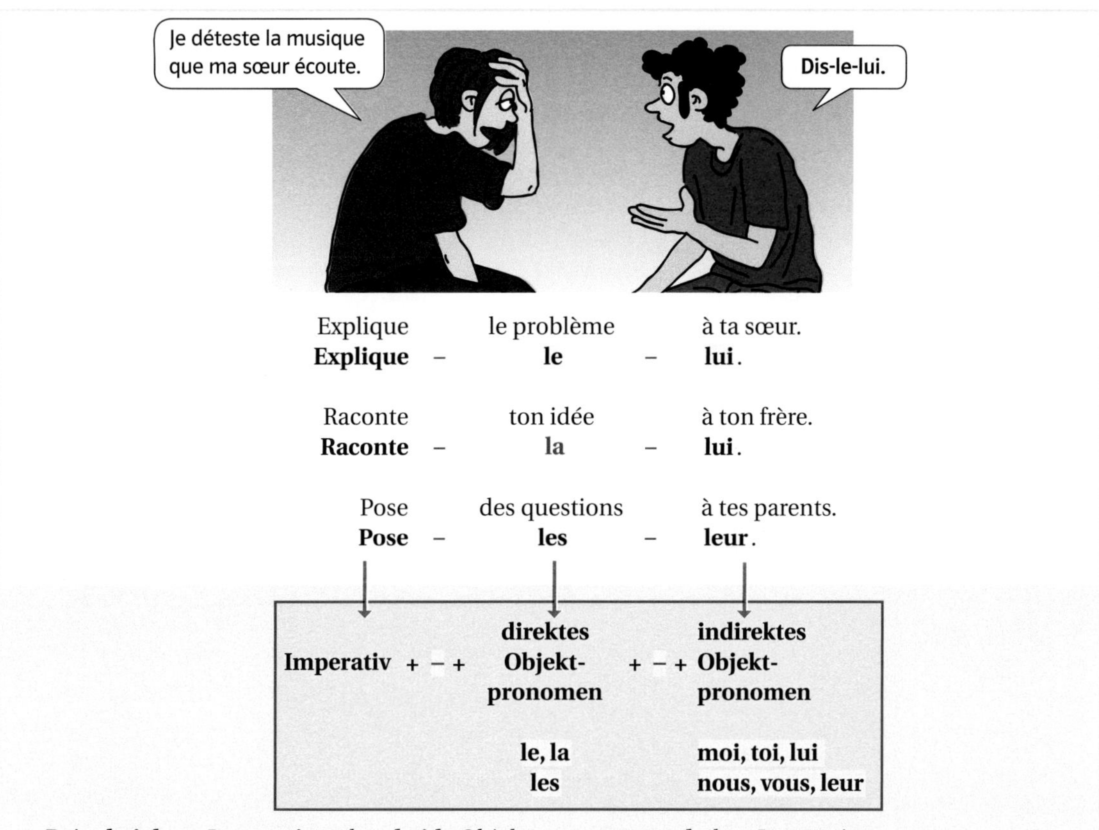

Explique le problème à ta sœur.
Explique – le – lui.

Raconte ton idée à ton frère.
Raconte – la – lui.

Pose des questions à tes parents.
Pose – les – leur.

Imperativ + – + direktes Objektpronomen + – + indirektes Objektpronomen

	direktes Objektpronomen	indirektes Objektpronomen
Imperativ + – +	**le, la, les**	+ – + **moi, toi, lui, nous, vous, leur**

- Beim **bejahten Imperativ** stehen **beide** Objektpronomen **nach** dem Imperativ.

  Dites - **le** - **moi**.
  Sagt **es** **mir**!

- Imperativ, direktes und indirektes Objektpronomen werden mit **Bindestrich** verbunden.
- Statt ~~me~~ und ~~te~~ stehen ***moi*** und ***toi***.

▶ Imperativ = Befehlsform

3. Der verneinte Imperativ – *Ne me demande rien.*

! Demande - moi.
Ne me demande pas.

			• **direktes Objektpronomen**				• **indirektes Objektpronomen**		
			regarder qn				demander **à** qn		
Singular	1. Pers.		**me**				**me**		
	2. Pers.		**te**	**regarde**			**te**	**demande**	
	3. Pers.		**le**				**lui**		
		Ne	**la**	**regardons**	**pas.**	**Ne**	**lui**	**demandons**	**rien.**
Plural	1. Pers.		**nous**				**nous**		
	2. Pers.		**vous**	**regardez**			**vous**	**demandez**	
	3. Pers.		**les**				**leur**		

ne + Pronomen + Imperativ + pas

ne + Pronomen + Imperativ + rien

- Beim **verneinten Imperativ** stehen die **Pronomen vor** dem Imperativ.
- Die Verneinungswörter *ne … pas, ne … plus, ne … jamais, …* **umschließen** das **Pronomen und** den **Imperativ**.

Zu den direkten / indirekten Objektpronomen → ***G 19, 20***

G 27 Die unverbundenen Personalpronomen – *C'est toi?*

1. Der Gebrauch

Im Französischen unterscheidet man zwischen verbundenen und unverbundenen Personalpronomen.
• **Die verbundenen Personalpronomen** *(je, tu, ...)* stehen immer in Verbindung mit einem Verb.
• **Die unverbundenen Personalpronomen *(moi, toi, ...)* werden in folgenden Fällen verwendet:**

	Das unverbundene Personalpronomen steht:
– Marine Meunier, **c'est toi**? – Non, **c'est moi**.	• nach ***c'est***,
– **Elle**, **elle** s'appelle Dany. – **Et lui**, **il** s'appelle Alex. – Alors **nous**, **on** va monter dans le bus.	• **vor dem Subjekt**, um es zu **betonen**,
– Et **toi**, Jules? – **Moi** aussi.	• **allein,** in Sätzen ohne Verb,
– Où est Pierre? – Il est encore **chez lui**. – Et Manon? – Elle est restée **chez‿elle**. Elle est malade. – Alors on va partir **sans‿eux**.	• **nach Präpositionen** *(sur, sous, chez, pour, sans, avec ...)*.

2. Die Bildung

	• Singular		• Plural	
1. Pers.	**moi**	ich	**nous**	wir
2. Pers.	**toi**	du	**vous**	ihr/Ihnen
3. Pers.	**lui**	er	**eux**	sie
	elle	sie	**elles**	sie

• **Eux** steht für → **mehrere Jungen**,
→ **Jungen** und **Mädchen**.

Pour en savoir plus

• Das **unverbundene** Personalpronomen steht auch **im Vergleichssatz nach *que***:
– **Jules** est plus grand que sa sœur, mais elle est plus sportive **que lui**.

• Bei ***penser à qn*** (an jdn. denken) wird **das Personenobjekt** durch das **unverbundene Personalpronomen** ersetzt.
– Je pense **à Pierre**. → Je pense **à lui**.
Bei ***penser à qc*** (an etw. denken) wird **das Sachobjekt** durch ***y*** ersetzt:
– Je pense **au voyage**. → J'**y** pense.
Manon et Pierre? – Je pense **à eux**. Ich denke **an sie**.
Les sacs à dos? – J'**y** pense. Ich denke **daran**.

• In **Sätzen ohne Verb** fällt bei der Verneinung das ***ne*** von ***ne ... pas*** weg.
– Qui prend des photos? – **Pas moi.** Ich nicht.
– **Moi non plus.** Ich auch nicht.

G 28 Die Pronomen *chacun / chacune*

• Nicolas invite **tous ses copains**. **Chacun** apporte des CD. Jeder …	• **Chacun/chacune** ist ein Pronomen, das nur **im Singular** verwendet wird.
• **Julie et ses copines** vont aussi à la fête de Nicolas. **Chacune** apporte un petit cadeau. Jede …	• Es bezeichnet **eine einzelne Person** oder **einen einzelnen Gegenstand** einer Gruppe (jeder, jede, jedes).
• **Les copains** et **les copines** dansent et rigolent. **Chacun** s'amuse bien. Jeder …	• Es **richtet sich** im Geschlecht nach dem **Nomen**, auf das es sich bezieht.

*Zum Begleiter tout le … / toute la … → **G15***

G 29 Die Relativpronomen – *qui / que / ce qui / ce que / où / dont*

Mit einem Relativsatz kannst du **eine Person** oder **einen Gegenstand** näher beschreiben.
Die Relativpronomen leiten immer **den Relativsatz ein** und verbinden ihn mit dem Hauptsatz.

1. Das Relativpronomen *qui* – *C'est un pull qui me plaît.*

– J'ai trouvé **un pull**.	**Il** me plaît beaucoup.	
– J'ai trouvé **un pull**	↓ **qui** me plaît beaucoup.	… der / welcher …
– Moi, j'achète **ces baskets**.	**Elles** ne sont pas chères.	
– Moi, j'achète **ces baskets**	↓ **qui** ne sont pas chères.	… die / welche …
– J'ai essayé **un jean**.	**Il** me va très bien.	
– J'ai essayé **un jean**	↓ **qui** me va très bien.	… die / welche …

qui = Subjekt

- ***Qui*** ist immer **Subjekt** (Wer oder was?) des Relativsatzes.
- ***Qui*** kann **maskuline** und **feminine Nomen** (Personen oder Gegenstände) im Singular oder Plural **vertreten**. C'est **une fille qui** …
  Ce sont **des garçons qui** …
- **Qui** wird nie zu ~~qu'~~.
- **Die Wortstellung** im Relativsatz bleibt wie im Hauptsatz.
  J'achète ce pull **qui va** bien avec mon jean.
  Ich kaufe diesen Pulli, **der** gut zu meiner Jeans **passt**.

D/F

▶ Relativpronomen = rückbezügliches Fürwort
Relativsatz = Satz, der mit einem rückbezüglichen Fürwort anfängt.

2. Das Relativpronomen *que* – *C'est une affiche que j'adore.*

On a fait du shopping:

Maxime a acheté une affiche.	Il trouve **cette affiche** super..	
Maxime a acheté **une affiche**	**qu'**il trouve super.	… das …
Julie a choisi un CD.	Maxime n'aime pas beaucoup **ce CD**.	
Julie a choisi **un CD**	**que** Maxime n'aime pas beaucoup.	… die …
Marine a trouvé des chaussures.	Marine aime beaucoup **ces chaussures**.	
Marine a trouvé **des chaussures**	**qu'**elle aime beaucoup.	… die …
Ils ont découvert un super magasin.	Ils ne connaissaient pas **ce magasin**.	
Ils ont découvert **un super magasin**	**qu'**ils ne connaissaient pas.	… den …

que / qu' = Objekt — Wen oder was?

- ***Que*** ist immer **das direkte Objekt** (Wen oder was?) des Relativsatzes.
  Im Relativsatz mit ***que*** muss also ein eigenständiges Subjekt stehen.
  Auf ***que/qu'*** folgt meistens dieses Subjekt. C'est une affiche **qu'il** trouve super.
- ***Que*** kann **maskuline** und **feminine Nomen** (Personen oder Gegenstände) im Singular oder Plural **vertreten. Un magasin** *(m./sg.)*, **des chaussures** *(f./pl.)* **que** j'aime bien.
- Vor Vokal und stummem *h* wird ***que*** zu ***qu': qu'il, qu'elle***.

3. Das Relativpronomen *où* – *Nous sommes dans la rue où j'habite.*

A Paris, Julie connaît un ciné.	**Dans ce ciné,** les billets ne sont pas chers.	
A Paris, Julie connaît **un ciné**	**où** les billets ne sont pas chers.	… in dem / wo
Julie va rue de la Chine.	Sa copine habite **dans cette rue**.	
Julie va **rue de la Chine**	**où** sa copine habite.	… in der …

où = Ortsangabe

- ***Où*** steht anstelle einer **Ortsangabe**.
- Auf ***où*** folgt das **Subjekt des Relativsatzes** (Wer oder was?).

4. Das Relativpronomen *ce que* und *ce qui* – *Ce qui me plaît, c'est …*

– Voilà	**ce qui**	m'énerve: tu parles toujours du foot.	Subjekt	… was …
Dis-moi	**ce que**	tu aimes comme musique.	Objekt	
– Eh bien,	**ce qui**	me plaît, c'est la musique rock.	Subjekt	
	Ce que	j'adore aussi, c'est aller au ciné.	Objekt	

ce qui = Subjekt | **ce que / qu' = Objekt**

- ***Ce que*** und ***ce qui*** entsprechen dem deutschen „was", sie beziehen sich also nie auf Personen.
- ***Ce qui*** ist **Subjekt** des Relativsatzes. ***Ce que*** ist **Objekt** des Relativsatzes.
- Auf ***ce qui*** **folgt das konjugierte Verb**, vor dem auch ein Objektpronomen *(me, te* … oder *ne)* stehen kann. *Voilà **ce qui m'intéresse**.*
  Auf ***ce que*** **folgt das Subjekt** des Relativsatzes. *Voilà **ce que** j'aime.*
- Vor Vokal und stummem *h* wird ***ce que*** zu ***ce qu'***.
- ***Ce qui* wird nie zu** ~~*ce qu'*~~.

5. Das Relativpronomen *dont* – *La robe dont je t'ai parlé …*

Voilà ma nouvelle robe.	Je t'ai parlé **de cette robe** hier.	
Voilà **la nouvelle robe**	**dont** je t'ai parlé hier.	… von dem …
Tiens, c'est Léa.	La mère **de Léa** est vendeuse dans ce magasin.	
C'est **Léa**	**dont** la mère est vendeuse dans ce magasin.	… deren …

- Das Relativpronomen ***dont*** vertritt **Ergänzungen** mit ***de***: *parler **de**, la mère **de*** …
- ***Dont*** kann **maskuline** und **feminine Nomen** (Personen oder Gegenstände) im Singular oder Plural **vertreten**.

G 30 Die Demonstrativpronomen *celui-ci / celle-ci*

	Maskulinum			**Femininum**	
	Singular	Plural		Singular	Plural
– Tu prends	**ce train?**	**ces sacs?**	– Tu prends	**cette route?**	**ces valises?**
– Non, je prends	**celui-ci**.	**ceux-ci**.	– Non, je prends	**celle-ci**.	**celles-ci**.

- **Das Demonstrativpronomen *celui-ci, celle-ci …*** steht anstelle eines Nomens.
  Der Demonstrativbegleiter *ce, cette …* begleitet ein Nomen: ***ce** train*.
- Das Demonstrativpronomen kann sich auf maskuline oder feminine Nomen (Personen oder Sachen) beziehen.

*Zum Demonstrativbegleiter → **G 13***

G 31 Die Fragepronomen *lequel / laquelle*

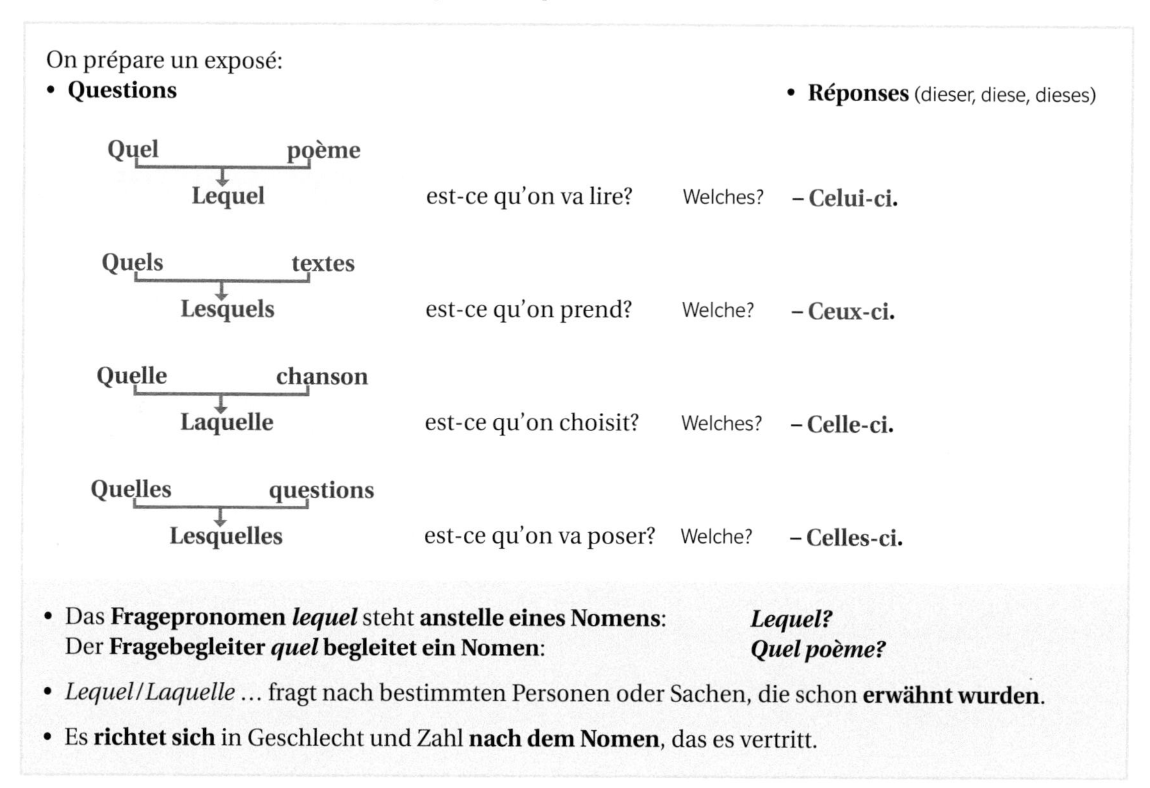
On prépare un exposé:

- **Questions**
- **Réponses** (dieser, diese, dieses)

Questions			Réponses
Quel poème → **Lequel**	est-ce qu'on va lire?	Welches?	– **Celui-ci.**
Quels textes → **Lesquels**	est-ce qu'on prend?	Welche?	– **Ceux-ci.**
Quelle chanson → **Laquelle**	est-ce qu'on choisit?	Welches?	– **Celle-ci.**
Quelles questions → **Lesquelles**	est-ce qu'on va poser?	Welche?	– **Celles-ci.**

- Das **Fragepronomen *lequel*** steht **anstelle eines Nomens**: ***Lequel?***
  Der **Fragebegleiter *quel* begleitet ein Nomen**: ***Quel poème?***
- *Lequel / Laquelle …* fragt nach bestimmten Personen oder Sachen, die schon **erwähnt wurden**.
- Es **richtet sich** in Geschlecht und Zahl **nach dem Nomen**, das es vertritt.

*Zu den Fragepronomen → **G 92, 100***
*Zum Fragebegleiter quel → **G 16***

▶ Demonstrativpronomen = hinweisendes Fürwort   Fragepronomen = Interrogativpronomen

4 Die Adjektive

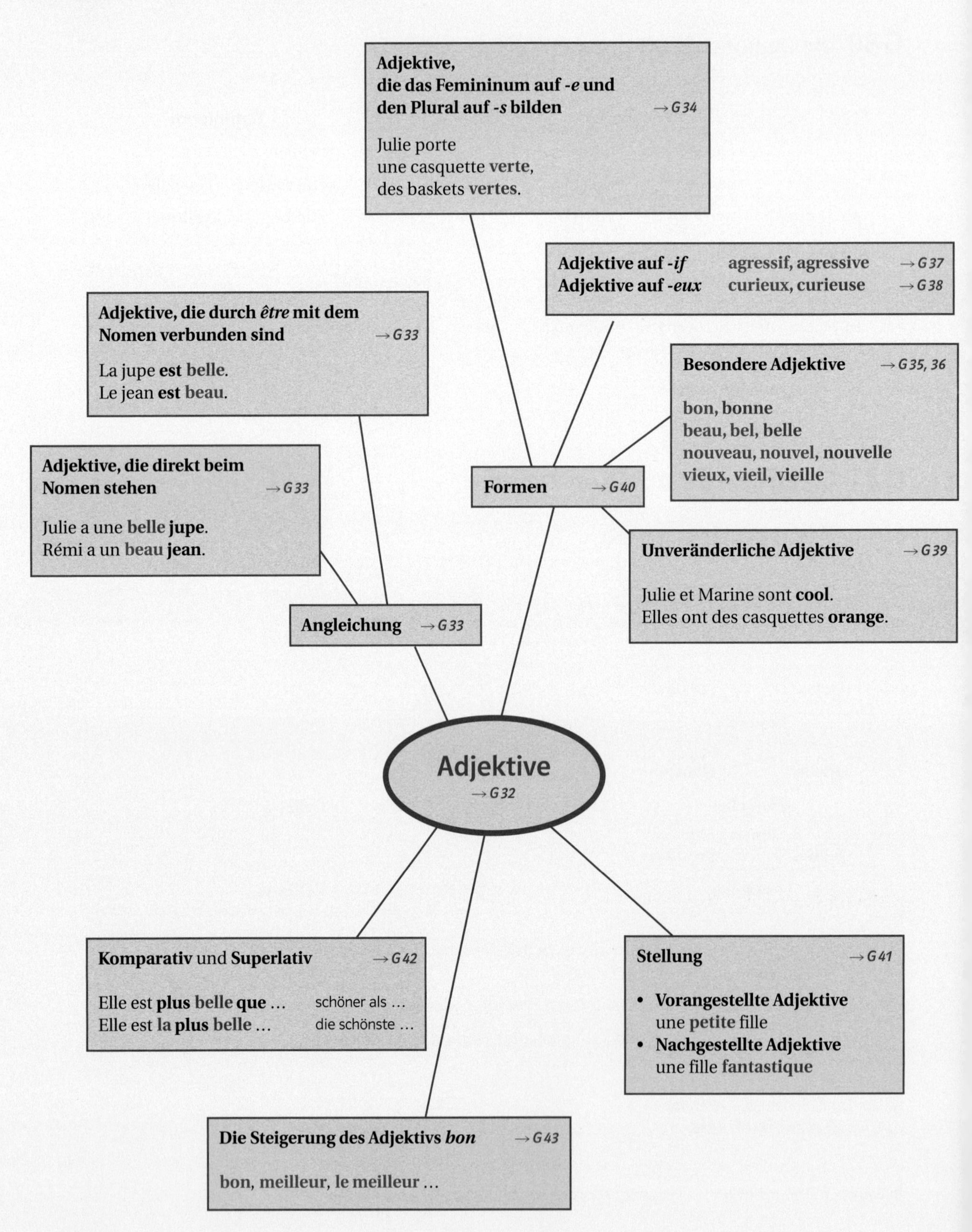

G 32 Was sind Adjektive?

- Adjektive sind **Eigenschaftswörter**. Sie können dir helfen, etwas anschaulich zu beschreiben.
- **Adjektive beziehen sich** immer auf ein **Nomen** oder **Personalpronomen**.
- Wenn du Adjektive richtig verwenden willst, musst du vor allem auf zwei Dinge achten:
  auf die **Angleichung** → *ma jupe grise*
  und die **Stellung der Adjektive** im Satz. → *ton vieux jean cool*

G 33 Die Angleichung der Adjektive

Adjektive beziehen sich immer auf ein **Nomen** oder **Personalpronomen** und werden entsprechend **angeglichen**.

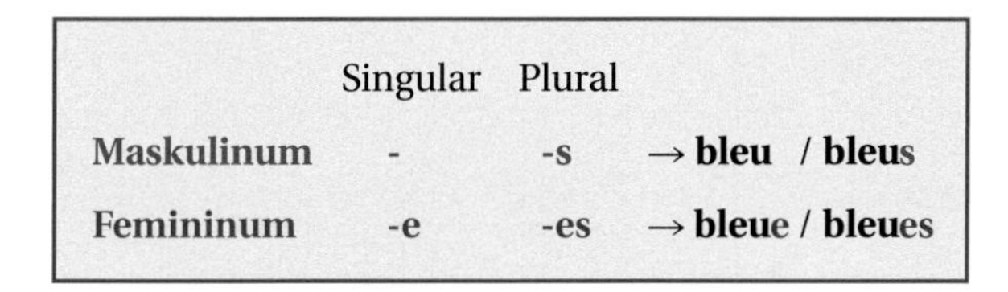

	Singular	Plural	
Maskulinum	-	-s	→ **bleu / bleus**
Femininum	-e	-es	→ **bleue / bleues**

Wie im Deutschen können Adjektive im Französischen
- **direkt beim Nomen** stehen
- oder durch das Verb ***être*** (sein) mit dem Nomen **verbunden werden**.

a Die Adjektive stehen **direkt beim Nomen**.

un	film	**intéressant**	ein	interessant**er**	Film
des	films	**intéressants**		interessant**e**	Filme
une	idée	**intéressante**	eine	interessant**e**	Idee
des	idées	**intéressantes**		interessant**e**	Ideen

Nomen + Adjektiv

▶ Adjektiv = Eigenschaftswort Personalpronomen = Fürwort (er, sie, es …)

b Die Adjektive können durch ***être*** mit dem **Nomen / Personalpronomen** verbunden werden.

Le film Il	est	**intéressant**.	Der Film Er	ist	interessant .
Les films Ils	sont	**intéressants**.	Die Filme Sie	sind	interessant .
L'idée Elle	est	**intéressante**.	Die Idee Sie	ist	interessant .
Les idées Elles	sont	**intéressantes**.	Die Ideen Sie	sind	interessant .

Nomen / Personalpronomen	**+ être +**	**Adjektiv** (veränderlich)

- Im Unterschied zum Deutschen richten sich im Französischen auch die **Adjektive**, die durch ***être*** mit dem Nomen verbunden sind, **in Geschlecht und Zahl nach dem Nomen / Personalpronomen**, zu dem sie gehören: ***Elle est** intéressante*.
- Bezieht sich ein Adjektiv auf maskuline und feminine Nomen, so steht es in der maskulinen Pluralform: ***les garçons et les filles sont intéressants***.

maskulin = männlich   Singular = Einzahl   feminin = weiblich   Plural = Mehrzahl

G 34 Die Formen der Adjektive

a In der Regel wird die **feminine Form** gebildet, indem man an die maskuline Form ein *-e* anfügt. Der Plural wird durch *-s* bzw. *-es* gekennzeichnet.

	Singular	Plural	
Maskulinum	**-**	**-s**	**→ bleu / bleus**
Femininum	**-e**	**-es**	**→ bleue / bleues**

un	jean	**bleu**	[blø]	• **Das Plural-*s* wird nie gesprochen!**
des	jean**s**	**bleus**		
une	robe	**bleue**		
des	robe**s**	**bleues**		
un	article	**intéressant**	[ɛ̃terɛsɑ̃]	• Endet die maskuline Form auf einen **nicht hörbaren Konsonanten** *(intéressant)*, so ist der Unterschied zwischen maskuliner und femininer Form **hörbar**: Der Endkonsonant wird dann (nur) **im Femininum gesprochen**. Ebenso: *gran**d**(e), peti**t**(e), ver**t**(e)* …
des	article**s**	**intéressants**		
une	idée	**intéressante**	[ɛ̃terɛsɑ̃**t**]	
des	idée**s**	**intéressantes**		
un	copain	**fantastique**	[fɑ̃tasti**k**]	• Adjektive, die **im Maskulinum** bereits **auf *-e*** enden, haben im Maskulinum und im Femininum die gleichen Formen. Ebenso: *bizarr**e**, difficil**e**, facil**e**, grav**e**, jaun**e**, jeun**e**, roug**e**, malad**e**, moch**e**, trist**e***, …
des	copain**s**	**fantastiques**		
une	copine	**fantastique**		
des	copine**s**	**fantastiques**		
un	carton	**gris**	[gri]	• Adjektive, die **im Singular auf *-s*** enden, bleiben in der maskulinen Pluralform unverändert. Ebenso: *lilas, mauvais* …
des	carton**s**	**gris**		
une	jupe	**grise**	[gri**z**]	
des	jupe**s**	**grises**		

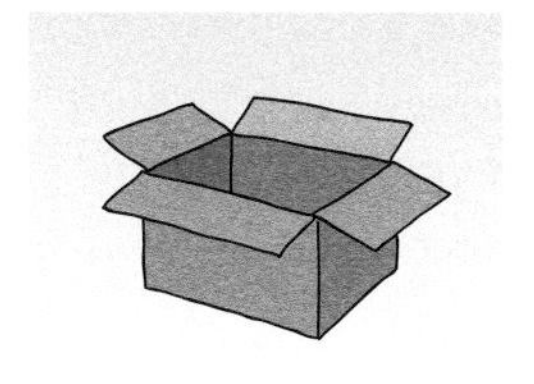

un carton gris

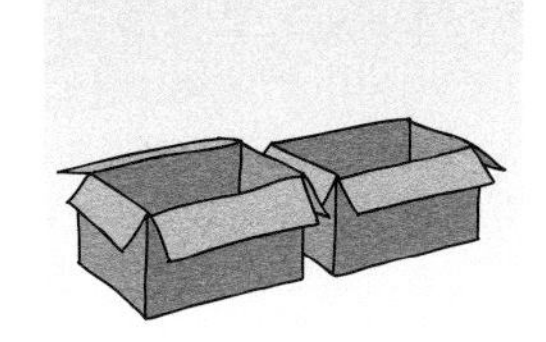

des carton**s** gris

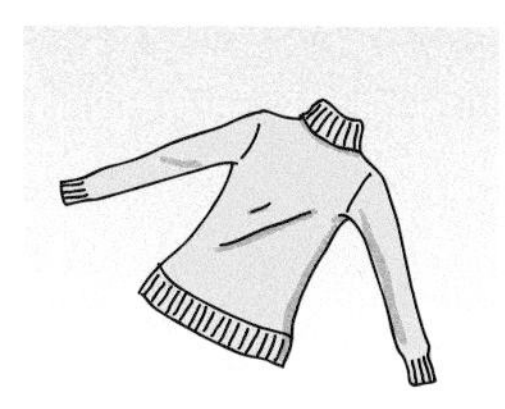

un pull jaun**e**

une jupe jaun**e**

▶ Konsonant = Mitlaut: b, c, d … Vokal = Selbstlaut: a, e, i, o, u, y

b Manche Adjektive haben Sonderformen im **Femininum** oder **Plural**.

un	**bon**	dessert	[bõ]	• Manche Adjektive bilden die feminine Form, indem sie den **Endkonsonanten verdoppeln**. Zum Beispiel: *bon(s) / bo**nn**e(s), gros / gro**ss**e(s), nu**l**(s) / nu**ll**e(s), italien(s) / italie**nn**e(s), parei**l**(s) / parei**ll**e(s), genti**l**(s) / genti**ll**e(s)* …
des	**bons**	desserts		
une	**bonne**	glace	[bɔn]	
des	**bonnes**	glaces		
un	vélo	**cher**	[ʃɛr]	• Einige Adjektive schreiben sich im Femininum mit *-è*. Zum Beispiel: *cher(s) / ch**è**re(s), fier(s) / fi**è**re(s), complet(s) / compl**è**te(s)* …
des	vélos	**chers**		
une	voiture	**chère**		
des	voitures	**chères**		
un	rocher	**blanc**	[blã]	• Beim Adjektiv ***blanc*** endet das Maskulinum auf *-c*, das Femininum auf *-che*.
des	rochers	**blancs**		
une	plage	**blanche**	[blãʃ]	
des	plages	**blanches**		
un	artiste	**génial**	[ʒeɲal]	• Die meisten Adjektive, die in der maskulinen Singularform auf *-al* enden, bilden die **maskuline Puralform** auf *-aux*. Zum Beispiel: *génial, géni**aux** / géni**ale(s)**, norm**al**, norm**aux** / norm**ale(s)**, princip**al**, princip**aux** / princip**ale(s)*** …
des	artistes	**géniaux**	[ʒeɲo]	
une	idée	**géniale**	[ʒeɲal]	
des	idées	**géniales**		

Pour en savoir plus

Achte auf die Formen: *long, longs / longue, longues*
fou, fol (vor Vokal), *fous / folle, folles*

Julie a les cheveux **longs**.

G 35 Die Adjektive *beau* und *nouveau*

- **beau**

un	**beau** film **bel a**près-midi	une	**belle** photo **belle** actrice	Singular
des	**beaux** films **beaux**‿**a**près-midis (z)	des	**belles** photos **belles**‿actrices (z)	Plural

- **nouveau**

un	**nouveau** parc **nouvel h**ôtel	une	**nouvelle** maison **nouvelle** école	Singular
des	**nouveaux** parcs **nouveaux**‿**h**ôtels (z)	des	**nouvelles** maisons **nouvelles**‿**é**coles (z)	Plural

Die Adjektive ***beau*** und ***nouveau*** haben

- im **Singular**
  - **zwei** maskuline Formen:
  - und **eine** feminine Form:

beau	**nouveau**	(vor **Konsonanten**)
bel	**nouvel**	(vor **Vokal** oder **stummem *h***)
belle	**nouvelle**	

- im **Plural**
  - **eine** maskuline Form:
  - und **eine** feminine Form:

beaux	**nouveaux**
belles	**nouvelles**

- Das ***-x*** und das ***-s*** der Plural-Formen werden **vor Vokal** und **stummem *h*** gebunden.
  A Strasbourg, il y a deux nouveaux‿hôtels [z] et deux nouvelles‿écoles [z].

G 36 Das Adjektiv *vieux*

un	**vieux** monsieur **vieil** ami	une	**vieille** dame **vieille** amie	Singular
des	**vieux** messieurs **vieux‿amis** [z]	des	**vieilles** dames **vieilles‿amies** [z]	Plural

Das Adjektiv ***vieux*** hat

- im **Singular**
  - **zwei** maskuline Formen: **vieux** (vor **Konsonanten**), **vieil** (vor **Vokal** oder **stummem *h***)
  - und **eine** feminine Form: **vieille**
- im **Plural**
  - **eine** maskuline Form: **vieux**
  - und **eine** feminine Form: **vieilles**
- Das ***-x*** und das ***-s*** der Plural-Formen werden **vor Vokal** und **stummem *h*** gebunden:
  les vieux‿hôtels
  [z]

G 37 Die Adjektive auf *-if*

Nicolas est	**sportif.**	Julie est	**sportive.**
Nicolas et Max sont	**sportifs.**	Julie et Anne sont	**sportives.**

Ebenso:
act**if**, pens**if**, pass**if**, agress**if**, créat**if**, attent**if** …

Ebenso:
act**ive**, pens**ive**, pass**ive**, agress**ive**, créat**ive**, attent**ive** …

- Adjektive, die in der **maskulinen** Form auf ***-if*** enden, bilden das **Femininum** auf ***-ive***.
- **Im Plural** wird jeweils ein ***-s*** angehängt.

F/D Achte auf die Rechtschreibung:

Elle est agress**ive**.	Sie ist agressi**v**.
Il est act**if**.	Er ist acti**v**.
Il est na**ïf**. / Elles sont na**ïves**.	Er ist nai**v**. / Sie sind nai**v**.

Achte auf die Aussprache von ***-ive***.

Elle est sport**ive**! [spɔrti**v**]

G 38 Die Adjektive auf *-eux*

Maxime	est **furieux**.		Julie	est **amoureuse**.
Maxime et Marine	sont **furieux**.		Marine et Julie	sont **amoureuses**.

Je suis furieux!

♥ Je suis amoureuse!

Ebenso:	Ebenso:
courag**eux**	courag**euse**
danger**eux**	danger**euse**
séri**eux**	séri**euse**
malheur**eux**	malheur**euse**
nerv**eux**	nerv**euse**
peur**eux**	peur**euse**
curi**eux**	curi**euse**

- Adjektive, die in der **maskulinen Form** auf *-eux* enden, bilden das **Femininum** auf *-euse*.
- Die **maskuline Form** bleibt im **Plural unverändert:** *-eux*.
- Die **feminine Form** bekommt im **Plural** ein *-s*: *-euses*.

Pour en savoir plus

- Ähnlich werden die Formen von *jaloux* gebildet: *jaloux, jaloux / jalouse, jalouses* (eifersüchtig)
  Achte auf: *faux, faux / fausse, fausses.* (falsch)

G 39 Unveränderliche Adjektive

un pull / des jeans / une jupe / des chaussettes } **cool** **super**	Grundsätzlich **un**veränderlich sind: • die Adjektive ***cool*** und ***super***,
un pull / des jeans / une jupe / des chaussettes } **marron** **orange** **bleu-vert**	• manche **Farbadjektive**, die von einem **Nomen abgeleitet** sind (***orange, olive, marron***), • **zusammengesetzte Farbadjektive** (*les yeux **bleu-vert**, des baskets **jaune citron** …*),
un week-end / des repas / une idée / des journées } **sympa** **sympa(s)**	• ***sympa.*** **Beachte:** ***sympa*** kann im Plural ein ***-s*** bekommen.

G 40 Die Bildung der Adjektive

Übersicht

Singular		Plural	
Maskulinum	**Femininum**	**Maskulinum**	**Femininum**
beau / bel	bel**le**	beau**x**	bel**les**
bleu	bleu**e**	bleu**s**	bleu**es**
actif	acti**ve**	acti**fs**	acti**ves**
roug**e**		rouge**s**	
jaun**e**		jaune**s**	
cool			
orange			

G 41 Die Stellung der Adjektive

a Adjektive können **vor** oder **nach dem Nomen** stehen.

In der Regel stehen Adjektive **nach** dem Nomen.

Einige Adjektive stehen **vor** dem Nomen. Diese solltest du lernen.

Ta	**grande**	sœur	a acheté	une	jupe	**rouge**.
Ton	**petit**	frère	a	un	corres	**allemand**.
Tes	**nouvelles**	copines	ont	des	idées	**intéressantes**.

Adjektiv + Nomen

- **Vor** dem Nomen stehen einige **häufig gebrauchte,** meist **kurze Adjektive:**

un **bon / grand / beau / nouveau / joli / petit / gros / vieux** livre

Nomen + Adjektiv

- **Nach** dem Nomen stehen die meisten Adjektive, vor allem die **Farbadjektive,** die **Länderadjektive** und die **mehrsilbigen Adjektive:**

une personne **fantastique / énervée / bizarre / fatiguée / sympa / intéressante / marrante / nulle / idiote**

Pour en savoir plus

Manche Adjektive haben **unterschiedliche Bedeutungen,** je nachdem ob sie **vor** oder **nach** dem Nomen stehen.

Chère Léa,
La semaine dernière, j'ai fait du shopping avec Marine.
J'ai acheté une jupe chère, mais c'est la seule jupe qui me plaisait.
Elle est …

Adjektiv:	**vor dem Nomen**		**nach dem Nomen**	
cher	**Chère** Léa …	**Liebe** Léa …	un bracelet **cher**	ein **teures** Armband
dernier	le **dernier** bus	der **letzte** Bus	la semaine **dernière**	**letzte** Woche
seul	un **seul** élève	ein **einziger** Schüler	un homme **seul**	ein **einsamer** Mann
vrai	un **vrai** copain	ein **echter** Freund	une histoire **vraie**	eine **wahre** Geschichte
grand	un **grand** homme	ein **bedeutender** Mann	un homme **grand**	ein **groß gewachsener** Mann
certain	**certaines** personnes	**gewisse** Personen	une information **certaine**	eine **verlässliche** Information

b Adjektive werden durch ***être*** mit dem Nomen **verbunden.**

L'	ambiance	**est**	**géniale**.
La	fête	**est**	**fantastique**.
Les	cadeaux	**sont**	**géniaux**.
Les	copains	**sont**	**fantastiques**.

Nomen + être + Adjektiv

- **Alle Adjektive** können durch ***être*** mit dem Nomen verbunden werden.

G 42 Die Steigerung der Adjektive – Komparativ / Superlativ

Mit Adjektiven kannst du **Vergleiche anstellen.**
– Wenn du zwei Personen / Sachen vergleichst, verwendest du den **Komparativ** *(**plus sportif que** ...)*.
– Wenn du ausdrücken möchtest, wer z. B. am sportlichsten oder am größten ist, benutzt du den **Superlativ** *(**le plus sportif** ...)*

Comparons Nicolas, Alice, Marine et Maxime en sport:

	Nicolas	Alice	Marine	Maxime
lundi				*rugby*
mardi	*foot*			
mercredi		*volley*	*volley*	*natation*
jeudi				*handball*
vendredi			*tennis*	*tennis*

a Der Komparativ

Marine est	**plus**	**sportive**	**qu'**	Alice.	sportlich**er** als	⬀
Nicolas est	**aussi**	**sportif**	**qu'**	Alice.	**genauso** sportlich wie	⬄
Nicolas et **Alice** sont	**moins**	**sportifs**	**que**	Maxime.	**weniger** sportlich (unsportlicher) als	⬂

plus / aussi / moins + Adjektiv (angeglichen) + que

- **Der Komparativ** wird gebildet, indem die Wörter ***plus*** ⬀ (Aufwärtssteigerung), ***moins*** ⬂ (Abwärtssteigerung) oder ***aussi*** ⬄ (bei Gleichheit) **vor das Adjektiv** gestellt werden.
- Darauf folgt ***que / qu'*** (als / wie).
- Das **Adjektiv** wird **wie immer** an das entsprechende Nomen / Personalpronomen **angeglichen.**

b Der Superlativ

Maxime est (le garçon)	**le**	**plus**	**sportif**	.	**der** sportlich**ste** (Junge)	⇧
Marine est (la fille)	**la**	**plus**	**sportive**	(**du** groupe).	**am** sportlich**sten** / **das** sportlich**ste** (Mädchen)	⇧
Nicolas et **Alice** sont (les jeunes)	**les**	**moins**	**sportifs**	(**de** la classe).	**die** unsportlich**sten** (Jugendlichen)	⇩

le / la / les + plus / moins + Adjektiv (angeglichen) + (de)

- **Der Superlativ** wird gebildet, indem man den bestimmten Artikel ***(le, la, les)*** **vor den Komparativ** stellt ***(le / la plus, le / la moins** ...)*.
- Nach dem Superlativ folgt meistens ***du / de l' / de la / des***: ***la plus sportive du*** groupe.
- Vor den Superlativ kann ein Nomen gestellt werden:
  Maxime est (**le garçon**) **le plus sportif.** Maxime ist **der sportlichste (Junge).**

▶ Komparativ = erste Steigerungsstufe Superlativ = höchste Steigerungsstufe

! Im Französischen müssen **die Adjektive** auch im **Komparativ und Superlativ an das** entsprechende **Nomen angeglichen werden**.

Le Mont-Blanc est	**plus**	**haut**	**que** la tour Eiffel.	höher als
Les immeuble**s** sont	**plus**	**hauts**	**que** les maisons.	höher als
La tour Eiffel est	**plus**	**haute**	**que** Notre-Dame.	höher als
Les maison**s** sont	**plus**	**hautes**	**que** les voitures.	höher als
Le Viaduc de Millau **est** le pont	le **plus**	**haut**	**d'**Europe.	die höchste Brücke
La tour Eiffel **est** la tour	la **plus**	**haute**	**de** France.	der höchste Turm

Pour en savoir plus

Der Superlativ kann bei kurzen Adjektiven **vor dem Nomen** stehen:
La tour Eiffel est la tour **la plus haute** de Paris.
=
La tour Eiffel est **la plus haute** tour de Paris.

G 43 Die Steigerung des Adjektivs *bon*

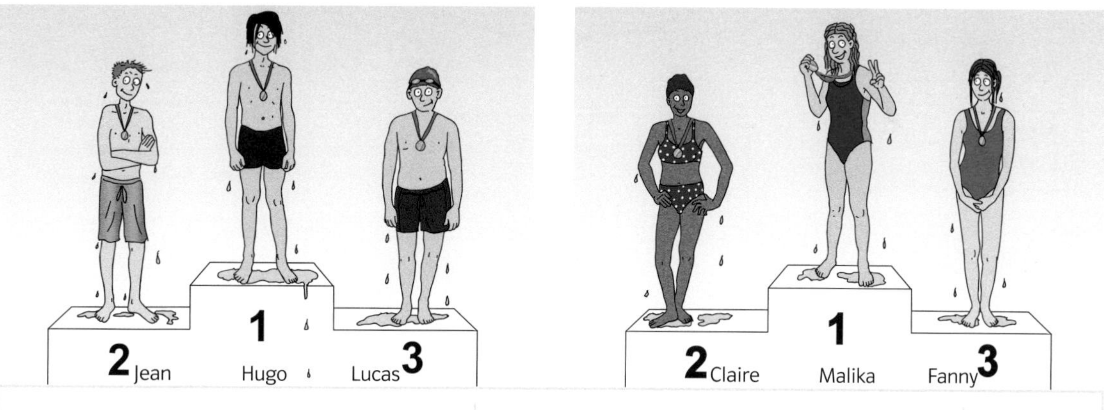

Lucas	est	**bon**	en natation.		Fanny	est	**bonne**	en natation.		gut
Jean	est	**meilleur**	**que** Lucas.	⬀	Claire	est	**meilleure**	que Fanny.	⬀	besser
Hugo	est	**le meilleur**	**des** trois.	⇧	Malika	est	**la meilleure**	des trois.	⇧	der / die Beste
Hugo et Malika	sont	**les meilleurs**.		⇧	Malika et Claire	sont	**les meilleures**.		⇧	die besten

- Das Adjektiv ***bon*** hat eine eigene Steigerungsform.

Adjektiv	**Komparativ** ⬀	**Superlativ** ⇧
bon / bonne	***meilleur / meilleure***	***le meilleur / la meilleure***
bons / bonnes	***meilleurs / meilleures***	***les meilleurs / les meilleures***

5 Die Verben

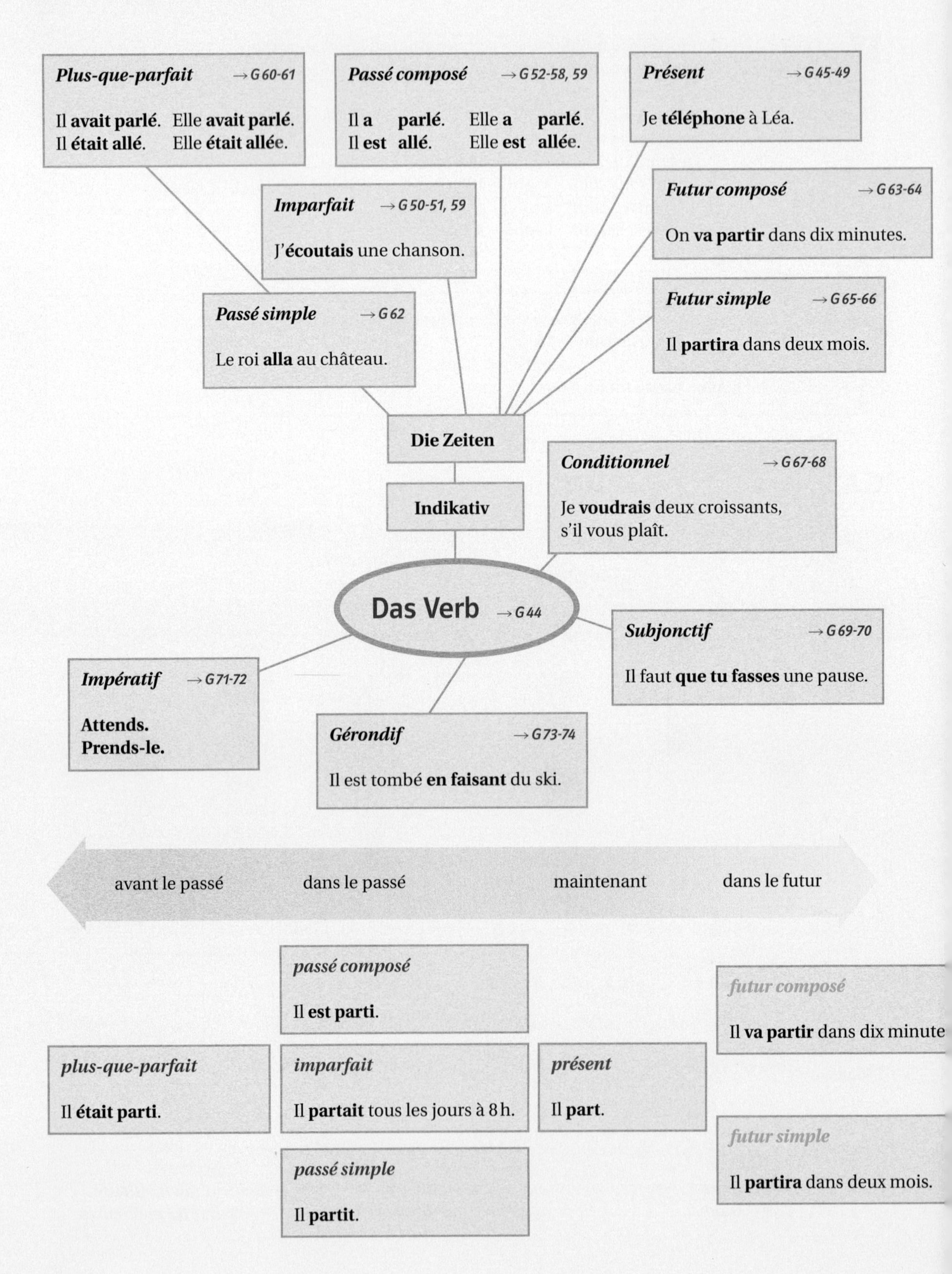

Plus-que-parfait → G 60-61
Il **avait parlé**. Elle **avait parlé**.
Il **était allé**. Elle **était allée**.
Passé composé → G 52-58, 59
Il **a** **parlé**. Elle **a** **parlé**.
Il **est** **allé**. Elle **est** **allée**.
Présent → G 45-49
Je **téléphone** à Léa.
Imparfait → G 50-51, 59
J'**écoutais** une chanson.
Futur composé → G 63-64
On **va partir** dans dix minutes.
Passé simple → G 62
Le roi **alla** au château.
Futur simple → G 65-66
Il **partira** dans deux mois.
Die Zeiten
Indikativ
Conditionnel → G 67-68
Je **voudrais** deux croissants, s'il vous plaît.
Das Verb → G 44
Subjonctif → G 69-70
Il faut **que tu fasses** une pause.
Impératif → G 71-72
Attends.
Prends-le.
Gérondif → G 73-74
Il est tombé **en faisant** du ski.
avant le passé
dans le passé
maintenant
dans le futur
passé composé
Il **est parti**.
futur composé
Il **va partir** dans dix minute
plus-que-parfait
Il **était parti**.
imparfait
Il **partait** tous les jours à 8 h.
présent
Il **part**.
passé simple
Il **partit**.
futur simple
Il **partira** dans deux mois.

G 44 Was ist ein Verb?

In jedem vollständigen Satz gibt es zumindest **ein Verb**. Ein Verb drückt eine bestimmte Tätigkeit aus, deshalb auch die deutsche Bezeichnung: **Tätigkeitswort.**
Die Form des Verbs ist abhängig von der Person, die etwas tut.
Das heißt, Verben werden **konjugiert**:
*je **mange**, tu **manges**, elle **mange** …* – ich **esse**, du **isst**, sie **isst** …

- **Infinitiv**

Der **Infinitiv** *(l'infinitif)* ist die Form, in der ein Verb im Wörterbuch steht, z. B. *parler* – sprechen, *lire* – lesen.

Im Französischen gibt es vier verschiedene **Infinitiv-Endungen**:

Infinitive mit der Endung ***-er*** → z. B. *parl**er*** sprechen
Infinitive mit der Endung ***-ir*** → z. B. *fin**ir*** beenden
Infinitive mit der Endung ***-(d)re*** → z. B. *atten**dre*** warten
Infinitive mit der Endung ***-oir*** → z. B. *pouv**oir*** können

Der weitaus **größte Teil** der französischen Verben endet auf *-er* oder *-ir* und wird **regelmäßig** konjugiert.

- **Stamm und Endung**

Ein Verb besteht immer aus **Stamm** und **Endung** (z. B. *parler* → ***parl-er***).
Manche Verben haben zwei Stämme (z. B. *sortir: **sor-** / **sort-***)
oder sogar drei (z. B. *boire: **boi-** / **buv-** / **boiv-***).

parl er
je **parl e**
nous **parl ons**

sort ir
je **sor s**
nous **sort ons**

Verbstamm + **Endung**
(le radical) *(la terminaison)*

- **Zeiten**

Im Französischen können die Zeiten in drei Abschnitte geteilt werden:
die Gegenwart, die Vergangenheit und die Zukunft (→ Zeitstrahl auf Seite 70).

Für die **Gegenwart** gibt es eine Form, das Präsens: ***le présent***.
Für die **Zukunft** gibt es zwei Formen: das ***futur composé*** und das ***futur simple***.
Für die **Vergangenheit** gibt es im Französischen das ***passé composé***, das ***imparfait***, das ***plus-que-parfait*** und das ***passé simple***. (Das *passé simple* existiert nur in der Schriftsprache.)

Außerdem informiert dich dieses Kapitel über das ***conditionnel***, den ***subjonctif***, das ***gérondif*** und den ***impératif***.

▶ der Infinitiv = die Grundform

G 45 Die Verben auf *-er* im Präsens

Das Präsens ***(présent)*** wird gebraucht, um Ereignisse oder Situationen zu schildern, die in der ***Gegenwart*** stattfinden.

1. Verben auf *-er*

regard**er**, aim**er**, chant**er**, jou**er** …

			chant**er**	singen		aim**er**	lieben/mögen
Singular	1. Pers.	je	chant**e**	ich singe	j'	aim**e**	
	2. Pers.	tu	chant**es**	du singst	tu	aim**es**	
	3. Pers.	il	chant**e**	er singt	il	aim**e**	
		elle	chant**e**	sie singt	elle	aim**e**	
		on	chant**e**	man singt / wir singen	on‿	aim**e**	
Plural	1. Pers.	nous	chant**ons**	wir singen	nous‿	aim**ons**	
	2. Pers.	vous	chant**ez**	ihr singt / Sie singen	vous‿	aim**ez**	
	3. Pers.	ils / elles	chant**ent**	sie singen	ils / elles‿	aim**ent**	

- Die **Endungen** richten sich in **Person** und **Zahl nach dem Subjekt**, auf das sie sich beziehen. Verben auf ***-er*** haben im Präsens folgende Endungen:
- Der **Verbstamm** bleibt immer gleich.
- Vor Vokal und stummem *h* wird ***je*** zu ***j'***: ***j'aime, j'habite.***
- Das ***-n*** von ***on*** und das ***-s*** von *nous, vous, **ils*** und *elles* werden gebunden: ***on‿a**, elles‿ont.*
  [õna] [elzõ]

Präsens-Endungen: Verben auf *-er*

Singular	**Plural**
-e	**-ons**
-es	**-ez**
-e	**-ent**

2. Verben auf *-er* mit Besonderheiten

- **Die Verben, die auf *-cer, -ger* enden,** unterscheiden sich von den regelmäßigen Verben auf *-er* in der 1. Person Plural *(nous)*. Um die Aussprache beibehalten zu können, bekommt das **c** eine ***cédille*** und an das ***g*** wird ein ***-e*** angehängt.

	commen**cer**	anfangen		man**ger**	essen
je	commenc**e**		je	mang **e**	
tu	commenc**es**		tu	mang **es**	
il / elle / on	commenc**e**		il / elle / on	mang **e**	
nous	commen**çons**		nous	mang**eons**	
vous	commenc**ez**		vous	mang **ez**	
ils / elles	commenc**ent**		ils / elles	mang **ent**	

Stamm + Endung **Stamm + Endung**

- **commencer:** vor **-o** steht **-ç**: **çons**. Ebenso: lan**cer** (nous lan**çons**), rempla**cer** (nous rempla**çons**) …
- **manger:** vor **-o** steht **-ge**: **geons**. Ebenso:

	bou**ger**	proté**ger**	chan**ger**	interro**ger**	na**ger**	ran**ger**	parta**ger**	voya**ger**
nous	bougeons	protégeons	changeons	interrogeons	nageons	rangeons	partageons	voyageons

- Die Verben mit *-e-* oder *-é-* in der **letzten** Stammsilbe haben **zwei Stämme**.

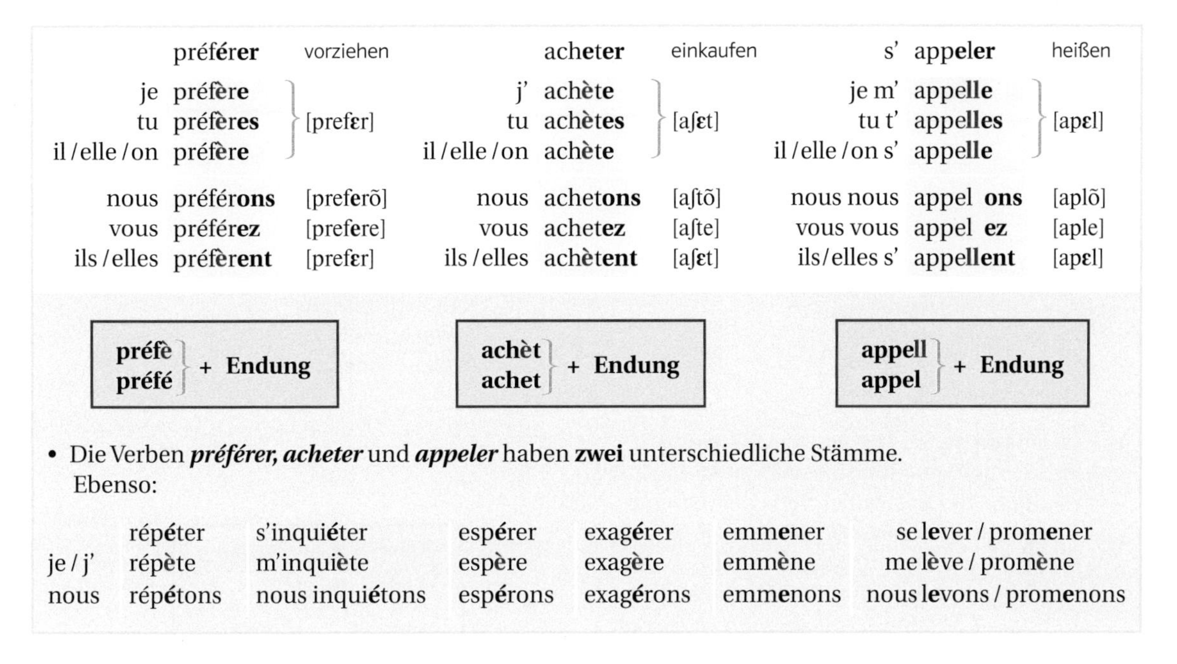

	préférer	vorziehen		acheter	einkaufen		s' appeler	heißen
je	préfère	[prefɛr]	j'	achète	[aʃɛt]	je m'	appelle	[apɛl]
tu	préfères	[prefɛr]	tu	achètes	[aʃɛt]	tu t'	appelles	[apɛl]
il / elle / on	préfère	[prefɛr]	il / elle / on	achète	[aʃɛt]	il / elle / on s'	appelle	[apɛl]
nous	préférons	[preferõ]	nous	achetons	[aʃtõ]	nous nous	appel ons	[aplõ]
vous	préférez	[prefere]	vous	achetez	[aʃte]	vous vous	appel ez	[aple]
ils / elles	préfèrent	[prefɛr]	ils / elles	achètent	[aʃɛt]	ils/elles s'	appellent	[apɛl]

préfè / préfé + **Endung**   **achèt / achet** + **Endung**   **appell / appel** + **Endung**

- Die Verben ***préférer, acheter*** und ***appeler*** haben **zwei** unterschiedliche Stämme.
  Ebenso:

	répéter	s'inquiéter	espérer	exagérer	emmener	se lever / promener
je / j'	répète	m'inquiète	espère	exagère	emmène	me lève / promène
nous	répétons	nous inquiétons	espérons	exagérons	emmenons	nous levons / promenons

- **Die Verben auf *-yer***
  Die Verben auf ***-yer*** behalten das *y* in der 1. und 2. Person Plural.

	payer (be)zahlen			essayer (an)probieren			envoyer schicken	
je	paie	[pɛ(j)]	j'	essaie	[esɛ(j)]	j'	envoie	[ãvwa]
tu	paies	[pɛ(j)]	tu	essaies	[esɛ(j)]	tu	envoies	[ãvwa]
il / elle / on	paie	[pɛ(j)]	il / elle / on	essaie	[esɛ(j)]	il / elle / on	envoie	[ãvwa]
nous	payons	[pɛjõ]	nous	essayons	[esɛjõ]	nous	envoyons	[ãvwajõ]
vous	payez	[pɛje]	vous	essayez	[esɛje]	vous	envoyez	[ãvwaje]
ils / elles	paient	[pɛ(j)]	ils / elles	essaient	[esɛ(j)]	ils / elles	envoient	[ãvwa]

- ***Payer*** und ***essayer*** haben **zwei** unterschiedliche Stämme: mit ***y*** oder ***i***.
- Bei Verben auf *-ayer* ist auch eine **zweite Schreibweise** möglich, in der das ***y*** in allen Formen erhalten bleibt: *je paye, tu payes …, j'essaye, tu essayes …*
- Bei den Verben *employer* und *envoyer* ist der Stammwechsel *y* → ***i*** obligatorisch: *j'emploie, j'envoie.*

G 46 Die Verben auf *-ir* im Präsens

Bei den Verben auf ***-ir*** gibt es **zwei** Gruppen:
- Verben auf ***-ir*** → dorm**ir**, part**ir**, sent**ir**, (se) serv**ir**, sort**ir**, ment**ir** …
- Verben auf ***-ir*** mit Stammerweiterung ***-ss-*** → fin**ir**, chois**ir**, réfléch**ir**, applaud**ir**, réag**ir**, un**ir** …

	dorm**ir**	schlafen		fin**ir**	beenden
je	dor**s**		je	fini**s**	
tu	dor**s**		tu	fini**s**	
il / elle / on	dor**t**		il / elle / on	fini**t**	
nous	dorm**ons**		nous	fini**ssons**	
vous	dorm**ez**		vous	fini**ssez**	
ils / elles	dorm**ent**		ils / elles	fini**ssent**	

- Von den Verben auf ***-ir*** gibt es **zwei Gruppen:**
  - eine Gruppe **mit Stammverkürzung** im Singular, das heißt, der letzte Buchstabe des Stammes entfällt: *dorm**ir** (je dors), sort**ir** (je sors), part**ir** (je pars), sent**ir** (je sens), ment**ir** (je mens).*
  - eine Gruppe **mit Stammerweiterung *(-ss-):*** *fin**ir** (nous fini**ss**ons), chois**ir** (nous choisi**ss**ons) …*
- Verben auf ***-ir*** haben im Präsens folgende Endungen:

Präsens-Endungen: Verben auf *-ir*

Singular	Plural
-s	(ss) -ons
-s	(ss) -ez
-t	(ss) -ent

G 47 Die Verben auf *-dre* im Präsens

Folgende Verben auf ***-dre*** sind regelmäßig:
→ atten**dre**, ven**dre**, enten**dre**, s'enten**dre**, descen**dre**, per**dre**, ren**dre** …

	attendre	warten			**vendre**	verkaufen
j'	attend**s**	[atɑ̃]		je	vend**s**	[vɑ̃]
tu	attend**s**	[atɑ̃]		tu	vend**s**	[vɑ̃]
il / elle / on	attend	[atɑ̃]		il / elle / on	vend	[vɑ̃]
nous	attend**ons**	[atɑ̃dɔ̃]		nous	vend**ons**	[vɑ̃dɔ̃]
vous	attend**ez**	[atɑ̃de]		vous	vend**ez**	[vɑ̃de]
ils / elles	attend**ent**	[atɑ̃d]		ils / elles	vend**ent**	[vɑ̃d]

- Die Verben auf ***-dre*** haben im Präsens folgende Endungen:

Präsens-Endungen: Verben auf *-dre*

Singular	Plural
-s	-ons
-s	-ez
-d	-ent

G 48 Die reflexiven Verben im Präsens

Les verbes pronominaux → **se** laver, **se** dépêcher, **se** lever, **se** servir, **se** mettre à table, **se** faire du souci, **s'**amuser, **s'**excuser, **s'**occuper (de), **s'**entendre …

		se	**laver**		**s'**	**amuser**
		sich	waschen		sich	amüsieren
Singular	je	**me**	lave	je	**m'**	**amuse**
	tu	**te**	lav**es**	tu	**t'**	**amuses**
	il / elle / on	**se**	lave	il / elle / on	**s'**	**amuse**
Plural	nous	**nous**	lav**ons**	nous	**nous**	**amusons**
	vous	**vous**	lav**ez**	vous	**vous**	**amusez**
	ils / elles	**se**	lav**ent**	ils / elles	**s'**	**amusent**

- Reflexive Verben haben ein **Reflexivpronomen** *(me, te, se, …)* bei sich, das sich **auf das Subjekt bezieht.**
- **Vor Vokal** und **stummem *h*** werden *me, te, se* zu ***m', t', s'***:
  *je **m'habille**, tu **t'énerves**, il **s'intéresse** au sport.*
- Im Französischen **steht das Reflexivpronomen** zwischen dem Subjekt und dem konjugierten Verb. *Je **me** lave.*
  Ich wasche **mich.**
- **Die Verneinung** umschließt das Reflexivpronomen und das konjugierte Verb.
  *Le dimanche, je **ne** me lève **pas** avant 10 heures.*

G 49 Die unregelmäßigen Verben im Präsens

Les verbes avoir, être, aller

		avoir haben		**être** sein		**aller** gehen
Singular	j'	**ai**	je	**suis**	je	**vais**
	tu	**as**	tu	**es**	tu	**vas**
	il	**a**	il	**est**	il	**va**
	elle	**a**	elle	**est**	elle	**va**
	on‿	**a**	on‿	**est**	on	**va**
Plural	nous‿	**avons**	nous	**sommes**	nous‿	**allons**
	vous‿	**avez**	vous‿	**êtes**	vous‿	**allez**
	ils / elles‿	**ont**	ils / elles	**sont**	ils / elles	**vont**

- Die unregelmäßigen Verben ***avoir, être*** und ***aller*** sind besonders wichtige Verben, da sie auch zur Bildung anderer Zeiten benötigt werden *(passé composé, plus-que-parfait* und *futur).*
- Achte auf die Aussprache und unterscheide zwischen:
  ils sont / ils‿ont / elles sont / elles‿ont.
  [ilsõ] [ilzõ] [elsõ] [elzõ]

Liste weiterer unregelmäßiger Verben im Präsens

! Du solltest die Formen der folgenden unregelmäßigen Verben besonders gut lernen, da sie im Alltag häufig gebraucht werden.

Infinitiv	Präsensformen der wichtigsten unregelmäßigen Verben			Ebenso
boire	je bois	tu bois	il boit	
trinken	nous buvons	vous buvez	ils boivent	
conduire	je conduis	tu conduis	il conduit	**construire** bauen
fahren	nous conduisons	vous conduisez	ils conduisent	**traduire** übersetzen
connaître	je connais	tu connais	il connaît	**disparaître** verschwinden
kennen	nous connaissons	vous connaissez	ils connaissent	**reconnaître** wiedererkennen
courir	je cours	tu cours	il court	
laufen	nous courons	vous courez	ils courent	
croire	je crois	tu crois	il croit	
glauben	nous croyons	vous croyez	ils croient	
devoir	je dois	tu dois	il doit	
müssen	nous devons	vous devez	ils doivent	
dire	je dis	tu dis	il dit	
sagen	nous disons	vous dites	ils disent	
écrire	j'écris	tu écris	il écrit	
schreiben	nous écrivons	vous écrivez	ils écrivent	
envoyer	j'envoie	tu envoies	il envoie	
schicken	nous envoyons	vous envoyez	ils envoient	
faire	je fais	tu fais	il fait	
machen	nous faisons	vous faites	ils font	
lire	je lis	tu lis	il lit	
lesen	nous lisons	vous lisez	ils lisent	
mettre	je mets	tu mets	il met	**permettre** erlauben
setzen, stellen	nous mettons	vous mettez	ils mettent	
ouvrir	j'ouvre	tu ouvres	il ouvre	**découvrir** entdecken
öffnen	nous ouvrons	vous ouvrez	ils ouvrent	**offrir** anbieten / schenken
pouvoir	je peux	tu peux	il peut	
können	nous pouvons	vous pouvez	ils peuvent	
prendre	je prends	tu prends	il prend	**apprendre** lernen
nehmen	nous prenons	vous prenez	ils prennent	**comprendre** verstehen
recevoir	je reçois	tu reçois	il reçoit	
erhalten	nous recevons	vous recevez	ils reçoivent	
rire	je ris	tu ris	il rit	
lachen	nous rions	vous riez	ils rient	
savoir	je sais	tu sais	il sait	
wissen / können	nous savons	vous savez	ils savent	
suivre	je suis	tu suis	il suit	
folgen	nous suivons	vous suivez	ils suivent	
venir	je viens	tu viens	il vient	**tenir** halten, **devenir** werden
kommen	nous venons	vous venez	ils viennent	**se souvenir** sich erinnern
vivre	je vis	tu vis	il vit	
leben	nous vivons	vous vivez	ils vivent	
voir	je vois	tu vois	il voit	**revoir** wiedersehen
leben	nous voyons	vous voyez	ils voient	
vouloir	je veux	tu veux	il veut	
wollen	nous voulons	vous voulez	ils veulent	

G 50 Das *imparfait* – Der Gebrauch

Das ***imparfait*** wird gebraucht, um Situationen (Zustände) in der **Vergangenheit** zu beschreiben.
Es vermittelt **Hintergrund-Informationen** zu einem vergangenen Geschehen.

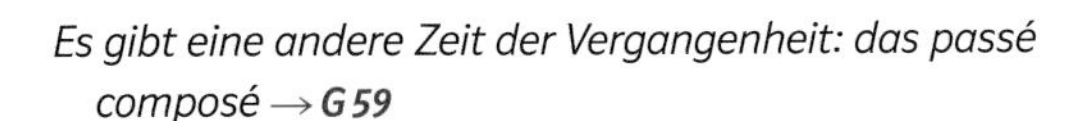

Es gibt eine andere Zeit der Vergangenheit: das passé composé → ***G 59***

Das ***imparfait*** dient zur Beschreibung von …

- **Zuständen, Hintergrund-Informationen**
  (Was war damals?)

L'été dernier, nous **étions** sur la Côte d'Azur.
Nous **habitions** dans un appartement qui **était** en face de la mer.
Il y **avait** deux chambres et je **partageais** ma chambre avec mon frère.

- **Situationen** in der **Vergangenheit**
  (Wie war die Situation, die Stimmung?)

Nous **faisions** les courses **le matin**. Mes parents **préparaient** le repas. L'après-midi, quand il ne **faisait** pas trop chaud, on **partait** en bateau.
C'**était** cool!

- **Personen**
  (Wie waren das Aussehen, die Gefühle?)

On **se sentait** bien en vacances. On n'**était** pas stressés.

- **Gewohnheiten**
  (Was sagten / taten sie regelmäßig oder häufig?)

Notre chien **voulait toujours** venir avec nous sur le bateau, mais **parfois** il **était** malade …
Tous les soirs, on **sortait** avec des copains et on **se couchait** très tard.
Alors on **se levait** très tard aussi …

Signalwörter:

toujours, souvent, le lundi, le soir,
tous les jours, tous les matins / soirs …

G 51 Das *imparfait* – Die Bildung

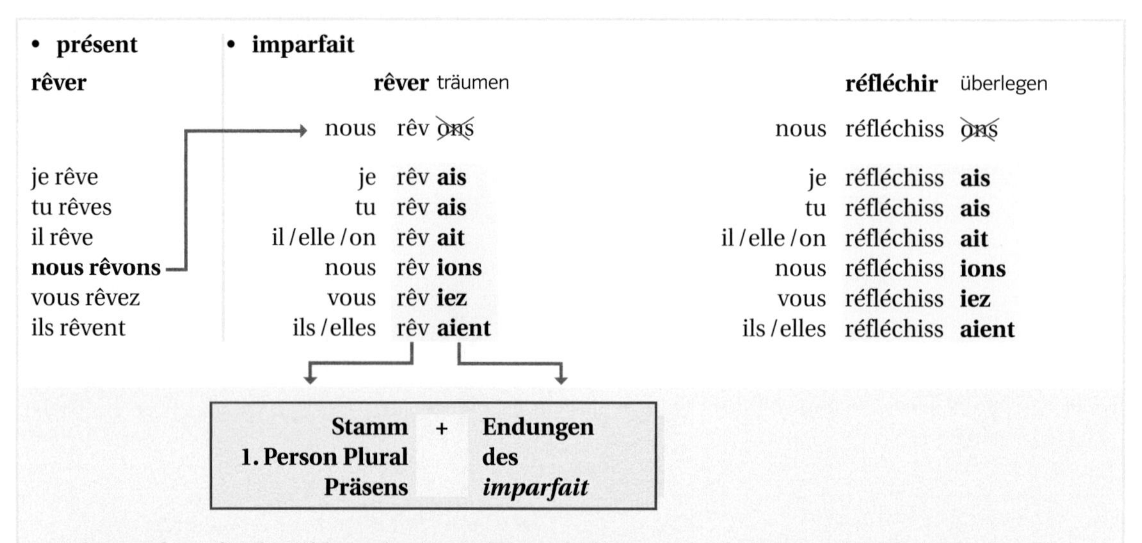

• **présent**	• **imparfait**			
rêver	**rêver** träumen		**réfléchir** überlegen	
	nous	rêv ~~ons~~	nous	réfléchiss ~~ons~~
je rêve	je	rêv **ais**	je	réfléchiss **ais**
tu rêves	tu	rêv **ais**	tu	réfléchiss **ais**
il rêve	il / elle / on	rêv **ait**	il / elle / on	réfléchiss **ait**
nous rêvons	nous	rêv **ions**	nous	réfléchiss **ions**
vous rêvez	vous	rêv **iez**	vous	réfléchiss **iez**
ils rêvent	ils / elles	rêv **aient**	ils / elles	réfléchiss **aient**

Stamm 1. Person Plural Präsens + **Endungen des *imparfait***

- **Ausgangsform** für die Bildung des ***imparfait*** ist der **Stamm** der **1. Person Plural Präsens (nous)**.
- An diesen **Stamm** hängt man die ***imparfait*-Endungen** an.

Imparfait-Endungen:

Singular	**Plural**
-ais	**-ions**
-ais	**-iez**
-ait	**-aient**

Diese Regel gilt:

1. für alle regelmäßigen Verben (auf *-er, -ir, -dre* und reflexive Verben):

• choisi**r**	nous	choisiss~~ons~~	• enten**dre**	nous	entend~~ons~~	• **se souvenir**	nous nous	souven~~ons~~
	je	**choisissais**		tu	**entendais**		il se	**souvenait**

2. für die meisten unregelmäßigen Verben:

• **avoir**	nous	av~~ons~~	• **prendre**	nous	pren~~ons~~	• **dire**	nous	dis~~ons~~
	j'	**avais**		tu	**prenais**		elle	**disait**
• **vouloir**	nous	voul~~ons~~	• **faire**	nous	fais~~ons~~	• **(re)venir**	nous	(re)ven~~ons~~
	nous	**voulions**		vous	**faisiez** [fəʒje]		ils/elles	**(re)venaient**

Einzige Ausnahme:

		être sein
présent →	nous	~~sommes~~
imparfait →	j'	**ét ais**
	tu	**ét ais**
	il / elle / on	**ét ait**
	nous	**ét ions**
	vous	**ét iez**
	ils / elles	**ét aient**

Achte auf die besondere Schreibweise bei den Verben *commen**cer*** und *man**ger***!

		commencer anfangen
présent →	nous	commençons
imparfait →	je	commen**ç** **ais**
	tu	commen**ç** **ais**
	il / elle / on	commen**ç** **ait**
	nous	commen**c** **ions**
	vous	commen**c** **iez**
	ils / elles	commen**ç** **aient**

Ebenso: lan**cer** (je lançais, nous lancions),
remplac**er** (je remplaçais, nous remplacions)

		manger essen
présent →	nous	mangeons
imparfait →	je	mang**e** **ais**
	tu	mang**e** **ais**
	il / elle / on	mang**e** **ait**
	nous	mang **ions**
	vous	mang **iez**
	ils / elles	mang**e** **aient**

Ebenso:
bou**ger** (je bougeais, nous bougions),
déran**ger** (je dérangeais, nous dérangions),
na**ger** (je nageais, nous nagions),
ran**ger** (je rangeais, nous rangions),
chan**ger** (je changeais, nous changions),
interro**ger** (j'interrogeais, nous interrogions),
parta**ger** (je partageais, nous partagions),
voya**ger** (je voyageais, nous voyagions) …

Die Konjugationen weiterer Verben im imparfait findest du in den Verbtabellen → ***G 133–135***

G 52 Das *passé composé* – Der Gebrauch

Das ***passé composé*** wird benutzt, um über **einmalige Handlungen** und **Ereignisse in der Vergangenheit** zu berichten. Es beschreibt Ereignisse, die aufeinander folgen und zeitlich begrenzt sind (Ereigniskette).

Signalwörter: D'abord … ensuite … puis … tout à coup …
D'abord, nous **avons acheté** nos billets, **ensuite** nous **avons regardé** le match.

*Zum passé composé mit avoir → **G 54**, mit être. → **G 55***
*Es gibt eine andere Zeit der Vergangenheit: das imparfait. → **G 59***

G 53 Das *passé composé* – Die Bildung

Wie der französische Name ***passé composé*** (zusammengesetzte Vergangenheit) sagt, setzt sich diese Zeitform aus **zwei Elementen** zusammen:

– dem **Hilfsverb (Präsens von *avoir* oder *être*)** und
– dem **Partizip Perfekt *(participe passé)***.

! Der Infinitiv und das *participe passé* werden **gleich ausgesprochen**, aber **nicht gleich geschrieben**!
infinitif: parl**er** → *participe passé*: parl**é**
[paʀle] [paʀle]

Passé composé avec **avoir:**

il **a** **parlé**
er **hat** **gesprochen**

Präsens von ***avoir*** + **Partizip Perfekt *(participe passé)***
→ ***passé composé***

Passé composé avec **être:**

il **est** **tombé**
er **ist** hingefallen

Präsens von *être* + **Partizip Perfekt *(participe passé)***
→ ***passé composé***

elle est **tombée**
sie **ist** hingefallen

Präsens von *être* + **Partizip Perfekt *(participe passé)***
→ ***passé composé***

• Das Partizip Perfekt – *Le participe passé*

Für die Bildung des *passé composé* ist es wichtig, dass du weißt, wie **die Formen** des **Partizip Perfekts *(participe passé)*** gebildet werden. Hier findest du deshalb einige Regeln:

1. Alle Verben, die im **Infinitiv auf *-er*** enden, bilden das ***participe passé*** auf ***-é***:

regard**er** anschauen	→	regard**é** angeschaut	J'**ai regardé** le match.
téléphon**er** anrufen	→	téléphon**é** angerufen	Tu **as téléphoné** à Mathis.
trouv**er** finden	→	trouv**é** gefunden	Il **a trouvé** le numéro de téléphone.
Infinitiv auf ***-er***	→	*participe passé:* ***-é***	

2. Alle Verben auf ***-ir*** (**mit** der Stammerweiterung ***-ss-***), bilden das ***participe passé*** auf ***-i***:

fin**ir** beenden	→	**fini** beendet	Tu **as fini** ton match?
chois**ir** wählen	→	**choisi** gewählt	J'**ai choisi** une équipe sympa.
réfléch**ir** nachdenken	→	**réfléchi** nachgedacht	Elle **a** beaucoup **réfléchi**.
Infinitiv auf ***-ir***	→	*participe passé:* ***-i***	

3. Auch die Verben auf ***-ir*** (ohne Stammerweiterung) wie *part**ir**, sort**ir**, dorm**ir*** und *ment**ir*** bilden das ***participe passé*** auf ***-i***:

sort**ir** ausgehen	→	**sorti** ausgegangen	Maxime **est sorti** avec son chien.
part**ir** weggehen	→	**parti** weggegangen	Il **est parti** à 3 heures.
dorm**ir** schlafen	→	**dormi** geschlafen	Le soir, il **a** bien **dormi**.
Infinitiv auf ***-ir***	→	*participe passé:* ***-i***	

4. Achte auf die Verben *ouvrir*, *découvrir* und *offrir*.
Sie bilden das ***participe passé*** auf ***-ert***:

off**rir** anbieten / schenken	→	**offert** geschenkt	Maxime **a offert** un cadeau à Julie.
ouv**rir** öffnen	→	**ouvert** geöffnet	Julie **a ouvert** le cadeau tout de suite.
Infinitiv auf ***-ir***	→	*participe passé:* ***-ert***	

5. Die Verben auf ***-dre*** bilden das ***participe passé*** auf ***-u***:

enten**dre** hören	→	**entendu** gehört	– Tu m'**as entendu**?
répon**dre** antworten	→	**répondu** geantwortet	– Mais oui, je t'**ai** même **répondu**!
Infinitiv auf ***-dre***	→	*participe passé:* ***-u***	

6. Unregelmäßige Verben bilden das ***participe passé*** wie folgt:

ven**ir** kommen	→	**venu** gekommen
cour**ir** laufen	→	**couru** gelaufen
		participe passé: ***-u***

met**tre** legen, stellen	→	**mis** gelegt
pren**dre** nehmen	→	**pris** genommen
		participe passé: ***-is***

avoir haben	→	**eu** gehabt
être sein	→	**été** gewesen
	!	j'ai **eu** / j'ai **été**

di**re** sagen	→	**dit** gesagt
fai**re** machen	→	**fait** gemacht
		participe passé: ***-t***

li**re** lesen	→	**lu** gelesen
connaît**re** kennen	→	**connu** gekannt
boi**re** trinken	→	**bu** getrunken
		participe passé: ***-u***

voul**oir** wollen	→	**voulu** gewollt
pouv**oir** können	→	**pu** gekonnt
v**oir** sehen	→	**vu** gesehen
		participe passé: ***-u***

Du findest weitere unregelmäßige Verben in der Verbenliste → ***G135***

G 54 Das *passé composé* mit *avoir*

Die meisten französischen Verben bilden das ***passé composé*** mit dem Hilfsverb ***avoir***:

1. Das *participe passé* mit *avoir* wird in der Regel nicht verändert:

Hier, j'	**ai**	**regardé**	la télé.
Tu	**as**	**fait**	les courses.
Il / Elle / On	**a**	**eu**	un problème.
Nous	**avons**	**dormi**	à l'hôtel.
Vous	**avez**	**fini**	votre livre.
Ils / Elles	**ont**	**entendu**	un bruit.

- Das *passé composé* mit *avoir* setzt sich aus zwei Bestandteilen zusammen: dem **Hilfsverb *avoir* im Präsens** und dem ***participe passé* des Verbs.**

avoir + participe passé

- Das *participe passé* wird nicht an das Subjekt angeglichen und verändert sich nicht. *(Bei vorangestelltem Objekt siehe → **G 54.2**)*

2. Das *participe passé* mit *avoir* wird in manchen Fällen verändert:

Wenn das **direkte Objekt** (Wen?/Was?) **vor** dem ***participe passé*** steht, wird das ***participe passé*** an dieses Objekt **angeglichen.**

• Das **direkte Objektpronomen *(me, te, le, la, l', nous, vous, les)*** steht **vor** dem **Verb**:

Tu as bu **ton café**? – Oui, je l'ai bu
Tu as bu **ta tasse de chocolat**? – Oui, je l'ai bue.

Où sont **les croissants**? – Je **les** ai mangés.
Où sont **les oranges**? – Je **les** ai mangées.

• Das **direkte Objekt** steht **vor** dem Relativpronomen ***que*** und **vor** dem **Verb**:

Où est **la baguette que** j'ai achetée?
Elle est avec **les croissants que** tu as achetés.

direktes Objekt + (que) + avoir + participe passé (veränderlich)

• Das ***participe passé*** wird an das **direkte Objekt** angeglichen, wenn dieses **vor dem Verb** steht.

Ils **ont bu deux cafés.**

Ils **ont bu** 

Direktes Objekt **nach** dem **Verb**:
Das ***participe passé*** ist **unveränderlich.**

Les cafés? Ils **les ont bus.**
Les cafés qu'ils **ont bus.**

 **qu'**ils **ont bus.**

Direktes Objekt **vor** dem **Verb**:
Das ***participe passé*** ist **veränderlich.**

*Zu den unregelmäßigen Verben → **G 58***

G 55 Das *passé composé* mit *être*

Einige Verben bilden das *passé composé* mit *être*. Es sind meist Verben, die die **Richtung einer Bewegung** *(aller, monter …)* oder **ein Verweilen** *(rester)* ausdrücken.

Hier,	Nico et Julie	**sont allés**	à Briançon.
	Ils	**sont partis**	à 7 heures.
	Nico	**est descendu**	très vite.
	Julie	**est arrivée**	à 18 heures.

être + participe passé (veränderlich)

- ***Das passé composé*** mit ***être*** setzt sich aus folgenden **zwei Elementen** zusammen:
  – **dem Hilfsverb *être* im Präsens** und
  – **dem *participe passé* des Verbs.**

- Folgende Verben bilden das ***passé composé*** mit ***être*:**

aller – venir	**monter – descendre**
arriver – partir	**tomber – retourner**
entrer – sortir	**rester**
naître (elle est née) – geboren werden	**mourir (ils sont morts)** sterben

- **!** Achte auf die Verben

courir:	j'**ai** couru	– ich **bin** gerannt	conduire:	j'**ai** conduit	– ich **bin** gefahren
marcher:	j'**ai** marché	– ich **bin** gegangen	rouler:	j'**ai** roulé	– ich **bin** gefahren

G 56 Das *passé composé* mit *être* – Veränderlichkeit des *participe passé*

Beim ***passé composé*** mit ***être*** richtet sich das ***participe passé*** nach dem **Subjekt** des Satzes.

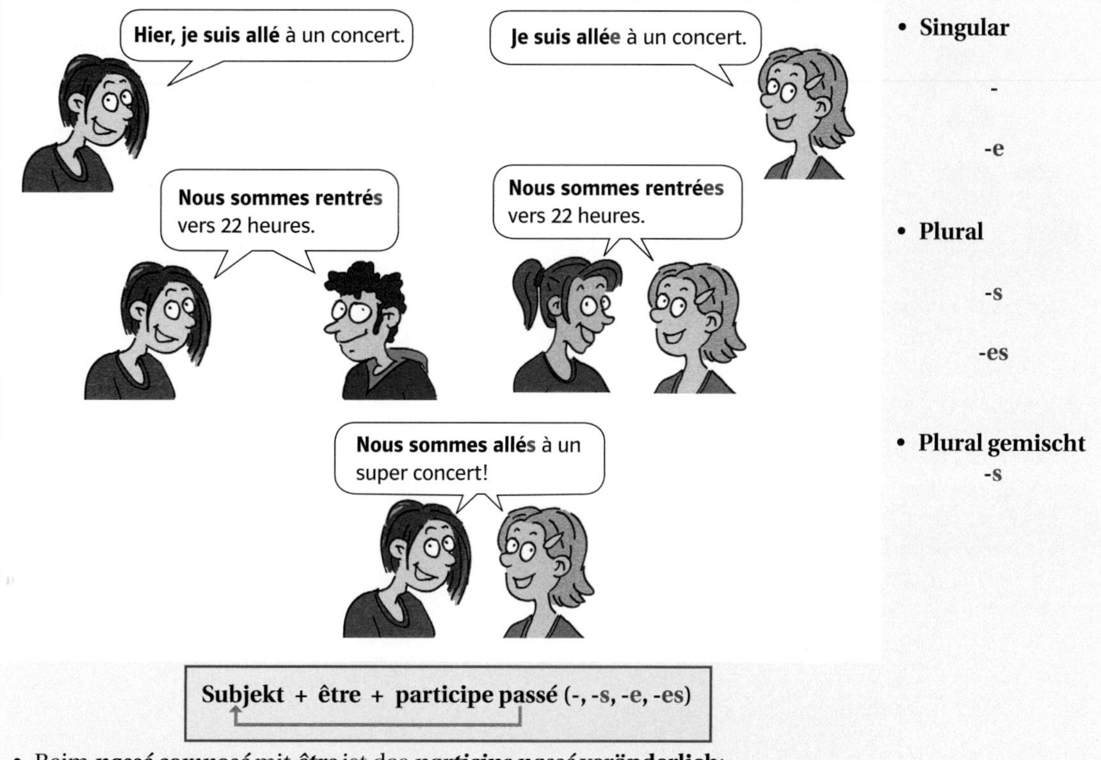

Subjekt + être + participe passé (-, -s, -e, -es)

- Beim ***passé composé*** mit ***être*** ist das ***participe passé*** **veränderlich**: es wird an **das Subjekt** angeglichen, d. h., es richtet sich in **Geschlecht** und **Zahl** nach dem **Subjekt** (wer?).

	Endungen des *participe passé*
Nicolas est rentré.	-
Marine est rentrée.	-e
Nicolas et **Maxime** sont rentrés.	-s
Marine et **Julie** sont rentrées.	-es
Nicolas et **Julie** sont rentrés.	-s

! Im **Plural** musst du auf die Zusammensetzung der Gruppe achten. Bezieht sich das *participe passé* auf **männliche und weibliche** Personen bzw. Gegenstände, so wird **im Plural** die **männliche Form -s** benutzt.

- Beachte bei ***on***:  **On** est rentrées.  **On** est rentrés.  **On** est rentrés.

G 57 Das *passé composé* – Reflexive Verben

Reflexive Verben bilden das *passé composé* mit ***être***.

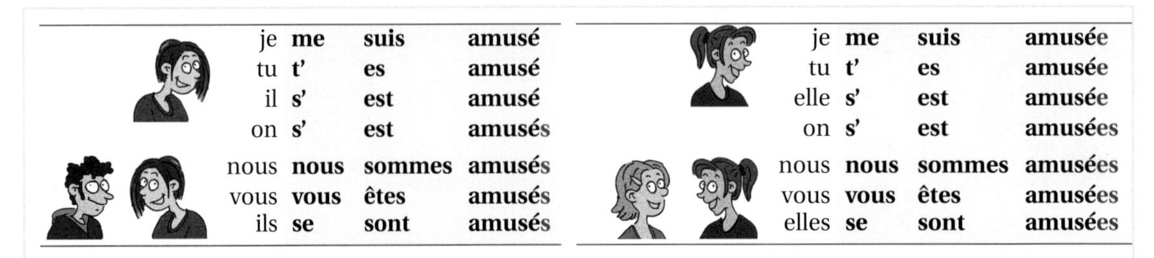

je	**me**	**suis**	**amusé**	je	**me**	**suis**	**amusée**
tu	**t'**	**es**	**amusé**	tu	**t'**	**es**	**amusée**
il	**s'**	**est**	**amusé**	elle	**s'**	**est**	**amusée**
on	**s'**	**est**	**amusés**	on	**s'**	**est**	**amusées**
nous	**nous**	**sommes**	**amusés**	nous	**nous**	**sommes**	**amusées**
vous	**vous**	**êtes**	**amusés**	vous	**vous**	**êtes**	**amusées**
ils	**se**	**sont**	**amusés**	elles	**se**	**sont**	**amusées**

- Das ***passé composé* der reflexiven Verben** wird immer mit dem Hilfsverb ***être*** gebildet.
  Je **me suis** dépêché(e). Ich **habe mich** beeilt.
- Achte auf die Stellung des **Reflexivpronomens vor** *être*.
  Je **me** suis lavé(e). Je **ne me** suis **pas** lavé(e).
  Ich habe **mich** gewaschen. Ich habe **mich nicht** gewaschen.
- Das ***participe passé*** der reflexiven Verben ist in den meisten Fällen **veränderlich**. Das ***participe passé*** wird dann in **Geschlecht** und **Zahl an das Subjekt** angeglichen.

Je me suis levé.	→	-
Je me suis levée.	→	-e
Nous nous sommes levés.	→	-s
Nous nous sommes levées.	→	-es
Nous nous sommes levés.	→	-s

Pour en savoir plus

***Passé composé* bei reflexiven Verben:**
Folgt auf das reflexive Verb ein **direktes Objekt,** so bleibt das *participe passé* **unverändert**.

Marine: **Je** me suis lavée.
Marine: Je me suis lav**é les mains**.
Maxime et Nicolas: **On** s'est lavés.
Maxime et Nicolas: On s'est lav**é les dents**.

G 58 Das *passé composé* – Übersicht unregelmäßiger Verben

Infinitiv	Das *passé composé* der wichtigsten unregelmäßigen Verben			Ebenso folgende Verben
avoir	j'ai eu	il a eu	nous avons eu	
aller	je suis allé je suis allée	il est allé elle est allée	nous sommes allé**s** nous sommes allé**es**	
boire	j'ai bu	il a bu	nous avons bu	
conduire	j'ai conduit	il a conduit	nous avons conduit	**construire, produire, traduire**
connaître	j'ai connu	il a connu	nous avons connu	**disparaître, reconnaître**
courir	j'ai couru	il a couru	nous avons couru	
croire	j'ai cru	il a cru	nous avons cru	
devoir	j'ai dû	il a dû	nous avons dû	
dire	j'ai dit	il a dit	nous avons dit	
écrire	j'ai écrit	il a écrit	nous avons écrit	
envoyer	j'ai envoyé	il a envoyé	nous avons envoyé	
être	j'**ai** été	il **a** été	nous **avons** été	! *Etre* wird mit *avoir* gebildet.
faire	j'ai fait	il a fait	nous avons fait	
lire	j'ai lu	il a lu	nous avons lu	
mentir	j'ai menti	il a menti	nous avons menti	**sentir**
mettre	j'ai mis	il a mis	nous avons mis	**permettre**
ouvrir	j'ai ouvert	il a ouvert	nous avons ouvert	**découvrir, offrir, souffrir**
partir	je suis parti je suis partie	il est parti elle est partie	nous sommes parti**s** nous sommes parti**es**	**sortir**
pouvoir	j'ai pu	il a pu	nous avons pu	
prendre	j'ai pris	il a pris	nous avons pris	**apprendre, comprendre**
recevoir	j'ai reçu	il a reçu	nous avons reçu	
rire	j'ai ri	il a ri	nous avons ri	
savoir	j'ai su	il a su	nous avons su	
servir	j'ai servi	il a servi	nous avons servi	
suivre	j'ai suivi	il a suivi	nous avons suivi	
tenir	j'ai tenu	il a tenu	nous avons tenu	**obtenir**
venir	je suis venu je suis venue	il est venu elle est venue	nous sommes venu**s** nous sommes venu**es**	**devenir, se souvenir**
vivre	j'ai vécu	il a vécu	nous avons vécu	
voir	j'ai vu	il a vu	nous avons vu	**revoir**
vouloir	j'ai voulu	il a voulu	nous avons voulu	

*Weitere Verbformen findest du in der Verbliste → **G135***

G 59 Das *imparfait* und das *passé composé*

Imparfait und ***passé composé*** sind zwei Zeiten der Vergangenheit. Beide Zeiten haben eine **unterschiedliche Funktion**.

Hintergrund ***imparfait***

Il y a deux ans, Sophie **vivait** à Paris. Elle **aimait** bien cette ville. De sa fenêtre, elle **avait** une belle vue. **Tous les matins**, elle **se promenait** dans les rues. Le soir, elle **allait souvent** au cinéma. Elle **voulait** participer à un casting.

Ereigniskette ***passé composé***

Le 1er mars, Sophie **s'est réveillée** à 5 h. Puis, elle **a pris** son petit-déjeuner.

Ensuite, elle **est allée** au casting rue de Rennes.

Tout à coup, on **a appelé** Sophie. Elle **a chanté** une chanson de Céline Dion.

A la fin, le jury **a noté** son numéro de portable et Sophie **est rentrée** chez elle.

Das *imparfait* wird gebraucht,

- um **erklärende** und **erläuternde Informationen** zur Handlung zu geben (= **Hintergrund, Ort, Gefühle** ...),
- um **wiederholte Handlungen** und **Gewohnheiten** der Vergangenheit zu beschreiben.

Wo **befand sich** die Person? → *Elle **vivait**/ **habitait** ...,*
Was **fühlte / wollte** sie? → *Elle **aimait**, elle **voulait** ...*
Wie **sah sie aus**? → *Elle **portait** un t-shirt ...*
Was **gab es / war** damals? → *Il y **avait** un casting ...*
Was **geschah regelmäßig**? → *Souvent, elle **allait** ...*

Signalwörter:
toujours, **souvent**, **tous les matins**, **chaque matin / soir ...**, **parfois**, **le lundi, le mardi ...**

Das *passé composé* wird gebraucht,

- um **einmalige Handlungen** und **Ereignisse** in der Vergangenheit zu erzählen (= **Ablauf im Vordergrund, Ereigniskette**). Diese Ereignisse sind **zeitlich begrenzt**.

Was hat jemand **gemacht?** → *Elle **est allée** ...*
Was **geschah dann**? → *Ensuite, elle **a chanté** ...*
Was passierte **plötzlich**? → *Tout à coup, on **a appelé** ...*

Signalwörter:
d'abord, **tout à coup**, **puis / ensuite**, **ce matin / soir ...**, **à la fin / enfin**, **un jour**

G 60 Das *plus-que-parfait* – Der Gebrauch

Das *plus-que-parfait* ist eine Zeitform der Vergangenheit: die **Vorvergangenheit**.

C'était l'anniversaire de Julie.
Maxime lui **avait fait** un gâteau.

imparfait / passé composé	**plus-que-parfait**
La semaine dernière, c'**était** l'anniversaire de Julie. On **s'est** bien **amusés**.	**Avant la fête,** on lui **avait acheté** des cadeaux.

- Das ***plus-que-parfait*** beschreibt ein Geschehen, das zeitlich **vor** einem anderen Geschehen in der **Vergangenheit** liegt.

Avant la fête, on **avait acheté** un CD.	**Pendant la fête,** on **s'est amusés**.	**Aujourd'hui,** on **regarde** les photos.
plus-que-parfait	**imparfait** **passé composé**	**présent**

G 61 Das *plus-que-parfait* – Die Bildung

	avec avoir			avec être				
j'	**avais**	**parlé**	j'	**étais**	**arrivé**	j'	**étais**	**arrivée**
tu	**avais**	**chanté**	tu	**étais**	**allé**	tu	**étais**	**allée**
il / elle	**avait**	**acheté**	il	**était**	**tombé**	elle	**était**	**tombée**
on	**avait**	**fini**	on	**était**	**venus**	on	**était**	**venues**
nous	**avions**	**eu**	nous	**étions**	**restés**	nous	**étions**	**restées**
vous	**aviez**	**dormi**	vous	**étiez**	**sortis**	vous	**étiez**	**sorties**
ils	**avaient**	**eu**	ils	**s'étaient**	**dépêchés**	elles	**s'étaient**	**dépêchées**
elles	**avaient**	**été**						

Imparfait von *avoir* + **participe passé**

Imparfait von *être* + **participe passé** (veränderlich)

- Das ***plus-que-parfait*** setzt sich aus **zwei Elementen** zusammen: der ***Imparfait*-Form** von ***avoir*** bzw. ***être*** und dem ***participe passé***.
- Für die Wahl von ***avoir*** bzw. ***être*** und für die **Veränderlichkeit** des ***participe passé*** gelten dieselben Regeln wie beim *passé composé*. → *j'**ai** parlé – j'**avais** parlé*
→ *je **suis** arrivé(e) – j'**étais** arrivé(e)*

Weitere Verben im plus-que-parfait findest du in der Verbliste → ***G133–135***

G 62 Das *passé simple*

XXI	XXI
C'est alors qu'**apparut** le renard: – Bonjour, **dit** le renard. – Bonjour, **répondit** poliment le petit prince, qui se **retourna** mais ne **vit** rien. – Je suis là, **dit** la voix, sous le pommier … – Viens jouer avec moi, lui **proposa** le petit prince. …	In diesem Augenblick **erschien** der Fuchs: – Guten Tag, **sagte** der Fuchs. – Guten Tag, **antwortete** höflich der kleine Prinz, der sich **umdrehte**, aber nichts **sah**. – Ich bin da, **sagte** die Stimme, unter dem Apfelbaum … – Komm und spiel mit mir, **schlug** ihm der kleine Prinz vor. …

Le Petit Prince, Antoine de Saint-Exupéry © Editions Gallimard, 1946
Übersetzung: Grete und Josef Leitgeb, © Karl Rauch Verlag, 1956

Das ***passé simple*** ist eine Zeitform der **Vergangenheit**, die nur in der **geschriebenen Sprache** verwendet wird: **in Erzählungen**, **Romanen** oder **Märchen**. In der gesprochenen Sprache, in persönlichen Berichten, selbst in Zeitungen benutzt man stattdessen das *passé composé*.
Es genügt daher, wenn du die Formen des *passé simple* im Text erkennst.

- **Verben auf *-er***

	parler	
je	parl	**ai**
tu	parl	**as**
il/elle	parl	**a**
nous	parl	**âmes**
vous	parl	**âtes**
ils/elles	parl	**èrent**

- **Verben auf *-ir***

	partir			finir	
je	part	**is**	je	fin	**is**
tu	part	**is**	tu	fin	**is**
il/elle	part	**it**	il/elle	fin	**it**
nous	part	**îmes**	nous	fin	**îmes**
vous	part	**îtes**	vous	fin	**îtes**
ils/elles	part	**irent**	ils/elles	fin	**irent**

- Im *passé simple* bleibt der **Verbstamm** der Verben auf *-er* und *-ir* immer **gleich**.
- An den Stamm werden die entsprechenden **Endungen des *passé simple*** angehängt.

Endungen der Verben auf ***-er***: **-ai, -as, -a, -âmes, -âtes, -èrent**
Endungen der Verben auf ***-ir***: **-is, -is, -it, -îmes, -îtes, -irent**

- **Einige unregelmäßige Verben**

avoir	il/elle eut,	ils/elles eurent	**prendre**	il/elle prit,	ils/elles prirent
être	il/elle fut,	ils/elles furent	**mettre**	il/elle mit,	ils/elles mirent
faire	il/elle fit,	ils/elles firent	**courir**	il/elle courut,	ils/elles coururent
voir	il/elle vit,	ils/elles virent	**vouloir**	il/elle voulut,	ils/elles voulurent
venir	il/elle vint,	ils/elles vinrent	**pouvoir**	il/elle put,	ils/elles purent

G 63 Das *futur composé* – Der Gebrauch

Im Französischen gibt es zwei Möglichkeiten, **zukünftiges** Geschehen auszudrücken: das ***futur simple*** (→ G 65) und das ***futur composé*** (zusammengesetzte Zukunft).

Je **vais parler** à mon père.

Ensuite je **vais réparer** mon scooter.

Das ***futur composé*** wird vor allem in der **gesprochenen Sprache** verwendet, um auszudrücken, was man **sofort** oder **bald** tun wird.
Man spricht auch von der **nahen Zukunft** *(le futur proche)*.

G 64 Das *futur composé* – Die Bildung

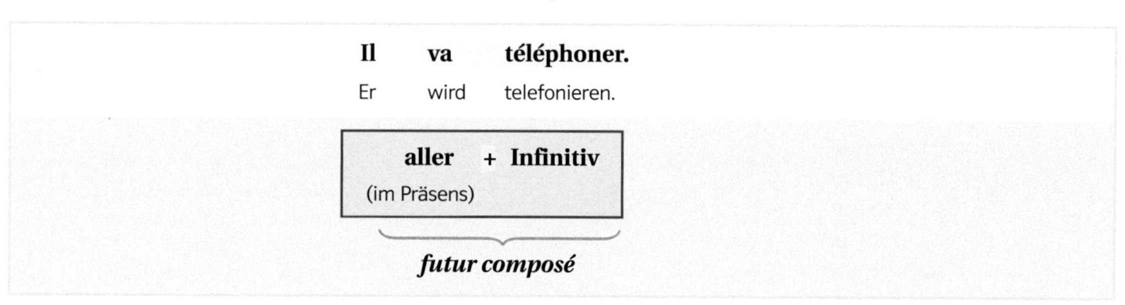

je	**vais**	**acheter**
tu	**vas**	**payer**
il / elle / on	**va**	**travailler**
nous	**allons**	**partir**
vous	**allez**	**écrire**
ils / elles	**vont**	**dormir**
	↓	↓
	aller +	**Infinitiv**

- Wie der französische Name ***futur composé*** sagt, setzt sich diese Zeitform aus **zwei Elementen** zusammen: einer Präsensform von ***aller*** und dem **Infinitiv des Verbs**.
- Es wird besonders in der **gesprochenen Sprache** zur Bezeichnung eines unmittelbar bevorstehenden Ereignisses verwendet.
  Dépêche-toi, on **va partir** dans cinq minutes.

G 65 Das *futur simple* – Der Gebrauch

Im Französischen gibt es zwei Möglichkeiten, **zukünftiges** Geschehen auszudrücken: das ***futur simple*** und das ***futur composé*** *(→ G 63)*.

Beide Zeiten sind oft **austauschbar**. Dennoch gibt es Unterschiede bei der Verwendung: Das ***futur simple*** kommt eher **in der geschriebenen** und in der **offiziellen Sprache** vor, während das ***futur composé*** vor allem in der **gesprochen Sprache** verwendet wird.

G 66 Das *futur simple* – Die Bildung

1. *Futur simple* der Verben auf *-er* und *-ir*

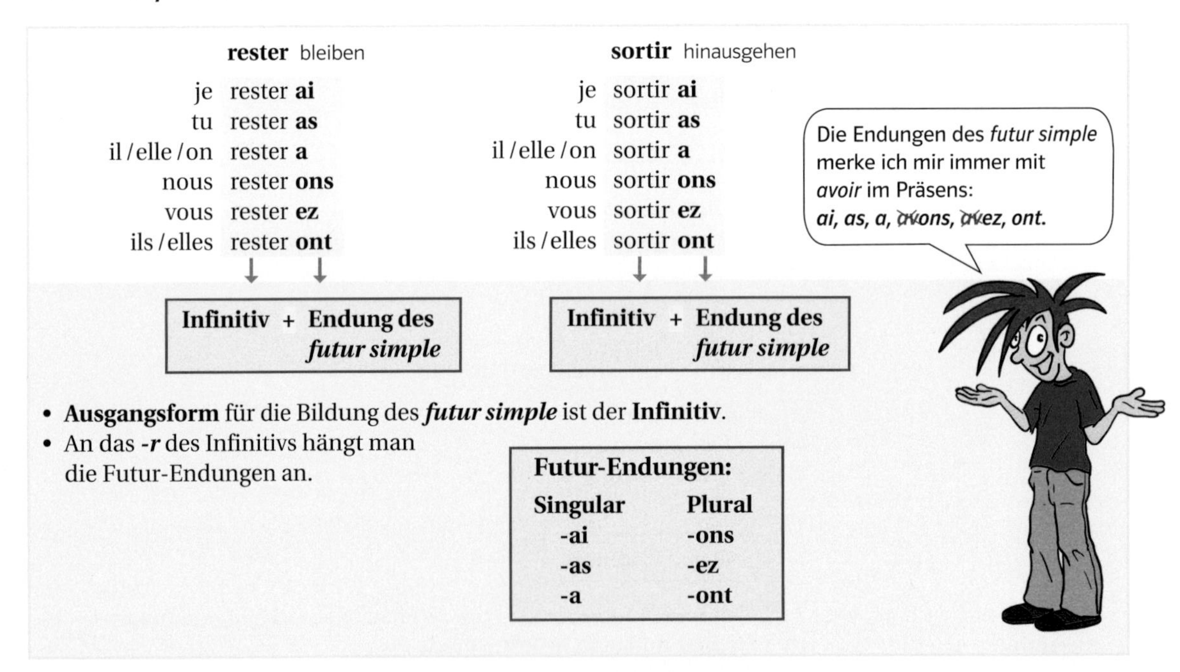

	rester bleiben		**sortir** hinausgehen
je	rester **ai**	je	sortir **ai**
tu	rester **as**	tu	sortir **as**
il / elle / on	rester **a**	il / elle / on	sortir **a**
nous	rester **ons**	nous	sortir **ons**
vous	rester **ez**	vous	sortir **ez**
ils / elles	rester **ont**	ils / elles	sortir **ont**

Infinitiv + Endung des *futur simple*

Infinitiv + Endung des *futur simple*

- **Ausgangsform** für die Bildung des ***futur simple*** ist der **Infinitiv**.
- An das ***-r*** des Infinitivs hängt man die Futur-Endungen an.

Futur-Endungen:

Singular	Plural
-ai	-ons
-as	-ez
-a	-ont

Vergleiche die Bildung des futur simple mit der Bildung des ***conditionnel** → G 67*

2. *Futur simple* der Verben auf *-er* mit Besonderheiten:

Das *futur simple* dieser Verben wird von der 1. Person Singular Präsens abgeleitet.

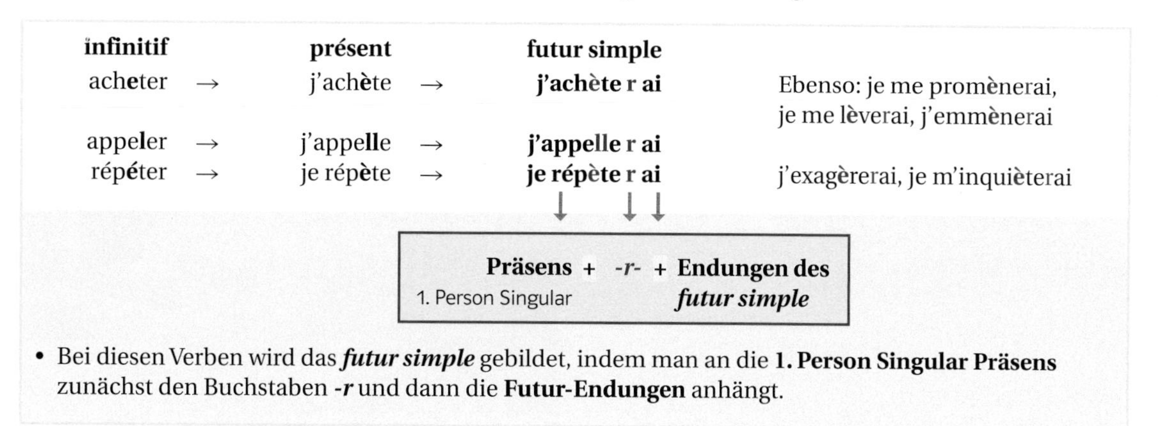

infinitif		présent		futur simple	
acheter	→	j'achète	→	**j'achète r ai**	Ebenso: je me promènerai, je me lèverai, j'emmènerai
appeler	→	j'appelle	→	**j'appelle r ai**	
répéter	→	je répète	→	**je répète r ai**	j'exagèrerai, je m'inquièterai

Präsens (1. Person Singular) + ***-r-*** + **Endungen des *futur simple***

- Bei diesen Verben wird das ***futur simple*** gebildet, indem man an die **1. Person Singular Präsens** zunächst den Buchstaben ***-r*** und dann die **Futur-Endungen** anhängt.

3. *Futur simple* der Verben auf *-re*

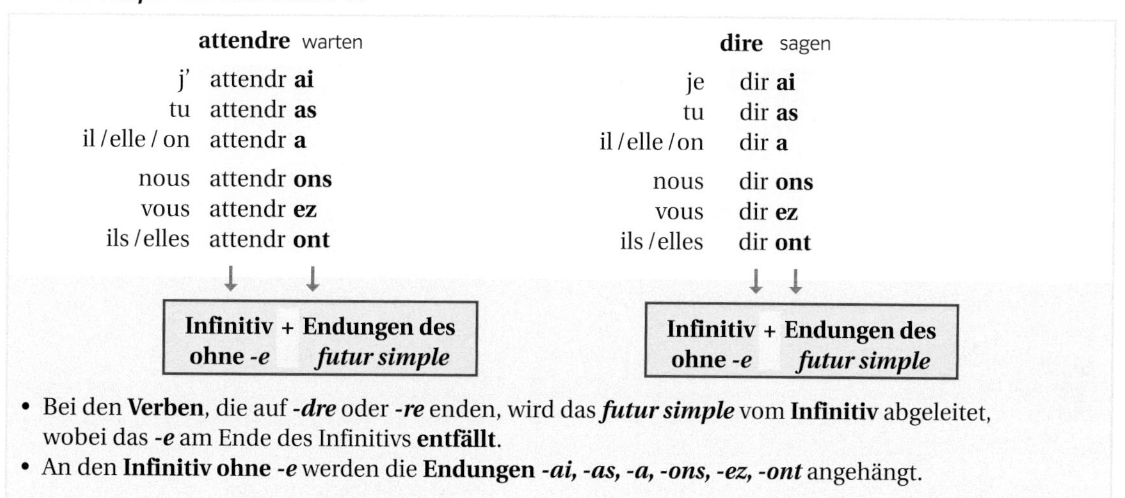

	attendre warten		**dire** sagen
j'	attendr **ai**	je	dir **ai**
tu	attendr **as**	tu	dir **as**
il / elle / on	attendr **a**	il / elle / on	dir **a**
nous	attendr **ons**	nous	dir **ons**
vous	attendr **ez**	vous	dir **ez**
ils / elles	attendr **ont**	ils / elles	dir **ont**

Infinitiv ohne *-e* + **Endungen des *futur simple***

- Bei den **Verben**, die auf ***-dre*** oder ***-re*** enden, wird das ***futur simple*** vom **Infinitiv** abgeleitet, wobei das ***-e*** am Ende des Infinitivs **entfällt**.
- An den **Infinitiv ohne *-e*** werden die **Endungen *-ai, -as, -a, -ons, -ez, -ont*** angehängt.

4. *Futur simple* unregelmäßiger Verben:

Einige unregelmäßige Verben haben einen besonderen **Futurstamm**.

! Das ***futur simple*** und das ***conditionnel*** → **G 67** haben den gleichen Stamm.

avoir	→	**j'aurai**
savoir	→	**je saurai**
être	→	**je serai**
faire	→	**je ferai**
aller	→	**j'irai**
venir	→	**je viendrai**
devoir	→	**je devrai**
voir	→	**je verrai**
pouvoir	→	**je pourrai**
vouloir	→	**je voudrai**
il faut (falloir)	→	**il faudra**

*Weitere Verben im futur simple findest du in den Verblisten → **G 134–135***

G 67 Das *conditionnel* – Der Gebrauch

Das ***conditionnel*** wird gebraucht, um **höfliche Bitten** auszudrücken oder **Wünsche** und **Vermutungen** zu äußern.

Das ***conditionnel*** steht auch in **irrealen Bedingungssätzen** (in *si*-Sätzen) (→ G 89).

	Mit dem ***conditionnel*** kann man
Marine: – Bonjour Madame, j'**aimerais** passer deux semaines en Corse cet été. Il me **faudrait** des renseignements. Ich möchte gerne … Ich bräuchte …	• einen **Wunsch** äußern,
Dame: – Vous **pourriez** prendre l'avion de Paris à Ajaccio. Sie könnten …	• eine **Möglichkeit** aufzeigen,
Marine: – L'avion? Ce **serait** sûrement trop cher … Es wäre …	• eine **Vermutung** aussprechen,
– **Pourriez**-vous me dire le prix du voyage en avion? Könnten Sie … ?	• eine höfliche **Bitte**, eine **Frage** formulieren,
Dame: – Alors à votre place, je **partirais** le 10 août. J'ai des billets pas chers pour ce jour-là. An Ihrer Stelle würde ich am 10. August fliegen. …	• einen **Ratschlag** geben,
Marine: – **Si** j'avais plus d'argent, j'**irais** un mois entier en Corse! Wenn ich mehr Geld hätte, **würde** ich für einen ganzen Monat nach Korsika **fahren**!	• eine **irreale Bedingung** ausdrücken (*si*-Sätze).

G 68 Das *conditionnel* – Die Bildung

1. *Conditionnel* der Verben auf *-er* und *-ir*

	parler sprechen		**sortir** hinausgehen
je	parler **ais**	je	sortir **ais**
tu	parler **ais**	tu	sortir **ais**
il / elle / on	parler **ait**	il / elle / on	sortir **ait**
nous	parler **ions**	nous	sortir **ions**
vous	parler **iez**	vous	sortir **iez**
ils / elles	parler **aient**	ils / elles	sortir **aient**
	↓ ↓		↓ ↓
	Infinitiv + Endung des *imparfait*		**Infinitiv + Endung des *imparfait***

- **Ausgangsform** für die Bildung des ***conditionnel*** der Verben auf ***-er*** und ***-ir*** ist der **Infinitiv**.
- An das ***-r*** des Infinitivs hängt man die Endungen des ***imparfait*** an.
- Die **Endungen des *conditionnel*** sind **identisch** mit denen des ***imparfait***.

Conditionnel-Endungen = Imparfait-Endungen

Singular	Plural
-ais	-ions
-ais	-iez
-ait	-aient

2. *Conditionnel* der Verben auf *-er* mit Besonderheiten

infinitif		**présent**		**conditionnel**	
acheter	→	j'ach**è**te [ɛ]	→	j'**achète** **r** **ais** [ɛ]	Ebenso: je me prom**è**nerais [ɛ], je me l**è**verais [ɛ]
appeler	→	j'appe**lle** [ɛl]	→	j'**appelle** **r** **ais** [ɛl]	j'emm**è**nerais [ɛ], j'exag**è**rerais [ɛ]
rép**é**ter	→	je rép**è**te [ɛ]	→	je **répète** **r** **ais** [ɛ]	je m'inqui**è**terais [ɛ], je préf**è**rerais [ɛ]

Präsens + ***-r-*** + **Endungen des *imparfait***
1. Person Singular

- Bei den Verben ***acheter, appeler*** und ***se lever*** wird das ***conditionnel*** gebildet, indem man an die **1. Person Singular Präsens** zunächst den Buchstaben ***-r*** und dann die **Endungen des *imparfait*** anhängt.

3. *Conditionnel* der Verben auf *-re*

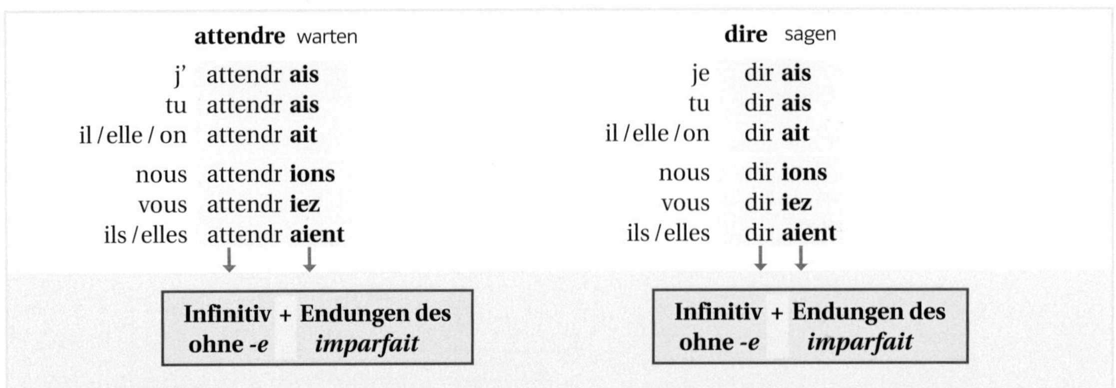

	attendre warten		**dire** sagen
j'	attendr **ais**	je	dir **ais**
tu	attendr **ais**	tu	dir **ais**
il / elle / on	attendr **ait**	il / elle / on	dir **ait**
nous	attendr **ions**	nous	dir **ions**
vous	attendr **iez**	vous	dir **iez**
ils / elles	attendr **aient**	ils / elles	dir **aient**

Infinitiv ohne *-e* + **Endungen des *imparfait***

Infinitiv ohne *-e* + **Endungen des *imparfait***

- Bei den **Verben**, die auf ***-dre*** oder ***-re*** enden, wird das ***conditionnel*** ebenfalls vom **Infinitiv** abgeleitet, wobei das ***-e*** am Ende des Infinitivs **entfällt**.
- An den **Infinitiv ohne *-e*** werden die **Endungen des *imparfait*** angehängt: ***-ais, -ais, -ait, -ions, -iez, -aient***.

4. *Conditionnel* unregelmäßiger Verben

Einige unregelmäßige Verben haben einen besonderen **Stamm**.

avoir	→	**j'aurais**	**devoir**	→	**nous devrions**
savoir	→	**tu saurais**	**voir**	→	**vous verriez**
être	→	**il serait**	**pouvoir**	→	**ils pourraient**
faire	→	**elle ferait**	**vouloir**	→	**elles voudraient**
aller	→	**on irait**	**il faut** (falloir)	→	**il faudrait**
venir	→	**on viendrait**			

Hinweis:
Das ***conditionnel*** und das ***futur simple*** *(→ G 65)* haben den **gleichen Stamm**, aber **unterschiedliche Endungen**.

futur simple	je **dir**ai	tu **viendr**as	il **ser**a	nous **ir**ons	vous **verr**ez	ils **fer**ont
conditionnel	je **dir**ais	tu **viendr**ais	il **ser**ait	nous **ir**ions	vous **verr**iez	ils **fer**aient

Weitere Verben im conditionnel findest du in der Verbliste *→ **G 135***

G 69 Der *subjonctif présent* – Der Gebrauch

Der ***subjonctif*** ist ein Modus und drückt die **persönliche Auffassung** des Sprechenden, seine **Wünsche** und **Gefühle** aus.

Der ***subjonctif*** steht meist in **Nebensätzen**, die mit ***que*** (dass) eingeleitet werden.
Es gibt eine Reihe von **Ausdrücken**, die den ***subjonctif*** automatisch auslösen:
Il faut que ...
Je veux que ...

Der ***subjonctif*** steht nach Ausdrücken

Mère: **J'aimerais que** tu **mettes** la table. *Fille:* Mais **papa veut que** j'**aille** acheter du pain!	... dass du den Tisch **deckst**. ... dass ich Brot einkaufen **gehe**.	**• des Wollens,**
aimer que **vouloir que** **préférer que** **désirer que** } + **subjonctif**		
Père: **J'ai peur que** la boulangerie **soit** fermée. *Mère:* **Je suis contente qu'**il **fasse** enfin beau.	... dass die Bäckerei geschlossen **ist**. ... dass das Wetter schön **ist**.	**• der Gefühle,**
être triste (-s) que **être heureux / heureuse (-s) que** **être content / contente (-s) que** **avoir peur que** **regretter que** } + **subjonctif**		
Fille: **Il faut que** j'**écrive** un SMS à Marine. **Il est important qu'**elle **lise** mon message.	... eine SMS **schreiben**. ... dass sie ... **liest**.	**• der Notwendigkeit,**
Il faut que **Il est important que** **C'est (im)possible que** **C'est dommage que** } + **subjonctif**		
J'envoie un SMS à Marine **pour qu'**elle **vienne** au concert. **pour que + subjonctif**	... damit sie **kommt**.	**• nach *pour que.***

- Einige Verben lösen den *subjonctif* **nur bei der Verneinung** aus:

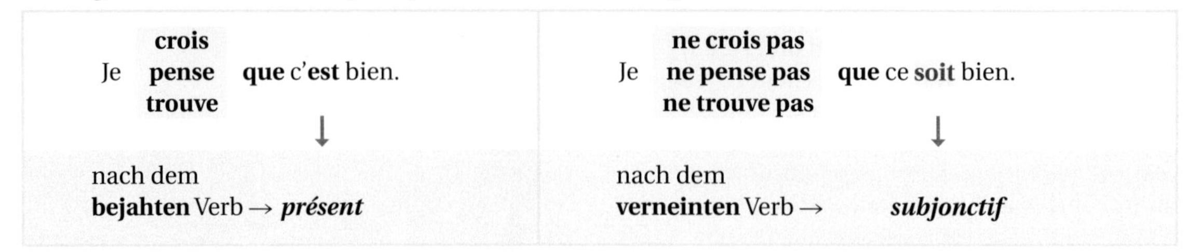

Je **crois** / **pense** / **trouve** **que** c'**est** bien.	Je **ne crois pas** / **ne pense pas** / **ne trouve pas** **que** ce **soit** bien.
↓	↓
nach dem **bejahten** Verb → ***présent***	nach dem **verneinten** Verb → ***subjonctif***

G 70 Der *subjonctif présent* – Die Bildung

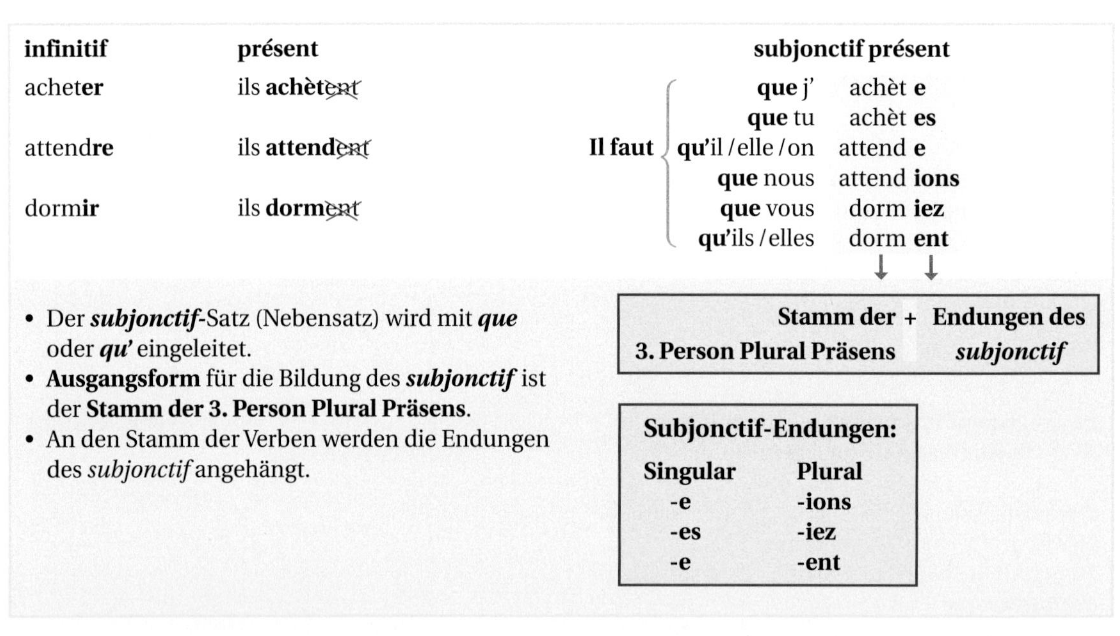

infinitif	présent		subjonctif présent	
achet**er**	ils **achèt**~~ent~~	Il faut	**que** j'	achèt **e**
			que tu	achèt **es**
attend**re**	ils **attend**~~ent~~		**qu'**il / elle / on	attend **e**
			que nous	attend **ions**
dorm**ir**	ils **dorm**~~ent~~		**que** vous	dorm **iez**
			qu'ils / elles	dorm **ent**

Stamm der 3. Person Plural Präsens + **Endungen des *subjonctif***

- Der ***subjonctif***-Satz (Nebensatz) wird mit ***que*** oder ***qu'*** eingeleitet.
- **Ausgangsform** für die Bildung des ***subjonctif*** ist der **Stamm der 3. Person Plural Präsens**.
- An den Stamm der Verben werden die Endungen des *subjonctif* angehängt.

Subjonctif-Endungen:

Singular	Plural
-e	-ions
-es	-iez
-e	-ent

Besondere Formen des *subjonctif*:

	avoir	être	aller	faire	pouvoir	savoir	vouloir	prendre
que je / j'	**aie**	**sois**	**aille**	**fasse**	**puisse**	**sache**	**veuille**	**prenne**
que tu	**aies**	**sois**	**ailles**	**fasses**	**puisses**	**saches**	**veuilles**	**prennes**
qu'il / elle / on	**ait**	**soit**	**aille**	**fasse**	**puisse**	**sache**	**veuille**	**prenne**
que nous	**ayons**	**soyons**	**allions**	**fassions**	**puissions**	**sachions**	**voulions**	**prenions**
que vous	**ayez**	**soyez**	**alliez**	**fassiez**	**puissiez**	**sachiez**	**vouliez**	**preniez**
qu'ils / elles	**aient**	**soient**	**aillent**	**fassent**	**puissent**	**sachent**	**veuillent**	**prennent**

*Weitere Verben im subjonctif findest du in der Verbliste → **G 135***

Pour en savoir plus

- Der französische *subjonctif* hat **keine deutsche Entsprechung**.
  Im Deutschen wird in den entsprechenden Sätzen immer der Indikativ verwendet.
  Je voudrais que Nathalie **vienne**. (subjonctif).
  Ich möchte, dass Nathalie **kommt**. (Indikativ, Präsens).

G 71 Der Imperativ – Der Gebrauch

Den **Imperativ, die Befehlsform,** verwendet man, um jemanden aufzufordern, etwas zu tun.

Um höflicher zu sein, ergänzt man im Französischen oft die Befehlsform durch „s'il te plaît". Man kann auch das *conditionnel* (statt *impératif*) benutzen: ***Pourrais**-tu lire le texte?*

G 72 Der Imperativ – Die Bildung

Présent:	Impératif:	Impératif + pronom objet:	Négation:
je trouve	→ **Trouve** la réponse. Finde …	**Trouve-la.**	**Ne lis pas** la réponse.
nous trouvons	→ **Trouvons** la réponse. Lasst uns … finden!	**Trouvons-la.**	**Ne lisons pas** la réponse.
vous trouvez	→ **Trouvez** les réponses. Findet / Finden Sie …	**Trouvez-les.**	**Ne lisez pas** les réponses.

- Der **Imperativ Singular** hat oft die gleiche Form wie die **1. Person Singular Präsens.** Das Personalpronomen fällt aber weg.
- Die **Imperativ Plurale** haben die gleiche Form wie die **1. und 2. Person Plural Präsens.**
- Am Ende des französischen Imperativsatzes steht meistens ein **Punkt.**
- Wenn du **eine Person siezt**, verwendest du die **2. Person Plural.**
  Bonjour madame, **entrez** s'il vous plaît.

Beachte:

avoir

Aie	confiance.	**Hab** Vertrauen!
Ayons	confiance.	**Lasst uns** Vertrauen **haben**.
Ayez	confiance.	**Habt / Haben Sie** Vertrauen.

être

Sois	sympa.	**Sei** nett!
Soyons	sympas.	**Lasst uns** freundlich **sein**.
Soyez	sympas.	**Seid / Seien Sie** …

aller

Va	au ciné.	**Geh** ins Kino!
Allons	au ciné.	**Lasst uns** ins Kino **gehen**.
Allez	au ciné.	**Geht / Gehen Sie** ins Kino.
! **Vas-y.**		**Geh hin!**

Imperativ mit zwei Objektpronomen

Dis	-le-moi.	**Sag** es mir.
Disons	-le-lui.	**Lasst es uns** ihm / ihr **sagen**.
Dites	-le-leur.	**Sagt / Sagen Sie** es ihnen.

*Weitere Verben im Imperativ findest du in der Verbliste → **G 133–135***

▶ der Imperativ = die Befehlsform

G 73 Das *gérondif* – Der Gebrauch

Das Französische besitzt eine Verbform, die es im Deutschen nicht gibt: das ***gérondif***.

Das ***gérondif*** wird häufig verwendet, um Handlungen miteinander zu verbinden, die **dasselbe Subjekt** haben.

	Mit dem *gérondif* kann man Folgendes ausdrücken:
Nicolas est tombé **en jouant** au foot. … **beim** Fußballspielen	• **die Gleichzeitigkeit,**
Nicolas a appris à jouer au foot **en participant** à des matchs. … indem er …	• **die Art und Weise.**

- Das ***gérondif*** kann die **Gleichzeitigkeit zweier Handlungen** betonen (während / wenn / beim …).
- Es kann auch die **Art und Weise eines Geschehens** ausdrücken (indem / dadurch, dass / beim …).
- Es kann nur dann verwendet werden, wenn es sich in beiden Satzteilen um das **gleiche Subjekt** handelt:

  Il écrit un SMS et **il** écoute un CD.

  Il écrit un SMS **en écoutant** un CD.

G 74 Das *gérondif* – Die Bildung

chanter	**attendre**	**faire**	**réfléchir**
nous chant~~ons~~ ↓ **en chantant**	nous attend~~ons~~ ↓ **en attendant**	nous fais~~ons~~ ↓ **en faisant**	nous réfléchiss~~ons~~ ↓ **en réfléchissant**

en + Stamm + -ant
(Präsens
1. Person Plural)

- Das ***gérondif*** ist **unveränderlich** und endet immer auf ***-ant***.
- Das ***gérondif*** wird von der **1. Person Plural Präsens** (nous) abgeleitet.
- Vor der Verbform auf ***-ant*** steht die **Präposition *en***.
- Eine unregelmäßige Ableitung findet man bei: *avoir* → ***en ayant*** *être* → ***en étant.***

! Il parle **en** mang**eant**. Il mange **en** commen**çant** par la salade.

G 75 Verben mit Infinitiv-Ergänzung

Verben können Ergänzungen haben, so kann z. B. auf ein **konjugiertes Verb** ein **Infinitiv** folgen. Das Verb bestimmt, **wie der Infinitivanschluss erfolgt**:
- **ohne** Präposition
- oder **mit** Präposition ***(à, de)***.

1. Infinitivanschluss ohne Präposition

Pour la fête de Nicolas, Maxime **veut préparer** quelque chose.
Il **sait faire** les desserts, mais il ne **peut** pas **préparer** de gâteau, car il n'a pas de farine.
Il **préfère apporter** une mousse au chocolat.
Maxime **adore faire** les desserts.
Mais il **ne devrait pas manger** trop de chocolat!

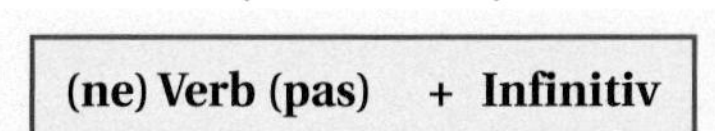

- Einige Verben schließen einen Infinitiv **direkt**, d. h. **ohne Präposition** an.

adorer faire qc	– etw. sehr gern tun
aimer faire qc	– etw. gern tun
désirer faire qc	– etw. zu tun wünschen
espérer faire qc	– etw. zu tun hoffen
devoir faire qc	– etw. tun müssen
préférer faire qc	– etw. lieber tun
pouvoir faire qc	– etw. tun können
savoir faire qc	– etw. tun können (wissen, wie)
vouloir faire qc	– etw. tun wollen
aller voir qn	– jdn. besuchen
aller chercher qc	– etw. holen
il faut faire qc	– man muss etw. tun

2. Infinitivanschluss mit der Präposition *à*

Julie **aide** sa petite sœur **à faire** ses devoirs.
Elle **n'aide pas** sa mère **à faire** la cuisine.
Ensuite, Julie **se met à écouter** de la musique.

A 20 h, elle **commence à regarder** les infos à la télévision.
↓ ↓ ↓

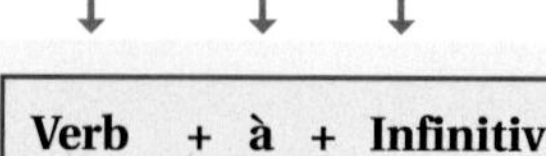

- Einige Verben schließen den Infinitiv mit der **Präposition *à*** an.

apprendre **à** faire qc	– lernen etw. zu tun	aider qn **à** faire qc	– jdm. helfen etw. zu tun
commencer **à** faire qc	– beginnen etw. zu tun	inviter qn **à** faire qc	– jdn. einladen etw. zu tun
continuer **à** faire qc	– fortfahren etw. zu tun		
se mettre **à** faire qc	– anfangen etw. zu tun		

- Die **Verneinung** umschließt das **konjungierte Verb**.

3. Infinitivanschluss mit der Präposition *de*

Marine **a envie d'aller** à la discothèque.
Elle **n'a pas envie de faire** ses maths.
Elle **vient de téléphoner** à Julie.

Marine a **oublié d'apprendre** son vocabulaire!
↓ ↓ ↓

Verb + de + Infinitiv

- Die meisten Verben schließen den Infinitiv mit der **Präposition *de*** an.

essayer **de** faire qc	– versuchen etw. zu tun	avoir envie **de** faire qc	– Lust haben etw. zu tun
décider **de** faire qc	– beschließen etw. zu tun	avoir la chance **de** faire qc	– Glück haben etw. zu tun
oublier **de** faire qc	– etw. vergessen zu tun	avoir le temps **de** faire qc	– Zeit haben etw. zu tun
rêver **de** faire qc	– davon träumen etw. zu tun	avoir peur **de** faire qc	– Angst haben etw. zu tun
venir **de** faire qc	– etw. gerade getan haben	être en train **de** faire qc	– gerade dabei sein etw. zu tun
		demander à qn **de** faire qc	– jdn. bitten etw. zu tun
		permettre à qn **de** faire qc	– jdm. erlauben etw. zu tun
		promettre à qn **de** faire qc	– jdm. versprechen etw. zu tun

- Die **Verneinung** umschließt das **konjungierte Verb**.

*Zu être en train de faire qc und venir de faire qc → **G 76***

F/D Im Deutschen erfolgt der Anschluss eines Infinitivs an ein Verb entweder **direkt** oder mit der Konjunktion ***zu***.

Il **veut** ◊ **manger**.	Elle **préfère** ◊ **lire**.	Ils **décident de rester.**
Er möchte ◊ essen.	Sie zieht es vor **zu** lesen.	Sie beschließen **zu** bleiben.

G 76 *Etre en train de faire qc / venir de faire qc*

Marine **est en train de** manger.

- Mit ***être en train de*** + **Infinitiv** kann der **Verlauf** einer Handlung besonders hervorgehoben werden:
  Man drückt aus, was jemand **gerade macht**.

Nicolas **vient de** manger.

- Mit ***venir de*** + **Infinitiv** wird eine **Handlung** beschrieben, die gerade erst **abgeschlossen** wurde:
  Man drückt aus, was jemand **gerade eben gemacht hat**.

1. *Etre en train de* + Infinitiv

Tu peux m'aider? Non, je ne peux pas, **je suis en train de téléphoner**. … ich **telefoniere gerade**.

être + en train de/d' + Infinitiv

- Mit der Wendung ***être en train de faire qc*** kann ausgedrückt werden, dass jemand **gerade dabei ist**, etwas zu tun.
- Vor Vokal und stummem *h* wird *de* zu *d'*. Julie est en train **d'**apprendre une chanson.

2. *Venir de* + Infinitiv

Le prof est là? Oui, **il vient d'arriver**. Er **ist gerade angekommen**.
Il **vient de monter** l'escalier. Er **ist gerade** die Treppe **hinauf gelaufen.**

venir de/d' + Infinitiv

- Mit der Wendung ***venir de faire qc*** kann ausgedrückt werden, dass jemand **gerade etwas getan hat**.

6 Die Verneinung

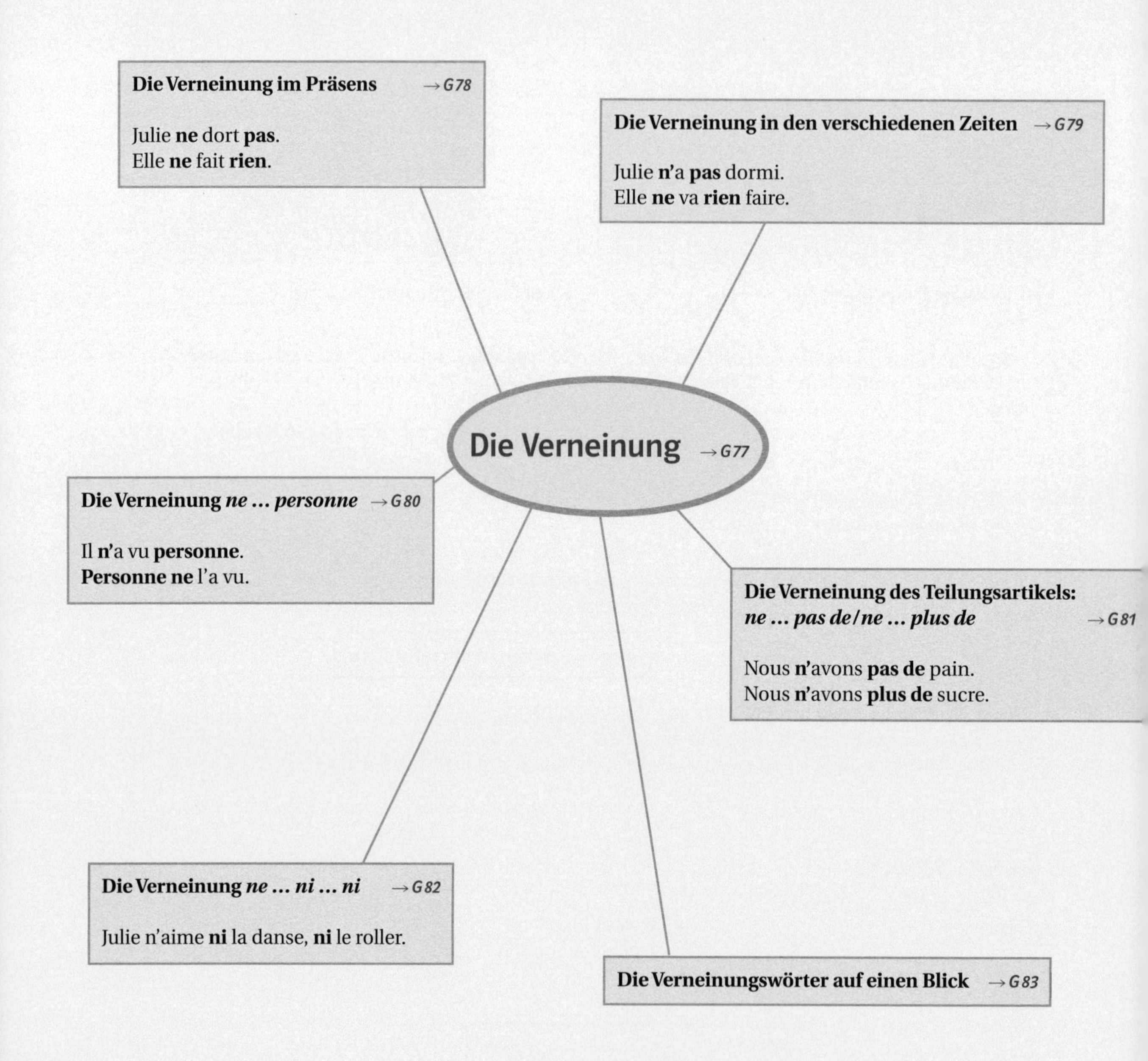

G 77 Die Verneinung

Sätze können **bejaht** oder **verneint** sein:

• **bejaht**	Il mange.	Er isst.
• **verneint**	Il **ne** mange **pas**.	Er isst **nicht**.

Die Verneinung besteht im Französischen aus **mehreren Teilen**:

ne … pas	nicht
ne … plus	nicht mehr
ne … pas encore	noch nicht
ne … jamais	nie
ne … rien	nichts
ne … personne	niemand
ne … ni … ni	weder … noch

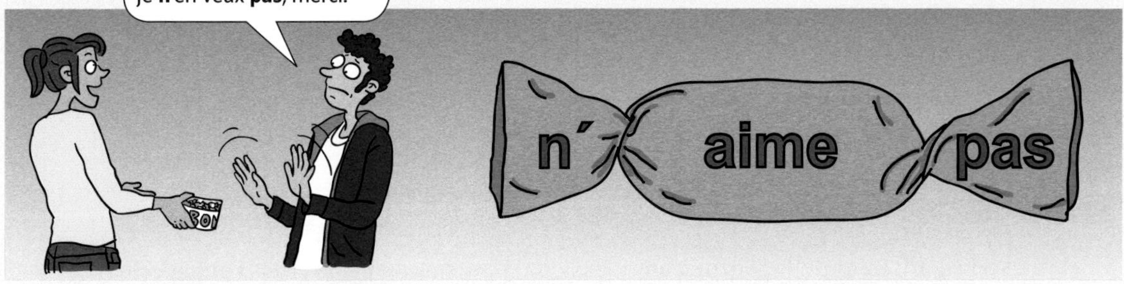

G 78 Die Verneinung im Präsens

1. Die Verneinung mit: *ne ... pas – Il n'a pas de chance!*

– Nicolas		**est**		dans le salon?	
– Non, il	**n'**	**est**	**pas**	dans le salon.	... ist **nicht** ...
Il		**est**		dans la cuisine.	
– Il		**prépare**		les poulets?	
– Non, il	**ne**	**prépare**	**pas**	les poulets.	... bereitet **nicht** ... zu.
Il		**prépare**		des pizzas.	
Mais on	**ne**	**peut**	**pas encore**	manger!	Wir können **noch nicht** essen.

... ne/n' + Verb + pas (encore) ...
(konjugiert)

- Im Französischen besteht die Verneinung aus mehreren Elementen:
  ne ... pas*/*ne ... pas encore ...
  Mamie **n'**est **pas** là.
  Mamie **n'**est **pas encore** là.
- Die Verneinungswörter umschließen das **konjugierte Verb**.
- Vor Vokal und stummem *h* wird ***ne*** zu ***n'***.

Pour en savoir plus

Bei den **Verben mit Infinitiv-Ergänzung** umschließt die Verneinung ebenfalls das **konjugierte** Verb. Die **Infinitiv-Ergänzung** steht nach der Verneinung.

On **ne** peut **pas encore** manger.	Wir können **noch nicht** essen.
Je **ne** veux **pas** venir.	Ich möchte **nicht** kommen.
Je **n'**aime **pas** ranger.	Ich mag **nicht** aufräumen.

2. Weitere Verneinungswörter im Präsens – *Il ne m'aime plus.*

– Tu vas à la fête de Nicolas?	– Non, je	**n'**	**y**	**vais**	**pas.**		nicht
– Qu'est-ce que tu as?	– Je	**n'**		**ai**	**rien.**		nichts
– Il y a un problème?	– Je	**ne**		**suis**	**plus**	avec Luc.	nicht mehr
	– Il	**ne**	**m'**	**aime**	**plus.**		nicht mehr
	– Il	**ne**	**me**	**téléphone**	**plus.**		nicht mehr
– Je reste avec toi. Tu veux du coca?	– Non, je	**n'**	**en**	**veux**	**pas.**		nicht / keine
– Alors, tu prends du jus d'orange?	– Je	**n'**	**en**	**veux**	**pas non plus.**		auch nicht
– Pense à autre chose.	– Je	**ne**		**pense**	**qu'**	à lui.	nur
– Tu as envie d'aller au cinéma?	– Non, je	**n'**	**en**	**ai**	**pas du tout**	envie.	überhaupt nicht
– On téléphone à Léa?	– Il	**n'**	**y**	**a**	**personne**	chez elle.	niemand
– Elle est où?	– Je	**ne**	**le**	**sais**	**toujours pas.**		immer noch nicht

... ne/n' + Pronomen + Verb + pas / plus ...
(konjugiert)

- Die Verneinungswörter umschließen das **konjugierte Verb**: *Je **n'**ai **rien**.*
- Steht **ein Pronomen vor dem konjugierten Verb**, so umschließen die Verneinungswörter das Pronomen **und** das konjugierte Verb. *Je **n'**y vais **pas**.*
- Vor Vokal und stummem *h* wird ***ne*** zu ***n'***.
- Die Einschränkung mit ***ne ... que*** (nur) wird genauso gebildet wie die Verneinung mit *ne ... pas*.
  *Je **ne** pense **qu'**à lui.* Ich denke **nur** an ihn.

In der **gesprochenen Sprache** wird oft ***ne*** zu ***n'*** verkürzt.
*Je **ne** pense pas. → Je **n'** pense pas.*
In der **Umgangssprache** werden oft ***ne / n'*** weggelassen, was aber nicht korrekt ist.
*Elle **ne** vient pas. → Elle* vient pas.*

G 79 Die Verneinung in den verschiedenen Zeiten

Imparfait:								
– Hier, je	**n'**		**allais**	**pas**		bien.	Gestern ging es mir nicht gut.
Passé composé:							
– Alors je	**ne**		**suis**	**pas**	**allée**	à la fête.	Ich bin nicht … gegangen.
– Je	**n'**	**y**	**suis**	**pas**	**allée.**		Ich bin nicht dorthin gegangen.
– Je	**n'**		**ai**	**rien**	**dit**	à Léa.	Ich habe Léa nichts gesagt.
– Je	**ne**	**lui**	**ai**	**rien**	**dit.**		Ich habe ihr nichts gesagt.
Plus-que-parfait:							
– Je	**n'**		**avais**	**pas**	**acheté**	de cadeau.	Ich hatte kein Geschenk gekauft.
– Je	**n'**	**en**	**avais**	**pas**	**acheté.**		Ich hatte keines gekauft.
Futur simple:							
– Je	**n'**		**irai**	**pas**		au cinéma.	Ich werde nicht ins Kino gehen.
Impératif::	**N'**	**y**	**va**	**pas.**			Geh nicht hin!

… ne/n' + Pronomen + Verb + pas + (participe passé) …
(konjugiert)

- Vor Vokal und stummem *h* wird ***ne*** zu ***n'***.
- Die Verneinungswörter umschließen das **konjugierte Verb**. *Je **n'**ai **pas** mangé le croissant.*
- Steht **ein Pronomen vor dem konjugierten Verb**, so umschließen die Verneinungswörter das **Pronomen** und das **konjugierte Verb**. *Je **ne** l'ai **pas** mangé.*
- Dies gilt für *ne … pas* und auch für die übrigen Verneinungswörter. *Je **ne** lui ai **pas** téléphoné.* *Je **ne** l'ai **jamais** fait.*
  Ausnahme: ne … personne → **G 80**

Futur composé / Infinitiv-Ergänzungen:

– Je	**ne**	**vais**	**pas**		**aller**	à la fête.	Ich werde nicht zum Fest gehen.
– Je	**ne**	**vais**	**pas**	**y**	**aller**.		Ich werde nicht dorthin gehen.
– Je	**ne**	**peux**	**pas**	**y**	**aller**.		Ich kann nicht dorthin gehen.

… ne/n' + Verb + pas + Pronomen + Infinitiv …
(konjugiert)

- Im ***futur composé*** und bei den **Verben mit Infinitiv-Ergänzung** stehen die **Pronomen vor dem Infinitiv**.

Pour en savoir plus

Verneinte **Sätze ohne *ne***

- In Sätzen, die **kein Verb enthalten**, entfällt das Wort ***ne***:

– Qui va à la fête de Nicolas?	– **Pas moi. / Moi pas.**	Ich nicht.
– Tu vas l'oublier.	– Non, **jamais**.	Nein, niemals.
– Je ne vais pas à la fête de Nicolas.	– Moi **non plus**.	Ich auch nicht.
– Nicolas, c'est mon copain, **pas mon frère**.		… nicht mein Bruder.

- Die Verneinung kann **in der gesprochenen Sprache** auch durch ***non*** ausgedrückt werden:

Je ne pense / crois pas.	= Je pense / crois que **non**.	Ich denke / glaube nicht.
Je n'espère pas.	= J'espère que **non**.	Ich hoffe nicht.

G80 Die Verneinung *ne … personne*

Marine	**ne**	**connaît**		**personne**	à Marseille.	… kennt **niemanden** … .
Hier, elle	**n'**	**a**	**rencontré**	**personne**	en ville.	… hat sie **niemanden** getroffen … .
Demain, elle	**ne**	**va**	**inviter**	**personne.**		… wird sie **niemanden** einladen.
Elle	**ne**	**veut**	**voir**	**personne.**		Sie möchte **niemanden** sehen.
Personne	**ne**	**lui**	**téléphone.**			**Niemand** ruft sie an.

… ne/n' + Verb + Infinitiv / + personne …
(konjugiert) **participe passé**

- ***Ne … personne*** umschließt **alle Verbformen**:
das **konjugierte Verb und** das ***participe passé,*** bzw. **den Infinitiv**.

- Ein Satz kann mit der Verneinung ***Personne ne …* anfangen**:
Personne ne *m'a téléphoné.* **Niemand** hat mich angerufen.
Ebenso: ***Rien ne*** *m'intéresse.* **Nichts** interessiert mich.

- Aber: Elle n'a **vu personne**.

  Elle n'a **rien vu**.

G 81 Die Verneinung des Teilungsartikels: *ne … pas de / ne … plus de*

Den deutschen Wörtern
kein / keine und **kein / keine mehr**
entsprechen im Französischen
die Ausdrücke
ne … pas de und ***ne … plus de***.

– On a **des** pommes?	– Non, on	**n'**		**a**	**pas de**	pomme**s**.	keine Äpfel
– Il y a **de la** glace?	– Il	**n'**	**y**	**a**	**pas de**	glace.	kein Eis
– Il y a encore **du** lait?	– Non, il	**n'**	**y**	**a**	**plus de**	lait.	keine Milch mehr
– Et **de l'**eau?	– On	**n'**	**en**	**a**	**plus.**		keins mehr
– Comment?	– On	**n'**		**a**	**plus d'**	eau.	kein Wasser mehr
– Il y a **des** pizzas?	– Non, il	**n'**	**y**	**a**	**plus de**	pizza**s**.	keine Pizzas mehr

Zusammengesetzte Zeiten:

– On	**n'**	**a**	**pas**	**acheté**	**de** pizzas.
– On	**ne**	**va**	**pas**	**acheter**	**de** pizzas.

– Maintenant il est trop tard pour faire les courses!

- ***Ne … pas de / ne … plus de*** sind Mengenangaben und bezeichnen die Menge **„null"**: nichts (mehr).
  Nach ***ne … pas de / ne … plus de*** steht **kein Artikel** vor dem folgenden Nomen:
  pas de *baguette.*

- Vor Vokal und stummem *h* wird ***de*** zu ***d'***: *plus **d'**eau, plus **d'h**uile.*

*Zum Gebrauch des Teilungsartikels → **G 14***

F/D Beachte die unterschiedliche Satzstellung:

On **n'** a **plus de** lait. Die Verneinung umschließt **das Verb**.

Wir haben **keine** Milch **mehr**. Die Verneinung umschließt **das Nomen**.

Pour en savoir plus

- Nach ***être*** steht im verneinten Satz **derselbe Begleiter** wie im bejahten Satz:
  – C'est **un** CD? – Non, ce **n'est pas un** CD. C'est un DVD.

- Nach ***aimer, adorer, détester*** steht auch im verneinten Satz immer **der bestimmte Artikel**.
  – Tu aimes les tomates? – Non, je **n'aime pas les** tomates.

G 82 Die Verneinung *ne … ni … ni*

Mathis	**n'**	est	**ni**	grand,	**ni**	sportif.
Pauline	**n'**	est	**ni**	grande,	**ni**	sportive.
Elle	**n'**	aime	**ni**	**le basket**,	**ni**	**la natation**.

ne + Verb + ni + Nomen / Adjektiv + ni + Nomen / Adjektiv

- ***Ne … ni … ni …*** (weder … noch) dient zur Verneinung von **zwei Nomen** oder **zwei Adjektiven**.
- ***Ne …*** steht vor dem Verb, ***ni … ni …*** vor den beiden Nomen/Adjektiven, die verneint werden.

G 83 Die Verneinungswörter auf einen Blick

Übersicht

ne … pas	nicht	**ne … pas du tout**	überhaupt nicht
ne … rien	nichts	**ne … pas non plus**	auch nicht
ne … plus	nicht mehr	**ne … pas encore**	noch nicht
ne … jamais	nie / niemals	**ne … toujours pas**	immer noch nicht
ne … personne	niemand	**ne … même pas**	nicht einmal
ne … que	nur	**ne … ni … ni**	weder … noch
Rien ne …	Nichts …	**ne … pas de**	kein / keine
Personne ne …	Niemand …	**ne … plus de**	kein / keine mehr

7 Der Satz

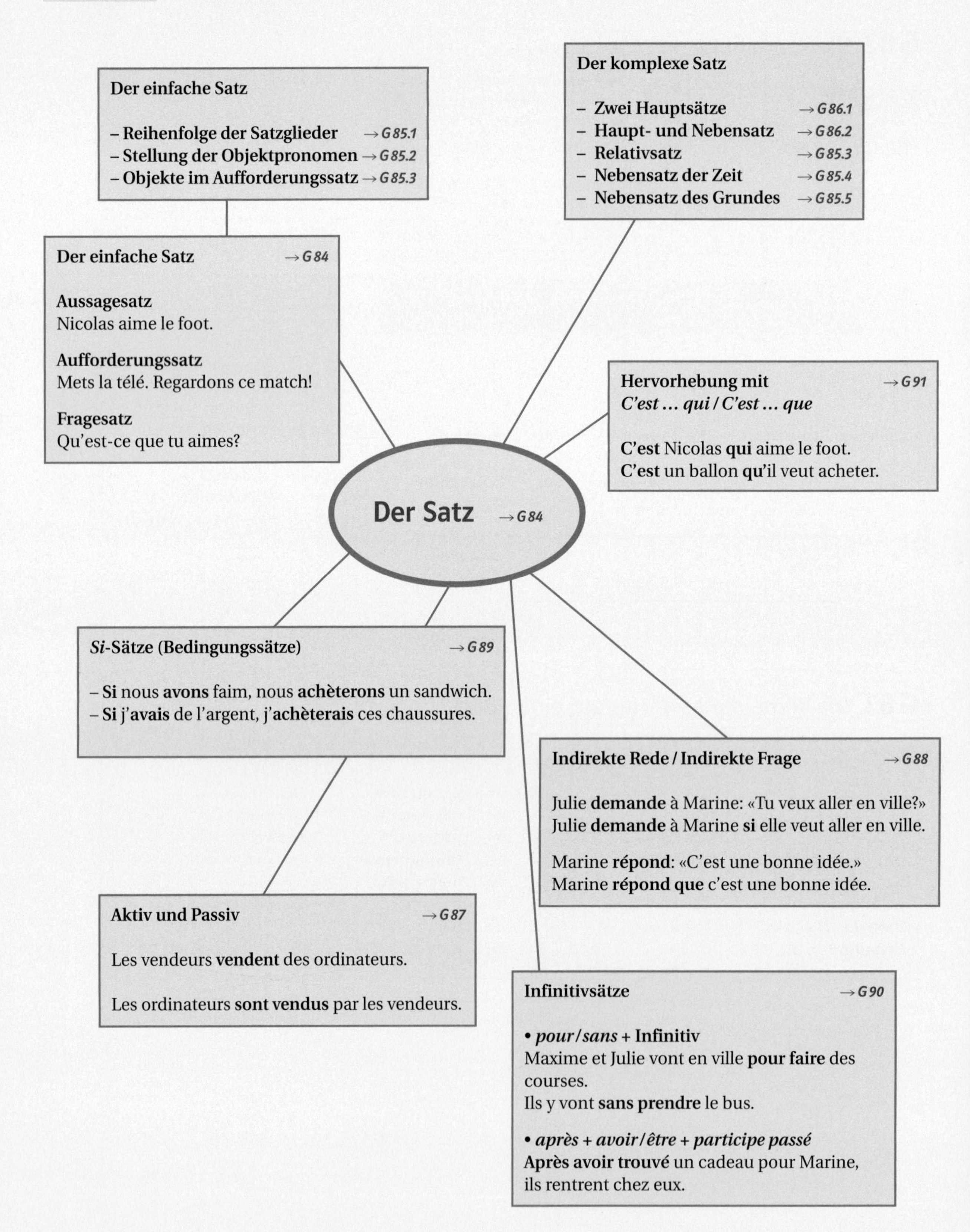

Der einfache Satz
– Reihenfolge der Satzglieder → G 85.1
– Stellung der Objektpronomen → G 85.2
– Objekte im Aufforderungssatz → G 85.3
Der komplexe Satz
– Zwei Hauptsätze → G 86.1
– Haupt- und Nebensatz → G 86.2
– Relativsatz → G 85.3
– Nebensatz der Zeit → G 85.4
– Nebensatz des Grundes → G 85.5
Der einfache Satz → G 84
Aussagesatz
Nicolas aime le foot.
Aufforderungssatz
Mets la télé. Regardons ce match!
Fragesatz
Qu'est-ce que tu aimes?
Hervorhebung mit → G 91
C'est ... qui / C'est ... que
C'est Nicolas qui aime le foot.
C'est un ballon qu'il veut acheter.
Der Satz → G 84
Si-Sätze (Bedingungssätze) → G 89
– Si nous avons faim, nous achèterons un sandwich.
– Si j'avais de l'argent, j'achèterais ces chaussures.
Indirekte Rede / Indirekte Frage → G 88
Julie demande à Marine: «Tu veux aller en ville?»
Julie demande à Marine si elle veut aller en ville.
Marine répond: «C'est une bonne idée.»
Marine répond que c'est une bonne idée.
Aktiv und Passiv → G 87
Les vendeurs vendent des ordinateurs.
Les ordinateurs sont vendus par les vendeurs.
Infinitivsätze → G 90
• pour / sans + Infinitiv
Maxime et Julie vont en ville pour faire des courses.
Ils y vont sans prendre le bus.
• après + avoir / être + participe passé
Après avoir trouvé un cadeau pour Marine, ils rentrent chez eux.

G 84 Der Satz

In einem Satz kannst du einen Sachverhalt ausdrücken oder Zusammenhänge beschreiben.
Ein Satz besteht mindestens aus einem Wort: ***Viens. / Tu viens? / Oui, je viens.***
Das Verb ist das Zentrum eines Satzes: *Maxime* ***vient*** *avec son chien.*
Es gibt aber auch Sätze ohne Verb: ***Bonjour! Pourquoi?***

1. Die Satzarten

der **Aussagesatz** → **Je vais** au cinéma.
der **Fragesatz** → **Est-ce que** tu peux venir**?**
der **Aufforderungssatz** → **Viens** avec nous.

2. Die Satzmelodie

a) im Aussagesatz

Am Ende eines Aussagesatzes **fällt deine Stimme ab.**

Maxime joue au foot.

b) im Fragesatz

Am Ende eines Fragesatzes **hebst du deine Stimme**.

Est-ce que Maxime joue au foot? Maxime joue au foot?

c) im Aufforderungssatz

Im Aufforderungssatz wird der **Imperativ** besonders **betont**.

Maintenant, **jouons** au foot!

Zu den Fragen → ***G 92–100***
Zum Imperativ → ***G 71–72***

G 85 Der einfache Satz

1. Die Reihenfolge der Satzglieder

adverbiale Bestimmung Wo? Wann? Wie?	Subjekt Wer?	Verb	direktes Objekt Wen?	indirektes Objekt Wem?	adverbiale Bestimmung Wo? Wann? Wie?
Cette année,	Marine	apprend	l'allemand		**au** collège.
Samedi,	elle	a téléphoné		**à** Nicolas.	
	Elle	a expliqué	un exercice	**à** Julie.	
	Elle	adore aller			**à** la mer.
	Elle	**n'**aime **pas**	la mer		**en** hiver.

- **Adverbiale Bestimmungen** der Zeit, des Ortes, der Umstände … können sowohl **am Satzende** als auch **am Satzanfang** stehen (vor allem, wenn sie kurz sind).
- Die **Verneinung umschließt** in der Regel das **konjugierte Verb.**
  Marine **n'a pas téléphoné** à Julie.

Pour en savoir plus

Adverbien stehen **nach dem Verb**, auf das sie sich beziehen.
Marine **téléphone souvent** à Julie.

Marine **ne téléphone pas souvent** à Julie.

*Zu den Adverbien → **G 110***

2. Die Stellung der Objektpronomen

- **Bejahter Satz**

Maxime **achète la pizza.**
Maxime **l'** **achète.**

Maxime **achète** un CD **à Marine.**
Maxime **lui** **achète** un CD.

- **Verneinter Satz**

Maxime **ne l'** **achète pas.**

Maxime **ne lui achète pas** de CD.

Objektpronomen + konjugiertes Verb

ne + Objektpronomen + konjugiertes Verb + pas

- Das **direkte / indirekte Objektpronomen** steht **vor** dem **konjugierten** Verb.
- Die **Verneinung** umschließt das **Objektpronomen** und das **konjugierte Verb.**

*Zur Stellung der Objektpronomen in allen Zeiten → **G 25***

3. Die Objekte im Aufforderungssatz

Verb	direktes Objekt	indirektes Objekt
Montre	ta photo	à Maxime.
Montre	**-la**	à Maxime.
Montre	**-la**	**-lui.**

- Bei Aufforderungen verwendest du **den Imperativ**: *Regarde. Regardons. Regardez.*
- Das **direkte Objekt** steht wie beim Aussagesatz **vor** dem **indirekten Objekt**.
- Wenn das Objekt ein **Pronomen** ist, wird das Pronomen durch einen **Bindestrich** an das **vorangehende** Wort angebunden.

Zum Imperativ → ***G 26, G 71–72***
Zur Stellung der Satzglieder in der Verneinung → ***G 79***
Zur Stellung der Satzglieder in einer Frage → ***G 95–96***

G 86 Der komplexe Satz

Wenn ein einfacher Satz durch einen anderen Satz **erweitert wird**, spricht man von einem **komplexen** Satz.

1. Aneinanderreihung von Hauptsätzen

Zwei Hauptsätze werden durch eine **Konjunktion** verbunden.

On est samedi	**et**	il est huit heures du matin.	und
Maxime voudrait encore dormir,	**mais**	il doit se lever.	aber
Il a un match de foot à neuf heures,	**c'est pourquoi**	il doit se dépêcher.	deshalb
Il ne veut pas arriver en retard,	**car**	c'est un match important.	denn
Ils vont gagner	**ou**	ils vont perdre …	oder
Il aimerait gagner,	**donc**	il jouera bien.	also

Hauptsatz + Konjunktion + Hauptsatz

2. Haupt- und Nebensatz

- **Der Nebensatz** wird durch eine **Konjunktion eingeleitet**:

– Je me demande	**si** on va gagner le match. … ob …
– Je pense	**que** nous allons gagner aujourd'hui. … dass …
– Je ne sais pas	**pourquoi** je suis si nerveux. … warum …

- **Der Nebensatz im Subjonctif:**

– Je voudrais	**que** nous **fassions** un beau match. … dass …
– Je vais bien jouer	**pour que** notre équipe **reçoive** une médaille. … damit …

Hauptsatz + Konjunktion + Nebensatz

- Im Französischen bleibt die Reihenfolge **Subjekt + Verb + Objekt + Ergänzung** auch **im Nebensatz** erhalten:

Subjekt + Verb + Objekt + Ergänzung

D/F

Vergleiche

Maxime pense **que** son équipe **va gagner le match.**

Maxime denkt, **dass** sein Team **das Spiel gewinnen wird.**

*Zum Subjonctif (Bildung und Gebrauch) → **G 69–70***

3. Relativsatz

- **Der Nebensatz** kann durch ein **Relativpronomen eingeleitet werden**:

Le basket, c'est un sport Basketball ist ein Sport,	**qui** plaît à Julie. der …
	que Julie aime beaucoup. den …
	dont Julie parle souvent. über den …
J'habite dans un quartier Ich wohne in einem Viertel,	**où** beaucoup de jeunes font du basket. in dem / wo …

Hauptsatz + Relativpronomen + Nebensatz

*Zu den Relativpronomen (Bildung und Gebrauch) → **G 29***

4. Nebensatz der Zeit

Pendant que Während …	Nicolas fait du surf,	Marine nage.
Quand / Lorsque Wenn / Immer wenn …	Marine fait de la danse,	elle se sent bien.
Quand / Lorsque Als …	Nicolas avait 12 ans,	il faisait de la natation.

Konjunktion	+	Nebensatz	+	Hauptsatz

Nicolas fait du surf	**pendant que** … während …	Marine nage.
Marine se sent bien	**quand / lorsqu'** … wenn …	elle fait de la danse.
Nicolas faisait de la natation	**quand / lorsqu'** … als …	il avait 12 ans.

Hauptsatz	+	Konjunktion	+	Nebensatz

- Die Konjuktionen ***pendant que, quand, lorsque*** drücken die **Gleichzeitigkeit** zweier Handlungen aus. Der Nebensatz mit Konjunktion kann **am Anfang** oder **am Ende des Satzgefüges** stehen.
- ***Quand*** und ***lorsque*** haben die gleiche Bedeutung. *Lorsque* wird eher in der schriftlichen / gehobenen Sprache benutzt.

5. Nebensatz des Grundes

Julie adore l'été	**parce qu'** … weil …	elle peut faire du surf.
	parce que … weil …	la mer est chaude.

Hauptsatz	+	Konjunktion	+	Nebensatz

Comme Da …	il ne fait pas beau,	les jeunes font du sport au gymnase.

Konjunktion	+	Nebensatz	+	Hauptsatz

- ***Comme*** + **Nebensatz** steht immer am **Anfang des Satzes**.
- ***Parce que/qu'*** steht nicht am Satzanfang.

G 87 Aktiv- und Passivsätze

1. Der Gebrauch

- **Aktiv**
Julie installe son ordinateur.

- **Passiv**
L'ordinateur **est installé** par Julie.

- **Das Subjekt des Aktivsatzes** *(Julie)* wird im Passivsatz durch ***par*** eingeleitet: ***par Julie***.
- **Das Objekt des Aktivsatzes** *(l'ordinateur)* wird im Passivsatz **zum Subjekt**.

- **Vergleiche: 1. Aktiv – 2. Passiv**

1. Julie	**installe**	**son ordinateur.**	**Aktiv:**	**1. Julie**	**installe**	**la souris*.**
2. L'ordinateur	**est installé**	**par Julie.**	**Passiv:**	**2. La souris**	**est installée**	**par Julie.**

F/D Im Französischen verwendest du das Passiv wesentlich seltener als im Deutschen.
Sätze, die im Deutschen im Passiv stehen, werden im Französischen oft im Aktiv ausgedrückt:
On ferme le magasin à 18 heures. Der Laden **wird** um 18 Uhr **geschlossen**.

2. Die Bildung

- **Passiv im Präsens**

je	**suis**	**attendu(e)**
tu	**es**	**accompagné(e)**
il / elle	**est**	**présenté(e)**
on	**est**	**présenté(e) s**
nous	**sommes**	**invité(e) s**
vous	**êtes**	**installé(e) s**
ils / elles	**sont**	**vendu(e) s**

être (Präsens) + **participe passé** (veränderlich)

- **Passiv im *passé composé***

j'	**ai été**	**attendu(e)**
tu	**as été**	**accompagné(e)**
il / elle	**a été**	**présenté(e)**
on	**a été**	**présenté(e) s**
nous	**avons été**	**invité(e) s**
vous	**avez été**	**installé(e) s**
ils / elles	**ont été**	**vendu(e) s**

être (passé composé) + **participe passé** (veränderlich)

- Das Passiv setzt sich aus einer konjugierten Form von ***être*** und dem ***participe passé*** **des Verbs** zusammen.
- Das *participe passé* ist **veränderlich**: Es wird wie beim *passé composé* mit *être* an das **Subjekt angeglichen**. Elle **est attendue**. (Sie wird erwartet.)

Beachte bei ***on***: On est attendus. On est attendues.
(Es gilt aber nicht als Fehler, wenn man das *participe passé* nach *on* nicht angleicht.)

* **la souris** – die Maus (*hier:* Computermaus)

D/F **Im Deutschen** wird das Passiv mit **„werden“** (Vorgang) oder mit **„sein“** (Zustand) ausgedrückt, während es **im Französischen** nur die Form mit ***être*** gibt.

L'ordinateur **est installé**. → Der Computer **wird installiert**.
→ Der Computer **ist installiert**.

G 88 Die indirekte Rede / Die indirekte Frage

Mit der indirekten Rede kannst du **Äußerungen anderer Personen** wiedergeben.

1. Die indirekte Rede: einleitender Satz im Präsens

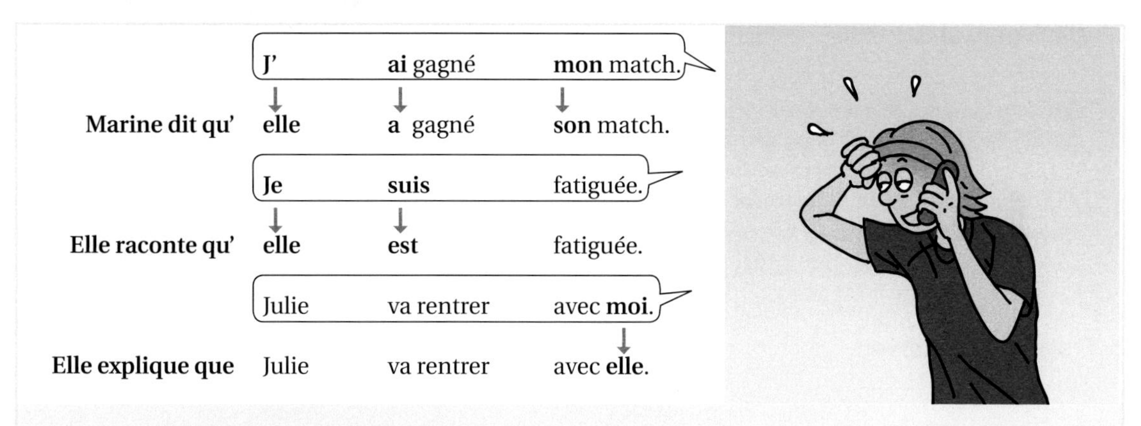

- Wenn du eine **Äußerung** in der indirekten Rede wiedergibst, verwendest du einen **einleitenden Satz** mit: *dire **que**, raconter **que**, expliquer **que** …*
- Vor einem Vokal wird ***que*** zu ***qu'***.
- Vor ***que*** steht im Französischen **kein Komma**.
- Die Reihenfolge der Satzglieder bleibt erhalten.
- **Personalpronomen**, **Verben** und **Begleiter** werden an die veränderte Situation angepasst:

  J'ai gagné **mon** match.
  ↓ ↓ ↓
  Elle dit qu'elle a gagné **son** match.

Übersicht

Folgende Verben können die **indirekte Rede einleiten**:	
dire que	sagen, dass
raconter que	erzählen, dass
expliquer que	erklären, dass
répondre que	antworten, dass
penser que	denken, dass
trouver que	finden, dass
croire que	glauben, dass

2. Die indirekte Frage – einleitender Satz im Präsens

Mit der **indirekten Frage** kannst du **Fragen anderer Personen** wiedergeben.

a Entscheidungsfrage mit / ohne *est-ce que*

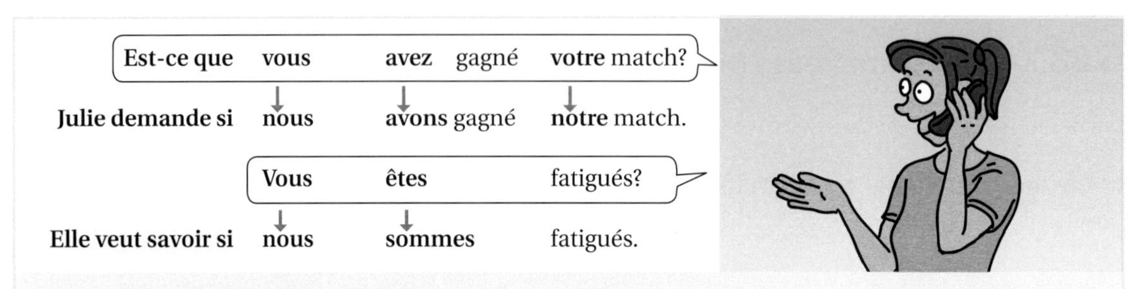

	Est-ce que vous	**avez** gagné	**votre** match?
Julie demande si	**nous**	**avons** gagné	**notre** match.
	Vous	**êtes**	fatigués?
Elle veut savoir si	**nous**	**sommes**	fatigués.

- Gibst du eine **Frage** wieder, verwendest du einen **einleitenden Satz** mit: *demander **si**, vouloir savoir **si**.* Vor ***si*** steht im Französischen **kein Komma.**
- Vor ***il*** wird ***si*** zu ***s'***: *Maxime demande **s'il** peut venir.*
- Wie bei der indirekten Rede werden **Personalpronomen**, **Verben** und **Begleiter** an die Situation **angeglichen.** Est-ce que **tu as** gagné **ton** match?
  Julie demande si **j'ai** gagné **mon** match.

b Frage mit Fragewort

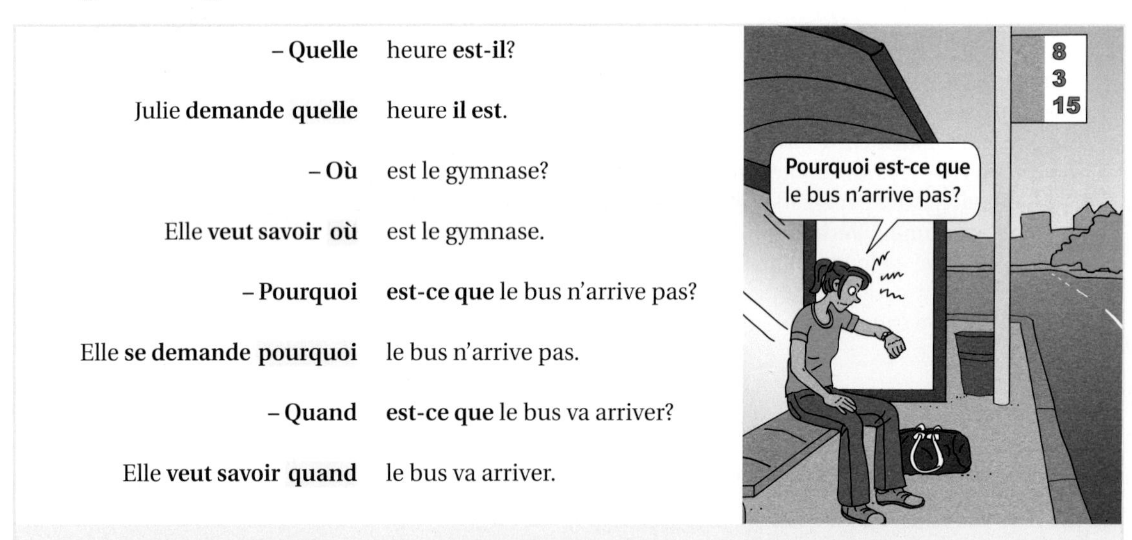

– **Quelle**	heure **est-il**?
Julie **demande quelle**	heure **il est**.
– **Où**	est le gymnase?
Elle **veut savoir où**	est le gymnase.
– **Pourquoi**	**est-ce que** le bus n'arrive pas?
Elle **se demande pourquoi**	le bus n'arrive pas.
– **Quand**	**est-ce que** le bus va arriver?
Elle **veut savoir quand**	le bus va arriver.

- In der **indirekten Frage** steht nach dem einleitenden Verb **das gleiche Fragewort** wie in der direkten Frage. ***Est-ce que*** **entfällt.**

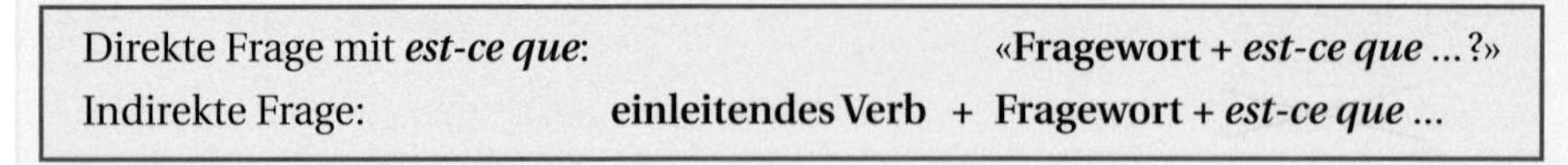

Direkte Frage mit *est-ce que*:		«**Fragewort** + ***est-ce que*** ...?»
Indirekte Frage:	**einleitendes Verb** +	**Fragewort** + ~~***est-ce que***~~ ...

Zu den Fragewörtern → ***G 92***

3. Die indirekte Rede / Frage – Einleitender Satz in der Vergangenheit

Der einleitende Satz steht im *passé composé*: Il / Elle a dit que … – Il / Elle a demandé si …

- **Zeitverschiebung** zwischen der **direkten Rede / Frage** und der **indirekten Rede / Frage**.

• Einleitender Satz im *passé composé*	• **Zeitverschiebung in der indirekten Rede / Frage bei folgenden Zeiten:**	
Il a dit: **Il a dit**	«Je **téléphone** à ma copine.» **qu'il téléphonait** à sa copine.	• présent ↓ **imparfait**
Il a demandé: **Il a demandé**	«Est-ce que je **peux** téléphoner?» **s'il pouvait** téléphoner.	
Il a dit: **Il a dit**	«J'**ai téléphoné** à ma copine.» **qu' il avait téléphoné** à sa copine.	• passé composé ↓ **plus-que-parfait**
Il a demandé: **Il a demandé**	«Est-ce que tu **as téléphoné?**» **si j' avais téléphoné**.	
Il a dit: **Il a dit**	«Je **téléphonerai** à ma copine.» **qu' il téléphonerait** à sa copine.	• futur simple ↓ **conditionnel**
Il a demandé: **Il a demandé**	«Est-ce que tu me **téléphoneras?**» **si** je lui **téléphonerais**.	
	• **Keine Zeitverschiebung bei folgenden Zeiten:**	
Il a dit: **Il a dit**	«J'**aimerais** téléphoner.» **qu'il aimerait** téléphoner.	conditionnel ↓ **conditionnel** | imparfait ↓ **imparfait** | plus-que-parfait ↓ **plus-que-parfait**

- Steht der **einleitende Satz** im ***passé composé***, dann **verschieben sich die Zeiten** in der indirekten Rede / Frage wie folgt:

• Direkte Rede / Frage:	présent	passé composé	futur simple
• Indirekte Rede / Frage:	↓ **imparfait**	↓ **plus-que-parfait**	↓ **conditionnel**

- Folgende **Zeiten** bleiben in der direkten und indirekten Rede / Frage **gleich**:
  imparfait **plus-que-parfait** **conditionnel**

- **Personalpronomen**, **Verben** und **Begleiter** werden an die Situation **angeglichen**.

Pour en savoir plus

Elle a dit: «Je viendrai **demain**.» Elle a dit qu'elle viendrait **le lendemain**.
… morgen … … am Tag darauf …

Übersicht

Zeitenfolge in der direkten und indirekten Rede / Frage			
• Einleitender Satz:	**• direkte Rede / Frage:**	→	**• indirekte Rede / Frage:**
Présent: **Il dit** (que) **Il demande** (si)	**Alle Zeiten bleiben gleich**		
Passé composé: **Il a dit** (que) **Il a demandé** (si)	**Zeitverschiebung**		
	présent	→	imparfait
	passé composé	→	plus-que-parfait
	futur simple	→	conditionnel
	Zeiten bleiben gleich		
	imparfait	→	imparfait
	plus-que-parfait	→	plus-que-parfait
	conditionel	→	conditionnel

G 89 *Si*-Sätze – Bedingungssätze

Wenn du ausdrücken möchtest, dass etwas unter einer Bedingung geschieht, verwendest du einen Nebensatz, der mit ***si*** eingeleitet wird (falls / wenn).
Die **Zeitenfolge** macht deutlich, ob es sich um eine **erfüllbare** oder eine **nicht erfüllbare** Bedingung handelt.

1. Der reale Bedingungssatz – erfüllbare Bedingung

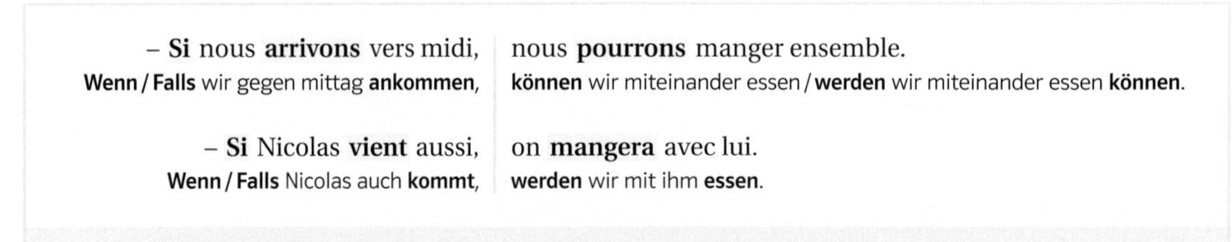

– **Si** nous **arrivons** vers midi, **Wenn / Falls** wir gegen mittag **ankommen**,	nous **pourrons** manger ensemble. **können** wir miteinander essen / **werden** wir miteinander essen **können**.
– **Si** Nicolas **vient** aussi, **Wenn / Falls** Nicolas auch **kommt**,	on **mangera** avec lui. **werden** wir mit ihm **essen**.

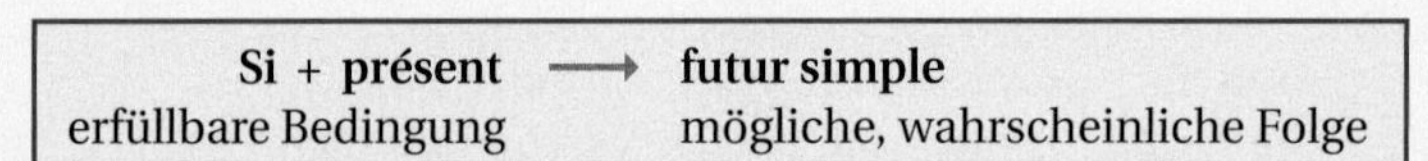

Si + **présent** erfüllbare Bedingung	⟶	**futur simple** mögliche, wahrscheinliche Folge

- Wenn sich die Bedingung tatsächlich **erfüllen lässt**, spricht man von einem **realen Bedingungssatz.**
- Im ***si*-Satz** steht das ***présent.*** Im **Hauptsatz** steht das ***futur simple.***
- Vor ***il*** wird ***si*** zu ***s'***: ***S'il*** vient, ...

! ***S'il*** *vient ...*
Si elle *vient ...*

- Die Reihenfolge von Haupt- und Nebensatz kann vertauscht werden:
  – **Si** tous les copains **viennent** ce soir, on **fera** une photo du groupe.
  – On **fera** une photo du groupe **si** tous les copains **viennent** ce soir.

Pour en savoir plus

Wenn die Folge **sofort** verwirklicht wird, können im **Hauptsatz** auch das ***présent*** oder der ***Imperativ*** anstelle des *futur simple* stehen.

Si tu **veux**, nous **pouvons** sortir tout de suite.
Si tu **es** malade, **rentre** chez toi.

! ***Si*** wird auch in der **indirekten Frage** verwendet und bedeutet *ob*. **Unterscheide:**

• **Si-Satz (Bedingung)**		• **Indirekte Frage**	
Maxime sera content,	**si** Julie **vient**.	Julie se demande	**si** Maxime **viendra**.
	wenn / falls + Bedingung		**ob + indirekte Frage**

Merke: Im Gegensatz zur indirekten Frage steht bei Bedingungssätzen im *si*-Satz **nie** Futur.
Zur indirekten Frage → ***G 88.2***

2. Der irreale Bedingungssatz – nicht erfüllbare Bedingung

– **Si** j'**avais** beaucoup d'argent, **Wenn / Falls** ich viel Geld **hätte**,	je **ferais** un grand voyage. (Mais je n'ai pas beaucoup d'argent.) **würde** ich eine große Reise **machen**.
– **Si** mes parents me **donnaient** de l'argent, **Wenn** meine Eltern mir Geld geben würden,	j'**achèterais** un billet d'avion. **würde** ich ein Flugticket **kaufen**.
– **Si** nous **gagnions** au Loto, **Wenn / Falls** wir im Lotto **gewinnen würden**,	nous **irions** à Saint-Tropez. **würden** wir nach Saint-Tropez **fahren** …

Si + imparfait	→	**conditionnel**
nicht erfüllbare / nicht erfüllte Bedingung		unwahrscheinliche, unmögliche Folge

- Der **irreale Bedingungssatz** wird verwendet, wenn die **Erfüllung der Bedingung** fraglich oder unwahrscheinlich bzw. nicht möglich ist.
  Si j'avais beaucoup d'argent … (Mais je n'ai pas beaucoup d'argent. ☹)

- Im ***si*-Satz** steht das ***imparfait***. Im **Hauptsatz** steht das ***conditionnel***.
- Vor ***il*** wird ***si*** zu ***s'***: ***S'il vient …***

- Die Reihenfolge von Haupt- und Nebensatz kann vertauscht werden:
  – **Si** j'**avais** beaucoup d'argent, j'**achèterais** cette robe.
  – J'**achèterais** cette robe **si** j'**avais** beaucoup d'argent.

Unterscheide ***quand*** → wenn (Jedes Mal, wenn/Als)
und ***si*** → wenn (Falls)
Quand je suis en vacances, j'écris des lettres. (Jedes Mal, wenn)
Quand j'étais en vacances, j'ai visité Paris. (Als)
Si je pars en vacances, je t'écrirai une lettre. (Falls)

Si übersetzt du mit **falls**, ***quand*** mit **jedes Mal, wenn** oder **als**.

G 90 Infinitivsätze

1. *Pour / Sans* + Infinitiv

Nicolas va à Berlin	**pour apprendre** l'allemand. … **um** Deutsch **zu lernen**.
Le soir, il sort en disco	**pour ne pas être** seul. … **um nicht** allein **zu sein**.
Nicolas est allé à Berlin	**sans connaître** l'allemand. … **ohne** Deutsch **zu können**.

Hauptsatz + pour (ne pas) + Infinitiv
sans

- **Nach** ***pour / sans*** steht **das Verb im Infinitiv**.

F/D

Vergleiche die **Stellung des Verbs**.
Nicolas est en Allemagne **pour parler** l'allemand.

Nicolas ist in Deutschland, **um** Deutsch **zu sprechen**.

2. *Après* + Infinitiv der Vergangenheit

Den Infinitiv der Vergangenheit bildet man wie folgt: ***avoir / être*** + ***participe passé***.

Marine achète un jean	**après avoir essayé** au moins 30 autres jeans! … **nachdem** sie mindestens 30 andere Jeans **anprobiert hat**.
Marine choisit un jean	**après être allée** dans cinq magasins différents. … **nachdem** sie in fünf verschiedenen Läden **gewesen ist**.

Hauptsatz + après + avoir / être + participe passé

- Bei diesem Satzbau gibt es **ein Subjekt** *(Marine)* **für zwei Verben** *(acheter / essayer – choisir / aller)*.
- ***Après être*** verwendet man bei den Verben der **Bewegung** und bei den **Reflexivverben**.
  *Après **être allée** / Après **s'être levée** … Marine …*
- Bei ***après être*** ist das ***participe passé*** **veränderlich** und richtet sich nach dem **Subjekt**.

G 91 Die Hervorhebung mit *C'est ... qui/C'est ... que*

Um einen Satzteil im Französischen besonders hervorzuheben, verwendest du *c'est ... qui* und *c'est ... que*.

J'aime le ski et le skateboard, mais **c'est le snowboard que** je préfère.

1. Die Hervorhebung des Subjekts mit *c'est ... qui*

– Qu'est-ce qui se passe?	– Ce n'est pas grave.	
	C'est mon snowboard qui est tombé.	Mein Snowboard ist umgefallen.
	Ce sont les skis de Julie qui sont tombés.	Julie's Skier sind umgefallen.

C'est ... qui
Ce sont ... qui } **qui ist Subjekt des Satzes.**

- ***C'est ... qui*** hebt das **Subjekt** eines Satzes hervor.
- Steht das Subjekt im Plural, verwendest du ***ce sont ... qui.***
- **Nach *c'est ... qui/ce sont ... qui*** folgt das **Verb**.
- *Qui* wird **nie** zu *qu'* verkürzt.

2. Die Hervorhebung des Objekts mit *c'est ... que*

Anne: Quels sports est-ce que vous préférez en hiver?

Maxime: **C'est le snowboard que** je préfère.
Snowboard mag ich am liebsten.

Julie: Moi, **ce sont le ski et la natation que** je préfère.
Skifahren und Schwimmen mag ich am liebsten.

- ***C'est ... que*** hebt das **Objekt** eines Satzes hervor.
- Steht das Objekt im Plural, verwendest du *ce sont ... que.*
- Vor Vokal oder stummem *h*, wird ***que*** zu ***qu'***.
  C'est le ski **qu'elle** préfère.

C'est ... que
Ce sont ... que } **que ist Objekt des Satzes.**

Pour en savoir plus

Orts- und **Zeitangaben** werden ebenfalls mit ***c'est ... que/ce sont ... que*** hervorgehoben.

– Tu pars en vacances en août?	– Non, **c'est en juillet que** j'ai pris mes vacances.	(Zeitangabe)
– Vous allez visiter une région?	– Oui, **c'est la Bretagne que** nous allons visiter.	(Ortsangabe)

8 Der Fragesatz

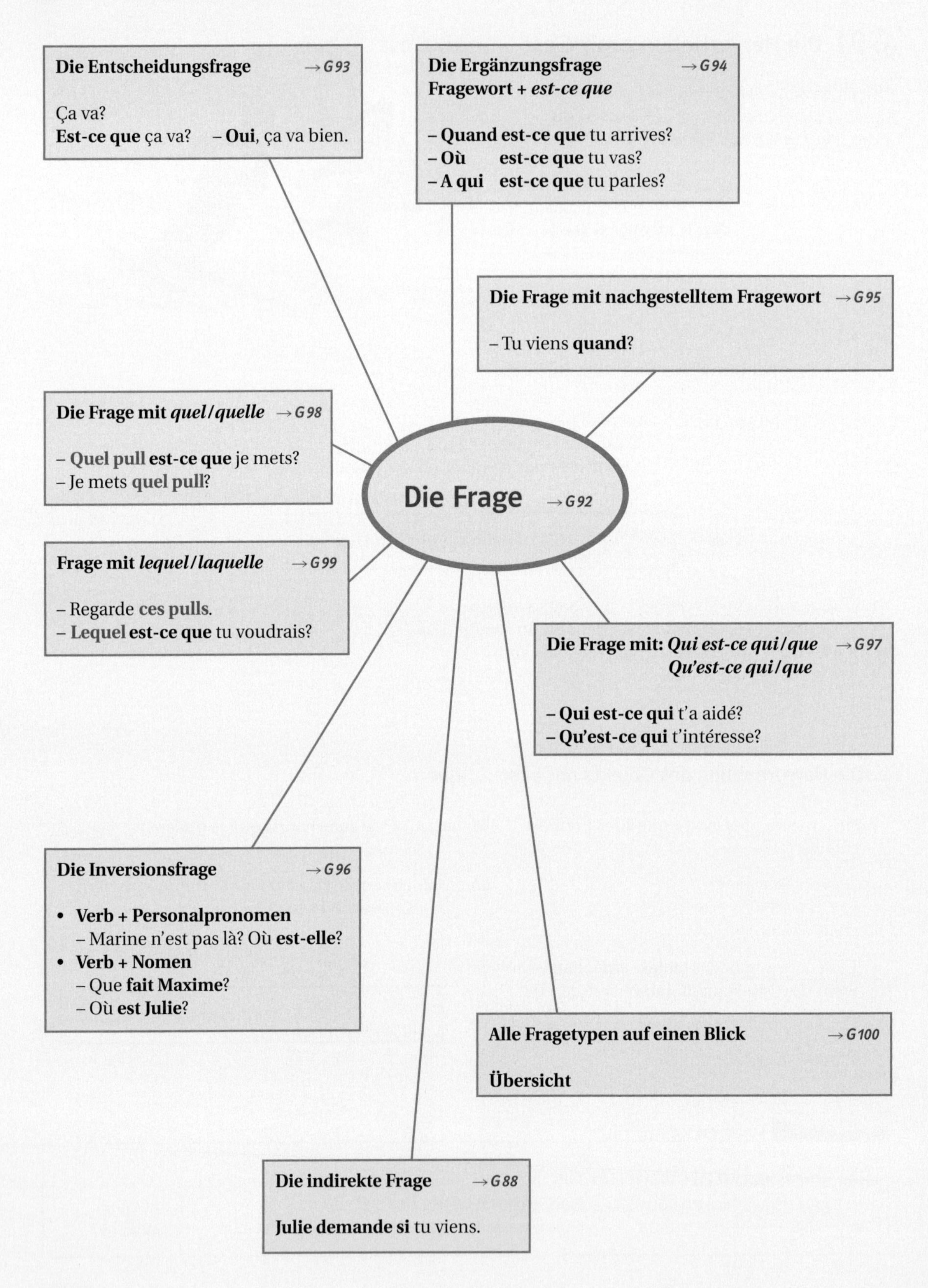

G 92 Die Frage

Im Französischen hast du mehrere Möglichkeiten, eine Frage zu stellen:

1. Die Entscheidungsfrage: Frage **ohne Fragewort**

- Du kannst die **Entscheidungsfrage** bilden, indem du den **Aussagesatz** verwendest und am Ende des Satzes die **Stimme hebst**. Man nennt diese Frage auch **Intonationsfrage**.

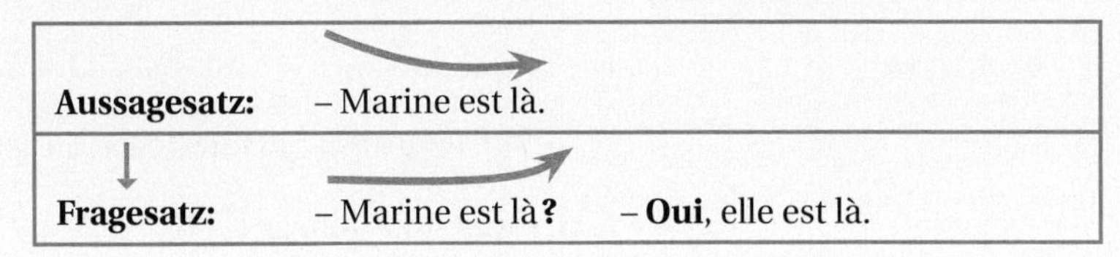

Aussagesatz:	– Marine est là.	
Fragesatz:	– Marine est là **?**	– **Oui**, elle est là.

- Du kannst die **Entscheidungsfrage** auch **mit *est-ce que*** bilden.

– **Est-ce que** Marine est là**?**	– **Oui**, elle est là.

Bei der Antwort auf eine Entscheidungsfrage muss man sich zwischen ***oui*** und ***non*** entscheiden.

2. Die Ergänzungsfrage: Frage **mit Fragewort**

- **ohne *est-ce que*:**

– **Qui** est-ce?	– C'est **une copine**.
– Elle habite **où** ?	– Elle habite **à Paris**.

- **mit *est-ce que*:**

– **Qu'est-ce que** c'est?	– C'est **mon billet de train**.
– **Quand est-ce que** tu vas arriver?	– Je vais arriver **à trois heures**.
– **Qui est-ce que** tu vas voir?	– Je vais voir **des amis**.

Die Ergänzungsfrage kann nicht mit *oui* oder *non* beantwortet werden, sondern muss eine **ergänzende Information** enthalten.

Hier sind die **Fragewörter** auf einen Blick.

Übersicht

Comment ...?	Wie ...?	**Qui ...?**	Wer ...?
Où ...?	Wo ...?	**Que ...?**	Was ...?
D'où ...?	Woher ...?	**A quelle heure ...?**	Um wie viel Uhr ...?
Pourquoi ...?	Warum ...?	**Combien ...?**	Wie viel ...?
Quand ...?	Wann ...?		

G 93 Die Entscheidungsfrage

Die **Entscheidungsfrage** wird mit ***oui*** oder ***non*** beantwortet.

1. Die Frage ohne *est-ce que*	2. Die Frage mit *est-ce que*
Salut, Maxime.	
– **Ça va?** – **Oui**, ça va.	– **Est-ce que** tu aimes le basket**?** – **Oui**, bien sûr!
– **On va au ciné?** – Oh, **non**!	– **Est-ce que** Julie aime le ski**?** – **Non**.
Subjekt + Verb + Objekt / Ergänzung	**Est-ce que + Subjekt + Verb + Objekt / Ergänzung**

1. Die Frage ohne *est-ce que*

- Die **Entscheidungsfrage** ohne ***est-ce que*** wird **genauso** wie der **Aussagesatz** gebildet. Du erkennst ihn an der Satzmelodie und am **Fragezeichen** am Ende des Satzes.

  *Ça va**?** / Ça va.*

- Diese Frageform gehört vor allem der **gesprochenen Sprache** an.

2. Die Frage mit *est-ce que*

- Du kannst eine Aussage ganz leicht in eine Frage verwandeln, indem du die Frageformel ***Est ce que …?*** vor den Aussagesatz stellst. ***Est ce que …?*** wirkt wie ein hörbares Fragezeichen. ***Est ce que** ça va?*
- Die Reihenfolge der Wörter nach ***est-ce que*** ist wie im Aussagesatz.
- Vor **Vokal** und stummem ***h*** wird ***est-ce que*** zu ***est-ce qu'***.

Pour en savoir plus

- Bei der **Entscheidungsfrage** lautet die Antwort: ***oui*** oder ***non***. Ist die **Frage verneint**, antwortest du mit ***si*** (doch) statt mit ***oui***.

– **Tu ne veux rien faire?**
– **Si**, allons chez Julie.

– **Est-ce qu'**elle **n'**aime **pas** le sport**?**
– **Si**, elle aime la danse.

G 94 Die Ergänzungsfrage: Fragewort + *est-ce que*

1. Fragewort + *est-ce que*

Qu'est-ce que Was …	tu cherches?
Qui est-ce que Wen …	tu attends?
Pourquoi est-ce que Warum …	tu prends le train?
Quand est-ce que Wann …	ton train arrive?
Où est-ce que Wohin …	tu vas?
Comment est-ce que Wie …	tu vas à la gare?

Fragewort + est-ce que + …

- Die Frageformel *est-ce que …?* kann auch **mit** einem **Fragewort** gebraucht werden. Dieses steht dann direkt **vor** ***est-ce que*: Quand est-ce que** tu prends le train?
- Vor Vokal und stummem *h* wird ***est-ce que*** zu ***est-ce qu'*:** **Quand est-ce qu'**il part?

! In kurzen Sätzen (ohne Objekt und Ergänzung) verwendet man die **Inversionsfrage**.
Fragewort + Verb + Subjekt

Où	**est**	Julie?
Que	**fait**	Nicolas?
Qui	**est**	ce garçon?

- Auf eine Frage mit ***Pourquoi …?*** antwortest du mit ***parce que …***
  – **Pourquoi est-ce que** tu prends le train? – C'est **parce que** je vais voir des amis à Paris.

*Zur Inversionsfrage → **G 96*** *Zu den Fragewörtern → **G 92***

2. Präposition + Fragewort + *est-ce que*

– **A qui est-ce que** tu penses?	– Je pense **à Julie**.	(penser **à** quelqu'un)
– **A quoi est-ce que** tu penses?	– Je pense **à l'interro**.	(penser **à** quelque chose)

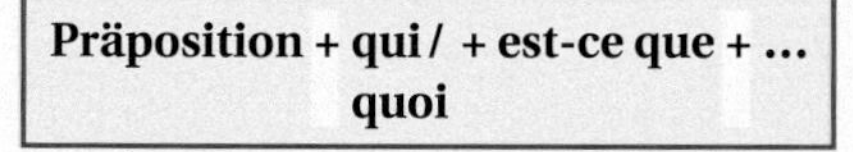

- Die Fragen zu Personen (wer) und Sachen (was) können mit **Präpositionen** kombiniert werden. Dabei verwendest du: **Präposition +** ***qui*** bei **Personen**,
  Präposition + ***quoi*** bei **Sachen**.

Überblick

Avec qui est-ce que	nous sortons?	Mit wem … ?
Contre qui est-ce que	vous avez gagné?	Gegen wen … ?
Pour qui est-ce que	tu achètes ce cadeau?	Für wen … ?
A qui est-ce que	tu penses?	An wen … ?
A quoi est-ce que	tu penses?	Woran … ?
Dans quoi est-ce que	je mets les fleurs?	Worin … ?
De quoi est-ce que	tu parles?	Wovon … ?
Sur quoi est-ce que	je mets le vase?	Worauf … ?

Pour en savoir plus

Das Fragewort *quoi*

- ***Quoi*** findest du auch in der Redewendung: – ***Tu sais quoi?*** - Weißt du was?
- ***Quoi*** hört man in der Umgangssprache als Reaktion auf eine Frage, die man nicht verstanden hat.
  – ***Quoi?*** (– Was?)
  Verwende aber lieber: – ***Pardon?*** oder – ***Comment?*** (– Wie bitte?).

G 95 Die Frage mit nachgestelltem Fragewort

Die Frage mit dem **Fragewort am Satzende** gehört der Umgangssprache an.

• **Umgangssprache**		• **Standardsprache**
– Tu t'appelles	**comment?**	– **Comment est-ce que** tu t'appelles?
– Tu habites	**où?**	– **Où est-ce que** tu habites?
– Tu viens	**d'où?**	– **D'où est-ce que** tu viens?
– Tu as	**quel âge?**	– **Quel âge est-ce que** tu as?
– Ils arrivent	**quand?**	– **Quand est-ce qu'**ils arrivent?
– C'est	**où?**	– **Où est-ce que** c'est? / – **Où** est-ce?
– C'est	**qui?**	– **Qui est-ce**?
– C'est	**quoi?**	– **Qu'est-ce que** c'est?

- In der **Umgangssprache** hörst du oft Fragen mit **nachgestelltem Fragewort**.
- ***Que*** wird zu ***quoi***, wenn es nachgestellt ist. **Qu'**est-ce que c'est? → C'est **quoi**?
- **Umgangssprache:** Tu habites **où**?
  Standardsprache: **Où est-ce que** tu habites?
  Gehobene Sprache: **Où** habites-tu?

*Inversionsfrage → **G 96***

G 96 Die Inversionsfrage

Bei der **Inversionsfrage** entfällt ***est-ce que***.
Subjekt und **Verb** tauschen den Platz.

Est-ce que **vous écrivez** des romans?

Ecrivez-vous des romans?

1. Inversionsfrage: Verb + Personalpronomen

Die Frage mit *est-ce que* kann durch die **Inversionsfrage** ersetzt werden.
Sie wird vor allem in **Fragen** mit einem **Personalpronomen** *(je, tu, il, elle ...)* verwendet.
Est-ce que vous pouvez répondre à mes questions? → **Pouvez-vous** répondre à mes questions?

	Pouvez-vous	répondre à mes questions?
	Ecrivez-vous	tous les jours?
Combien de temps	**faut-il**	pour écrire un livre?
Comment	**trouvez-vous**	les idées pour vos livres?
Que	**racontez-vous**	dans votre dernier livre?

(Fragewort) + Verb + - + Personalpronomen ...
(konjugiert)

	Ecrira-t-elle	un autre livre?
Quand	**lira-t-on**	votre prochain livre?
Combien de pages	**aura-t-il**	?
Pourquoi	**parle-t-on**	beaucoup de vos livres?

(Fragewort) + Verb + -t- + Personalpronomen ...

- Die Inversionsfrage kann **mit** oder **ohne Fragewort** verwendet werden.
- Das konjugierte Verb wird mit einem **Bindestrich direkt an das Personalpronomen angeschlossen**.
- **Zwischen zwei Vokalen** wird zusätzlich ein -t- eingefügt. Quel âge **a-t-elle**?
- Die Inversionsfrage wird vor allem in der **geschriebenen** und **gehobenen Sprache** verwendet.
  In der **gesprochenen Sprache** wird sie nur in bestimmten Ausdrücken gebraucht:
  Quelle heure est-il? Où es-tu?

2. Inversionsfrage: Verb + Nomen

Wenn das **Subjekt ein Nomen** ist, wird die Inversionsfrage nur in **sehr kurzen Fragen** verwendet:
Fragewort + Verb + Nomen.
In **längeren Fragen** verwendest du die **Frage mit *est-ce que***.

– Où	**est**	**Julie?**	**Wo** ist Julie?
– Où	**sont**	**ses copains?**	**Wo** sind ihre Freunde?
– Que	**fait**	**Julie?**	**Was** macht Julie?
– Que	**dit**	**sa mère?**	**Was** sagt ihre Mutter?
– Qui	**est**	**son père?**	**Wer** ist ihr Vater?
– Qui	**sont**	**ses parents?**	**Wer** sind ihre Eltern?
– Où	**sont allées**	**Julie et Marine?**	**Wo** sind Julie und Marine hingegangen?
– Que	**vont dire**	**ses parents?**	**Was** werden ihre Eltern sagen?

Fragewort + Verb + Nomen + ?

- Die Inversionsfrage mit einem **Nomen als Subjekt** wird vor allem mit den Fragewörtern: ***Où ..., Que ..., Qui ...*** verwendet.
- Das **Nomen** steht nach dem Verb **am Satzende.**

Pour en savoir plus

Bei der Inversionsfrage gibt es auch die absolute Frageform. Dabei steht das entsprechende **Nomen vor dem Verb** und wird **als Pronomen nach dem Verb wiederaufgegriffen.**
Combien de pages **votre livre** aura-**t**-**il**?

Diese Fragestellung ist oft in der gehobenen Sprache (in Zeitungen oder Interviews) zu finden.

G 97 Die Frage mit *Qui est-ce qui / Qui est-ce que …?*
Qu'est-ce qui / Qu'est-ce que …?

1. Die Frage nach Personen: *Qui est-ce qui / Qui est-ce que*

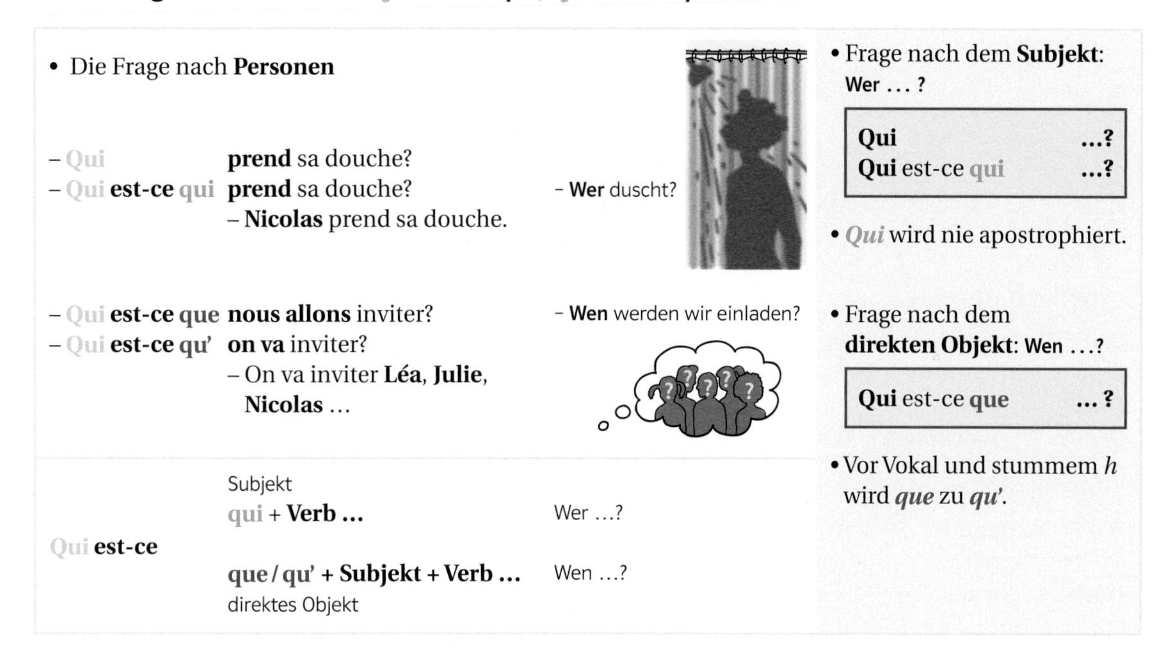

- Die Frage nach **Personen**

– Qui **prend** sa douche?
– Qui **est-ce** qui **prend** sa douche? – **Wer** duscht?
– **Nicolas** prend sa douche.

– Qui **est-ce que nous allons** inviter? – **Wen** werden wir einladen?
– Qui **est-ce qu' on va** inviter?
– On va inviter **Léa**, **Julie**, **Nicolas** …

	Subjekt qui + **Verb …**	Wer …?
Qui **est-ce**		
	que / qu' + Subjekt + Verb … direktes Objekt	Wen …?

- Frage nach dem **Subjekt**: Wer … ?

Qui …?
Qui est-ce qui …?

- *Qui* wird nie apostrophiert.

- Frage nach dem **direkten Objekt**: Wen …?

Qui est-ce **que** … ?

- Vor Vokal und stummem *h* wird ***que*** zu ***qu'***.

2. Die Frage nach Sachen: *Qu'est-ce qui / Qu'est-ce que*

- Die Frage nach **Sachen**

– **Qu'est-ce** qui **plaît** à Julie? – **Was** gefällt Julie?
– **La jupe jaune** lui plaît beaucoup.
– **Qu'est-ce que tu vas acheter?** – **Was** wirst du kaufen?
– **Qu'est-ce qu' elle va acheter?** – **Was** wird sie kaufen?
– Elle va acheter **la jupe jaune.**

	Subjekt qui + **Verb …**	Was …?
Qu'est-ce		
	que / qu' + Subjekt + Verb … direktes Objekt	Was …?

- Frage nach dem **Subjekt**: Was …?

Qu'est-ce qui …?

- *Qui* wird nie apostrophiert.

- Frage nach dem **direkten Objekt**: Was …?

Qu'est-ce **que** …?

- Vor Vokal und stummem *h* wird ***que*** zu ***qu'***.

G 98 Die Frage mit *quel / quelle*

Der Fragebegleiter ***quel*** bedeutet:
Welcher…? Welche…? Welches…?

• **Frage mit *est-ce que***

Quel	**pantalon**	**est-ce que** je mets?	Welche Hose ziehe ich an?
Quels	**bracelets**	**est-ce que** je choisis?	Welche Armbänder wähle ich aus?
Quelle	**jupe**	**est-ce que** je mets?	Welchen Rock ziehe ich an?
Quelles	**chaussettes**	**est-ce que** je vais mettre?	Welche Socken werde ich anziehen?

• **Inversionsfrage** (häufige Redewendungen)

Quel	**temps**	**fait-il?**	Wie ist das Wetter?
Quel	**âge**	**as-tu?**	Wie alt bist du?
Quelle	**heure**	**est-il?**	Wie viel Uhr ist es?

• **Nachgestellte Fragewörter** (Umgangssprache)

Il fait	**quel**	**temps?**	Wie ist das Wetter?
Je mets	**quel**	**pull?**	Welchen Pulli ziehe ich an?
Il est	**quelle**	**heure?**	Wie viel Uhr ist es?

• Der **Fragebegleiter *quel*** richtet sich in Geschlecht und Zahl nach dem **Nomen**, auf das er sich bezieht: ***Quelle*** *heure* ***est-il***?

• ***Quel / quelle …*** kann **am Anfang** des Satzes **mit *est-ce que*** oder in einer **Inversionsfrage** verwendet werden.
Quel / quelle … kann auch **am Ende** des Satzes stehen (Umgangssprache).

Pour en savoir plus

Quel kann mit einer Präposition verwendet werden:

A quelle heure est-ce que tu viens? – Je viens **à** 3 heures.
De quelle personne est-ce que tu parles? – Je parle **de** Marine.

▶ Fragebegleiter = Interrogativbegleiter

G 99 Die Frage mit *lequel / laquelle*

Das Fragepronomen ***lequel/laquelle*** steht ohne Nomen und bedeutet:
Welcher …? Welche …? Welches …?

• Singular

Marine: Je ne trouve plus mon pantalon.
Julie: **Lequel**?
Marine: Mon jean noir.

Marine: J'ai perdu ma veste.
Julie: **Laquelle**?
Marine: Ma veste jaune.

• Plural

Marine: Je cherche mes T-shirts.
Julie: **Lesquels**?
Marine: Mes deux T-shirts de foot.

Marine: Où sont mes lunettes?
Julie: **Lesquelles**?
Marine: Mes lunettes de soleil bleues.

• ***Lequel/Laquelle*** fragen nach bestimmten **Personen** oder **Sachen**, die bereits **erwähnt wurden**. Sie **richten sich** in Geschlecht und Zahl **nach dem Nomen**, auf das sie sich beziehen.

G 100 Alle Fragetypen auf einen Blick

Übersicht

• Entscheidungsfrage	– C'est ton copain**?** – **Est-ce que** c'est ton copain?	– Oui./Non.
• Frage mit Fragewort + *est-ce que*	– **Qui est-ce que** tu invites? – **Avec qui est-ce que** tu parles?	
• Frage mit nachgestelltem Fragewort	– Tu es **d'où**? – Tu viens **quand**?	
• Inversionsfrage	– Quand **allez-vous** partir? – Quand **va-t-elle** partir? – Que **fait Julie**?	
• Indirekte Frage	*Nicolas:* Est-ce que tu aimes le sport? – Nicolas m'a **demandé si** j'aimais le sport.	
• Die Frage mit *Quel/Quelle* + Nomen	– Je mets **quelles chaussures**?	
• Die Frage mit *Lequel/Laquelle*	– Voilà **nos lunettes de soleil**. **Lesquelles est-ce que** vous préférez?	

*Zur indirekten Frage → **G 88***

▶ Fragepronomen = Interrogativpronomen

9 Die Präpositionen

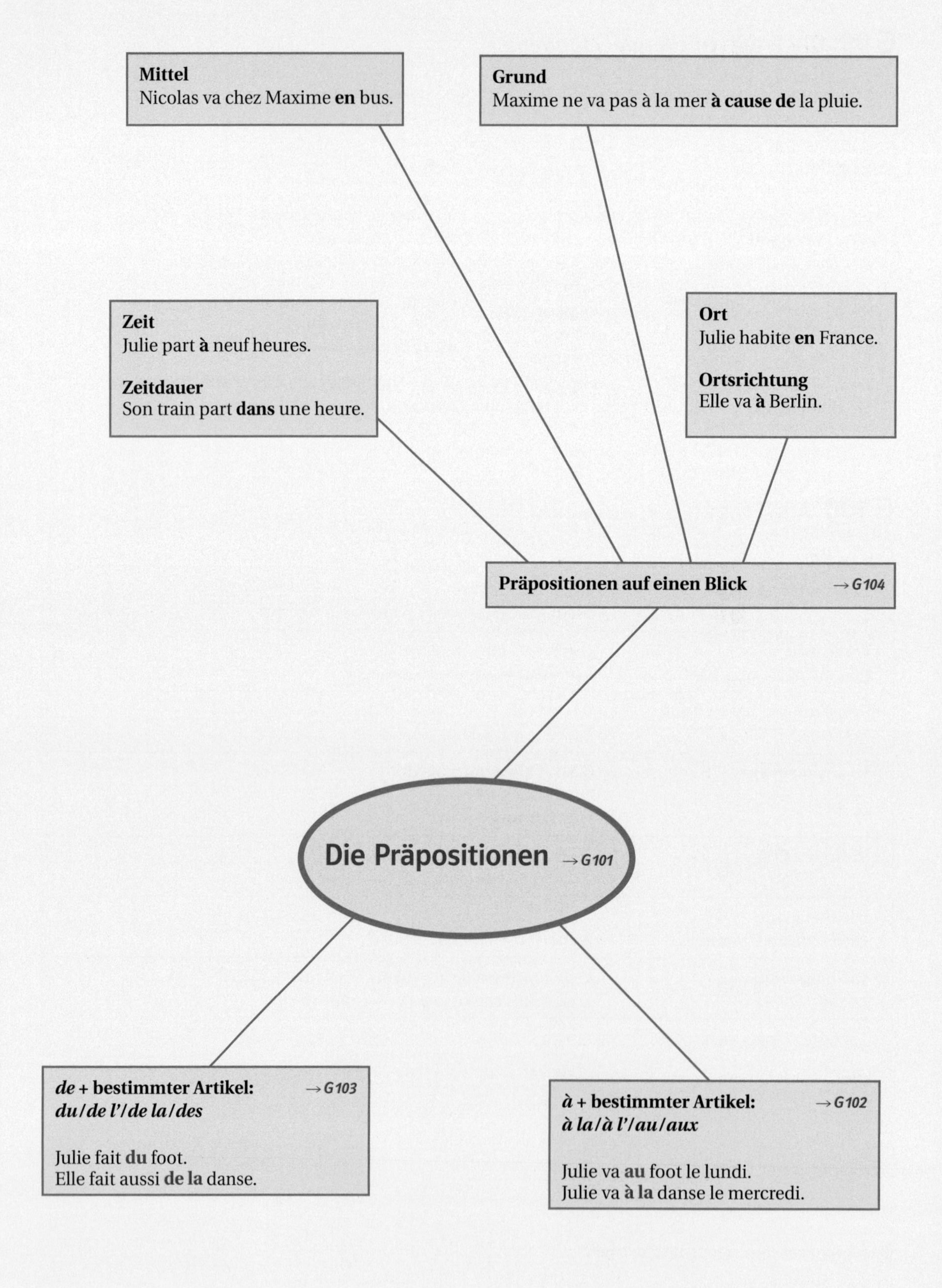

G 101 Die Präpositionen

Präpositionen *(de, à, pour, sur …)* sind **unveränderliche Wörter**, die das **Verhältnis** zwischen **Personen / Dingen** bezeichnen, deshalb auch die deutsche Bezeichnung **Verhältniswort**.

Präpositionen stehen **vor** dem Wort, das sie bezeichnen. Zum Beispiel:

Präpositionen		Antwort auf die Fragen:
des **Ortes**	→ Julie est **chez** sa cousine.	Où?
der **Richtung**	→ Elle va **en** ville avec elle.	Où? / D'où?
des **Zeitraums**	→ Elles partent **à** trois heures.	Quand?
der **Zeitdauer**	→ Elles restent en ville **pendant** deux heures.	Combien de temps?
des **Mittels**	→ Elles partent **en** métro.	Comment?
des **Grundes**	→ Elles sont mouillées **à cause** de la pluie.	A cause de quoi / qui?

*Alle Präpositionen auf einen Blick → **G 104***

- **Präpositionen**, die aus **einem Wort** bestehen:

- **Präpositionale Ausdrücke**, die aus **mehreren Wörtern** bestehen:

à droite de ≠ à gauche de	rechts ≠ links	**au bord de**	am Ufer von
à côté de	neben	**jusqu'à**	bis
en face de	gegenüber von	**à cause de**	wegen

L'arbre est **derrière** la voiture.
Le chat est **sur** la voiture.
Le chien est **devant** la voiture.
La souris est **sous** la voiture.
Marine est **dans** la voiture.

G102 Die Präposition *à* und der bestimmte Artikel – *au / à l' / à la / aux*

Nicolas va	**au**	**supermarché.**
Julie fait les courses	**à la**	**boulangerie.**
Nicolas va travailler	**à l'**	**hôpital.**
Maxime voudrait aller	**aux**	**Etats-Unis.**

- ! Die **Präposition *à*** wird mit den bestimmten Artikeln ***le*** und ***les*** zusammengezogen.

  à + le → au [o]
  à + les → aux [o]

- Diese Regel gilt auch für die Ländernamen.
  Il va **au** Maroc, **aux** Etats-Unis.

*Zu den Ländernamen → **G117***

- Die Präposition ***à*** steht in Verbindung mit dem Verb ***jouer*** um auszudrücken, dass man eine **Sportart betreibt** oder ein **Spiel spielt**.

Un sport:	**Nicolas joue ...**	**Un jeu:**	Julie **joue ...**
le foot	**au** foot.	**le** monopoly	**au** monopoly.
le handball	**au** handball.	**le** scrabble	**au** scrabble.
le ping-pong	**au** ping-pong.	**la** marelle	**à la** marelle.
la pétanque	**à la** pétanque.	**les** dames	**aux** dames.
		les cartes	**aux** cartes.

jouer + au / à la + Sportart

jouer + au / à la / aux + Spiel

- ! Julie joue **au** foot / **aux** cartes. – Julie joue **du** piano. (→ ***G103***)

- Manche Verben schließen den **Infinitiv** mit der **Präposition *à*** an.

Julie **invite** ses copains **à** regarder ses photos.

*Mehr zu den Verben mit à + Infinitiv-Ergänzung → **G75.2***

G 103 Die Präposition *de* und der bestimmte Artikel – *du / de l' / de la / des*

Nicolas revient	**du**	**supermarché.**
Julie vient	**de la**	**boulangerie.**
Nicolas rentre	**de l'**	**hôpital.**
Maxime vient	**des**	**Etats-Unis.**

de + le → du
de + les → des

- Die **Präposition *de*** wird mit den bestimmten Artikeln ***le*** und ***les*** zusammengezogen.

de + le → du
de + les → des

- Diese Regel gilt auch für die Ländernamen.
  Il revient **du** Maroc, **des** Etats-Unis.

*Zu den Ländernamen → **G 117***

- Die Präposition ***de*** steht in Verbindung mit dem Verb ***faire*** um auszudrücken, dass man **eine Sportart betreibt**.
  Die Präposition ***de*** steht in Verbindung mit dem Verb ***jouer*** um auszudrücken, dass man **ein Instrument spielt**.

Un sport:	Nicolas **fait** …
le roller	**du** roller.
le V.T.T.	**du** V.T.T.
le ping-pong	**du** ping-pong.
le foot	**du** foot.
l'athlétisme	**de l'a**thlétisme.
la danse	**de la** danse.
la voile	**de la** voile.
la natation	**de la** natation.
l'escalade	**de l'e**scalade.

Il **fait de la** rando.

Un instrument:	Julie **joue** …
le piano	**du** piano.
l'accordéon	**de l'a**ccordéon.
la guitare	**de la** guitare.

Elle **joue du** saxophone.

faire + du / de la / de l' + Sportart

jouer + du / de la / de l' + Instrument

- Dies gilt für alle Redewendungen mit ***faire + de***. Marine **fait du** camping, **du** théâtre, **du** stop.
- Beachte: Julie joue **du** piano – Julie joue **au** foot / **à la** pétanque. (→ ***G 99***)

- Weitere Redewendungen mit ***de***:
  faire partie du groupe / **de la** classe / **des** élèves,
  faire le tour du monde / **de la** terre / **des** capitales européennes,
  s'occuper du buffet / **de la** musique / **des** CD,
  avoir envie de faire …

*Zu den Verben mit de + Infinitiv-Ergänzung → **G 75.3***

G 104 Alle Präpositionen auf einen Blick

1. Präpositionen des Ortes und der Ortsrichtung

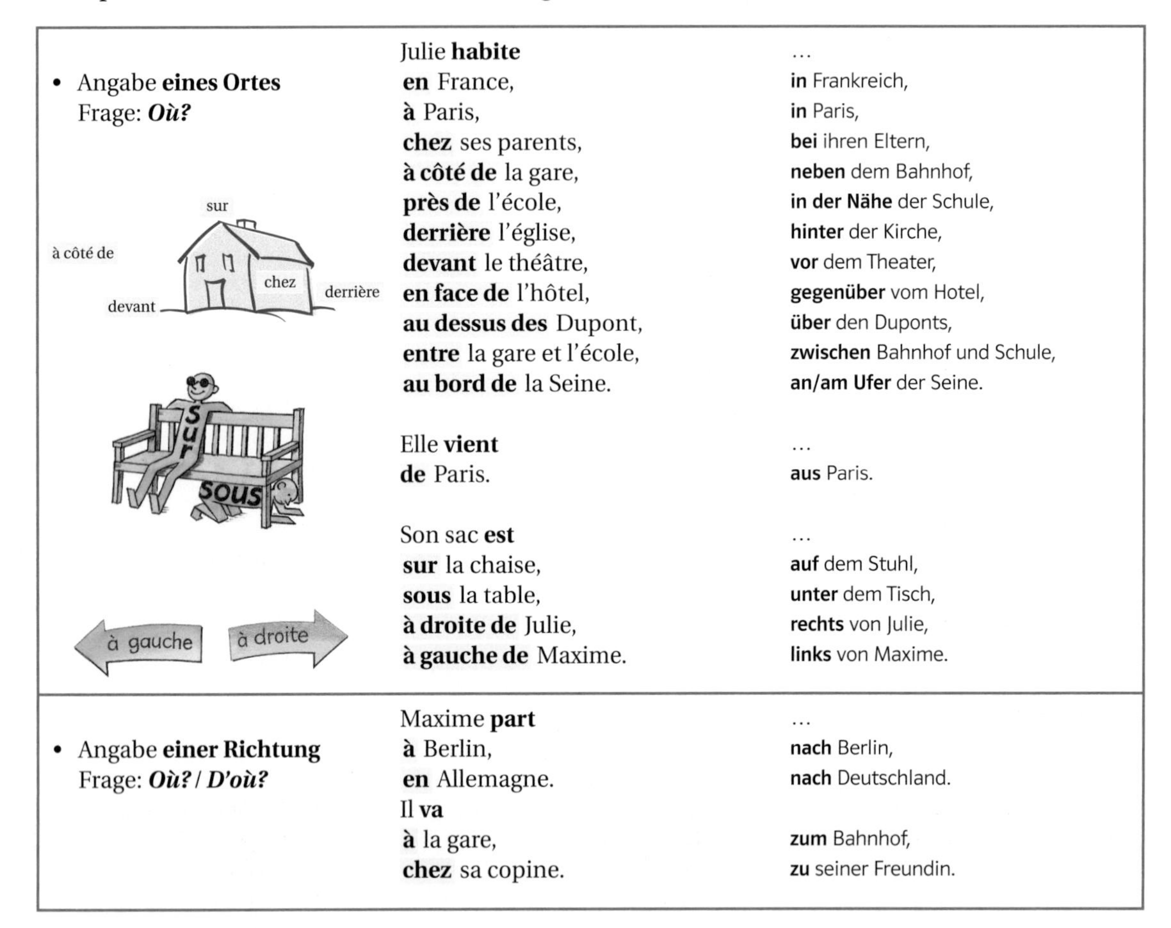

• Angabe **eines Ortes** Frage: ***Où?***	Julie **habite** **en** France, **à** Paris, **chez** ses parents, **à côté de** la gare, **près de** l'école, **derrière** l'église, **devant** le théâtre, **en face de** l'hôtel, **au dessus des** Dupont, **entre** la gare et l'école, **au bord de** la Seine.	… **in** Frankreich, **in** Paris, **bei** ihren Eltern, **neben** dem Bahnhof, **in der Nähe** der Schule, **hinter** der Kirche, **vor** dem Theater, **gegenüber** vom Hotel, **über** den Duponts, **zwischen** Bahnhof und Schule, **an/am Ufer** der Seine.
	Elle **vient** **de** Paris.	… **aus** Paris.
	Son sac **est** **sur** la chaise, **sous** la table, **à droite de** Julie, **à gauche de** Maxime.	… **auf** dem Stuhl, **unter** dem Tisch, **rechts** von Julie, **links** von Maxime.
• Angabe **einer Richtung** Frage: ***Où?*** / ***D'où?***	Maxime **part** **à** Berlin, **en** Allemagne. Il **va** **à** la gare, **chez** sa copine.	… **nach** Berlin, **nach** Deutschland. **zum** Bahnhof, **zu** seiner Freundin.

D/F **Vergleiche:**

Il se gare **dans** la rue. Maintenant, il est **dans** l'escalier.	… **auf** der Straße. … **auf** der Treppe.
Maxime habite **en** ville. Sa grand-mère habite **à** la campagne. Il adore aller **à** la mer.	… **in** der Stadt. … **auf** dem Land, … **ans** Meer.
Maxime est arrivé **avant** trois heures. Son scooter est **devant** le garage.	… **vor** drei Uhr. (zeitlich) … **vor** der Garage. (örtlich)

2. Präpositionen des Zeitraums und der Zeitdauer

• Angabe **einer Zeitdauer** Frage: ***Combien de temps?***	Julie va à la mer **pendant** les vacances.	… **während** der Ferien/ **in den** Ferien.
… de 15 h 45 **à 16 h 15 …**   	Elle reste à la plage **pendant** des heures, **de** 11 heures **à** 12 heures, **du** matin **jusqu'au** soir.	… **stundenlang,** **von** 11 Uhr **bis** 12 Uhr, **von** morgens **bis** abends.
	Elle est arrivée **depuis** lundi.	… **seit** Montag.
• Angabe **eines Zeitpunkts** Frage: ***Quand?***  … **à** cinq heures cinq	Julie arrive **à** dix heures, **avant** minuit, **dans** une heure, **vers** neuf heures, **après** neuf heures, **en** hiver **à** Noël.	… **um** zehn Uhr, **vor** Mitternacht, **in** einer Stunde, **gegen** neun Uhr, **nach** neun Uhr, **im** Winter, **zu** Weihnachten.

3. Weitere Präpositionen

• Angabe **eines Mittels** Frage: ***Comment?***	Julie va au collège **en** bus, **en** voiture, **en** train, **en / à** vélo, **en** roller, **à** pied.  	… **mit** dem Bus, **mit** dem Auto, **mit** dem Zug, **mit** dem Fahrrad, **auf** Inlinern, **zu** Fuß.
Frage: ***Avec qui?/Avec quoi?***	Aujourd'hui, elle y va **avec** sa copine, **sans** son vélo.	… **mit** ihrer Freundin, **ohne** ihr Fahrrad.
• Angabe **eines Grundes** Frage: ***A cause de quoi / qui?*** ***Grâce à quoi / qui?***	Julie est arrivée en retard **à cause de** la neige. Elle est arrivée à neuf heures **grâce à** son voisin qui l'a emmenée.	… **wegen** des Schnees. … **dank** ihres Nachbarn.
• Angabe **einer Meinung** Frage: ***Pour / Contre quoi?***	Julie est **pour** la protection de la nature, **contre** la consommation de drogues.	… **für** den Naturschutz, **gegen** den Drogenkonsum.

10 Die Adverbien

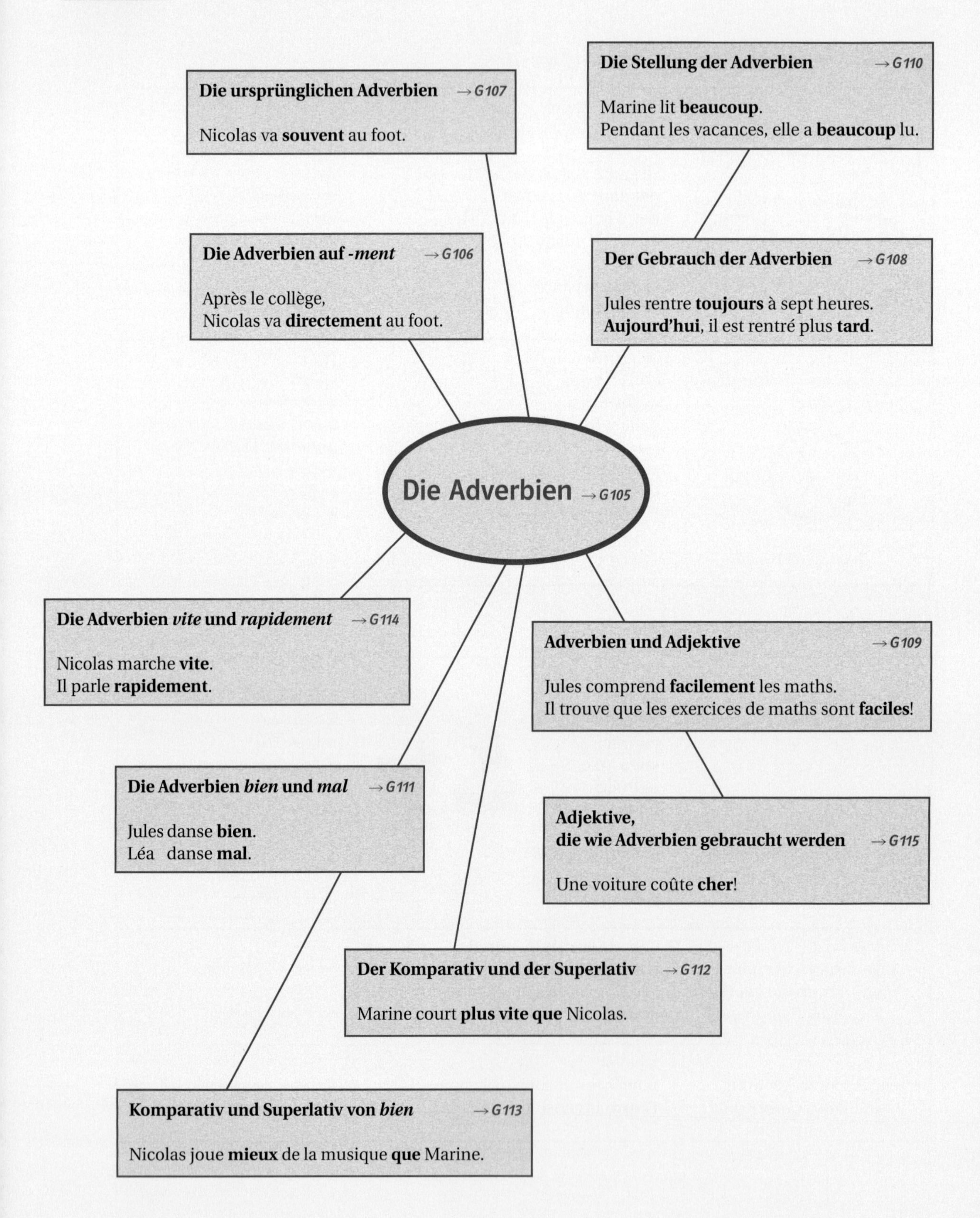

G 105 Was sind Adverbien?

Adverbien verwendest du, um zu beschreiben, auf welche Art jemand etwas **tut** und **wann, wo** oder **auf welche Art** etwas **geschieht**.

1. Im Französischen gibt es wie im Englischen eine eigene Form für das **Adverb**.
Im Deutschen gibt es **Adjektive**, die die **Funktion** eines **Adverbs** haben können.

Adjektiv	Adverb	Adjektiv	Adverb	Adjektiv	Adverb
exact	exacte**ment**	exact	exact**ly**	genau	*(wie Adjektiv)*
total	totale**ment**	total	total**ly**	völlig	*(wie Adjektiv)*
normal	normale**ment**	normal	normal**ly**	normal	normalerweise

2. Im Französischen gibt es **abgeleitete** und **ursprüngliche** Adverbien:

a Die Adverbien auf *-ment* werden von den **Adjektiven** abgeleitet.

Normalement, Nicolas ne va pas au rugby le mardi.	Normalerweise …
Mais aujourd'hui, il a un match à 19 heures 10 **exactement**.	… exakt …
Alors après le collège, il va **directement** au rugby.	… direkt …

b Die ursprünglichen Adverbien lassen sich in folgende Gruppen einteilen:

• Adverbien des **Ortes**	• Julie est **là**.	… hier …
• Adverbien der **Zeit**	• Je vais **souvent** au ciné avec elle.	… oft …
• Adverbien der **Art und Weise**	• Nous prenons **ensemble** le métro.	… zusammen …
• Adverbien der **Menge**	• Nous aimons **beaucoup** le cinéma.	… sehr …

G 106 Die Adverbien auf *-ment*

Die **Adverbien auf *-ment*** werden von der **femininen Form der Adjektive** abgeleitet.

Adjektive (f.)		Adverbien	
normale	→	**normalement**	normalerweise
facile	→	**facilement**	leicht
sérieuse	→	**sérieusement**	ernsthaft / gewissenhaft
attentive	→	**attentivement**	aufmerksam
difficile	→	**difficilement**	schwer
malheureuse	→	**malheureusement**	leider / unglücklicherweise
rapide	→	**rapidement**	schnell
tranquille	→	**tranquillement** [tʀɑ̃kilmɑ̃]	in Ruhe
directe	→	**directement**	direkt
complète	→	**complètement**	völlig / ganz
sûre	→	**sûrement**	sicherlich
passive	→	**passivement**	passiv
lente	→	**lentement**	langsam

Adjektiv + -ment
(feminin)

- An die **feminine Form des Adjektivs** wird ***-ment*** angehängt.
  Beachte:
  énorme → **énormément** [enɔʀmemɑ̃] sehr / unheimlich
  gent**il** → **gentiment** [ʒɑ̃timɑ̃] netterweise

! Diese Regel gilt nicht bei **Adjektiven**, die auf ***-i*** oder ***-u*** enden.

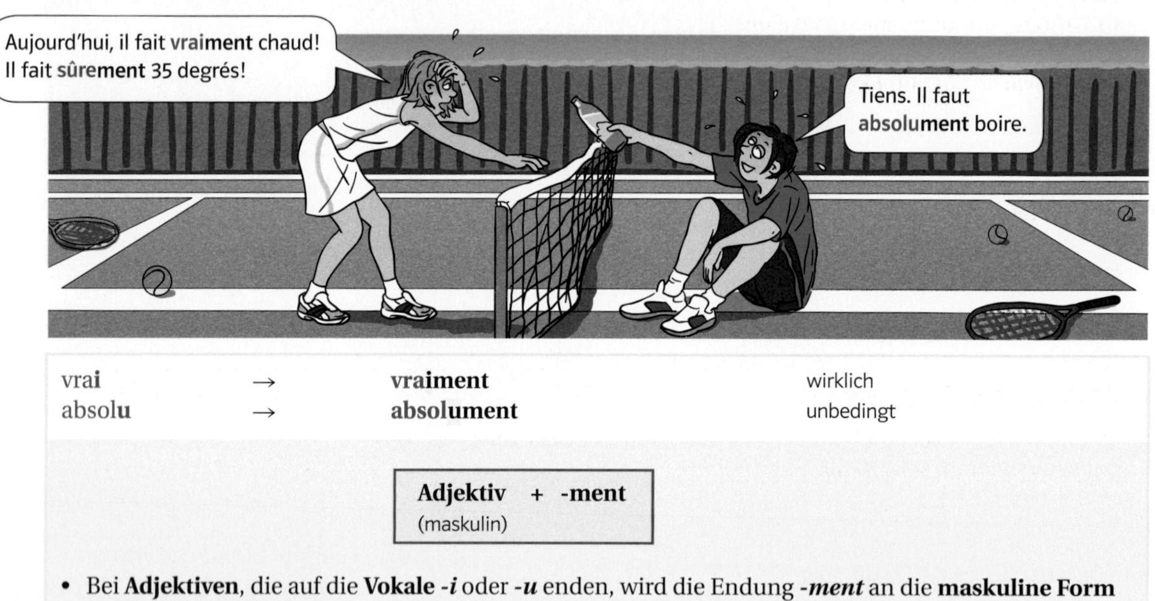

vra**i**	→	**vraiment**	wirklich
absol**u**	→	**absolument**	unbedingt

Adjektiv + -ment
(maskulin)

- Bei **Adjektiven**, die auf die **Vokale *-i*** oder ***-u*** enden, wird die Endung ***-ment*** an die **maskuline Form** des Adjektivs angehängt.

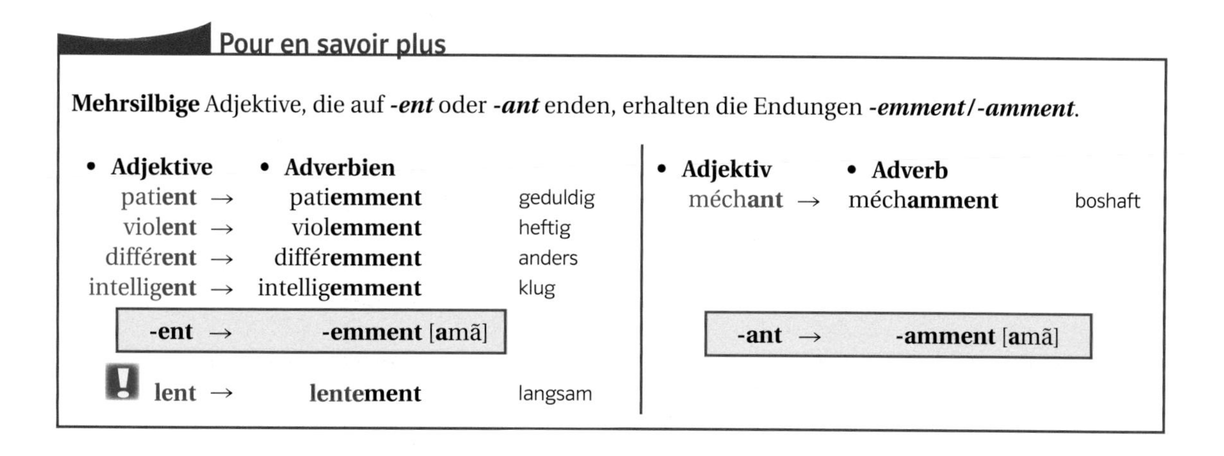

Pour en savoir plus

Mehrsilbige Adjektive, die auf ***-ent*** oder ***-ant*** enden, erhalten die Endungen ***-emment/-amment***.

• Adjektive		• Adverbien	
pati**ent**	→	pati**emment**	geduldig
viol**ent**	→	viol**emment**	heftig
différ**ent**	→	différ**emment**	anders
intellig**ent**	→	intellig**emment**	klug

-ent → **-emment** [amã]

! **lent** → **lentement** langsam

• Adjektiv		• Adverb	
méch**ant**	→	méch**amment**	boshaft

-ant → **-amment** [amã]

G 107 Die ursprünglichen Adverbien

Einige Adverbien werden nicht von Adjektiven abgeleitet. Diese sogenannten **ursprünglichen Adverbien** lassen sich in folgende Gruppen einteilen:

- Adverbien des **Ortes** (Wo?)

– On se donne rendez-vous **ici** à quatre heures?
– D'accord. Je serai **là** à quatre heures.

- Adverbien der **Zeit** (Wann?)

– Est-ce que tu fais **encore** du handball?
– Oui, j'en fais **souvent**. Et toi?
– Moi, je fais du foot depuis **longtemps**. **Hier,** j'avais mon entraînement à huit heures et **demain,** on va faire un match à une heure.

- Adverbien der **Art und Weise** (Wie?)

– Tu vas **bien**?
– Non, je me sens **mal**.
– Alors, va **vite** chez le médecin.

- Adverbien der **Menge** (Wie viel?)

– On a **assez** travaillé, non?
– Oui, on a même **trop** travaillé aujourd'hui! Je suis **très** fatigué.

Übersicht

ici	hier		
là	da		
aujourd'hui	heute	**souvent**	oft
demain	morgen	**tôt**	früh
hier	gestern	**tard**	spät
maintenant	jetzt	**toujours**	immer (noch)
déjà	schon		
encore	noch	**longtemps**	lange
bien	gut	**ensemble**	zusammen
mal	schlecht	**vite**	schnell
beaucoup	viel	**très**	sehr
peu	wenig	**trop**	zu viel / zu sehr
assez	genug		

G 108 Der Gebrauch der Adverbien

Ein Adverb kann sich auf ein **Verb**, ein **Adjektiv**, ein anderes **Adverb** oder auch auf **einen ganzen Satz** beziehen.

Das Adverb bezieht sich auf

Maxime **aime beaucoup** faire des photos. Il **prend souvent** son appareil numérique.	sehr oft	• **ein Verb,**
Mais c'est **vraiment difficile** de prendre Marine en photo! Elle est **totalement énervée** quand Maxime fait des photos.	wirklich völlig	• **ein Adjektiv,**
Maxime photographie **très bien**.	sehr gut	• **ein anderes Adverb,**
Aujourd'hui, **il a fait une super photo des copains.** **Malheureusement**, **Marine n'était pas là …**	heute leider	• **einen ganzen Satz.**

- **Adverbien** sind **unveränderlich.**
- Wenn sich Adverbien auf **einen ganzen Satz** beziehen, stehen sie meistens am **Anfang des Satzes.** Um das Adverb von dem Satz zu trennen, setzt man ein **Komma hinter dem Adverb.**

G 109 Adverbien und Adjektive

- Im **Französischen** haben die Adverbien und die Adjektive **unterschiedliche** Formen:
  Adjektiv: ***difficile*** – Adverb: ***difficilement.***

Vergleiche:

• **Adverb**	• **Adjektiv**
Les élèves regardent **attentivement** un film en français. Die Schüler schauen **aufmerksam** einen Film auf Französisch an.	Les élèves sont **attentifs.** Die Schüler sind **aufmerksam.**
J'ai **exactement** le même problème que toi. Ich habe **genau** dasselbe Problem wie du.	J'ai l'heure **exacte.** Ich habe die **genaue** Uhrzeit.
• **Adverbien** sind **unveränderlich** und beziehen sich auf ein **Verb**, ein **Adjektiv**, ein **Adverb** oder **einen Satz.**	• **Adjektive** sind **veränderlich** und beziehen sich auf ein **Nomen.**

*Zu den Adjektiven → **G 32***

G 110 Die Stellung der Adverbien

1. Wenn sich das Adverb auf das Verb bezieht

Jules **aime beaucoup** la musique.

Il **va souvent** à des concerts de rock.

Je joue **souvent** de la batterie.

Ce soir, il **répète tranquillement** avec ses copains.

La semaine dernière, ils **ont beaucoup répété**.

- Wenn sich das Adverb auf das **Verb** bezieht, dann steht es direkt **hinter** dem **konjugierten Verb**.

Après la répétition, ils **ont mangé rapidement**.

Après leur concert, ils **vont ranger rapidement** leur matériel.

- **In zusammengesetzten Zeiten** *(passé composé, plus-que-parfait, futur composé)* stehen die **Adverbien auf *-ment*** hinter dem ***participe passé*** bzw. hinter **dem Infinitiv**.

2. Wenn sich das Adverb auf ein Adjektiv / Adverb bezieht

Nicolas adore quand la musique est **très forte**.

Nicolas écoute **très souvent** des CD de rock.

Das Adverb bezieht sich auf
- **ein Adjektiv**,
- **ein Adverb**.

- Ein Adverb, das sich auf ein **Adjektiv / Adverb** bezieht, steht direkt **vor** dem **Wort, auf das es sich bezieht**.

3. Wenn sich das Adverb auf einen ganzen Satz bezieht

Normalement, Marine fait de la danse le vendredi soir.

Aujourd'hui, la prof de danse est malade.

- Ein **Adverb**, das sich auf einen **ganzen Satz** bezieht, steht in der Regel am **Satzanfang**.

G 111 Die Adverbien *bien* und *mal*

Das Adjektiv ***bon/bonne*** bildet das Adverb ***bien***.

- **bien**

Samedi, Jules a **bien dormi**.
… **gut** geschlafen …
Il dit: «C'**est bien!** Je vais être en forme.»
… Das **ist gut** …

- **bon/bonne**

Maxime mange une **bonne purée**.
… einen **guten** Kartoffelbrei
Il dit: «Hm, **c'est bon**!»
… es **schmeckt gut** …

Das Adjektiv ***mauvais/mauvaise*** bildet das Adverb ***mal***.

- **mal**

Samedi, Nicolas a **mal dormi**.
… **schlecht** geschlafen …
Il va **mal jouer** au foot.
… **schlecht** spielen …

- **mauvais/mauvaise**

Nicolas a mangé une **mauvaise glace**.
… ein **ekliges** Eis …
Il a dit: «Beurk, qu'**elle** est **mauvaise**!»
… es schmeckt **eklig**!

- Dem Adjektiv ***bon / bonne*** entspricht das Adverb ***bien***.
- Dem Adjektiv ***mauvais/mauvaise*** entspricht das Adverb ***mal***.
- ***Bien*** und ***mal*** sind **unveränderlich**.

G 112 Der Komparativ und der Superlativ

- **Komparativ**

Julie joue **plus souvent que** Maxime au tennis. ⬀ … öfter als …
Elle joue **aussi bien que** Marine. ⬄ … genauso gut wie …
Maxime joue **moins bien que** les filles. ⬂ … weniger gut als / schlechter als …

- **Superlativ**

C'est Julie qui joue **le plus souvent** des trois. ⇧ … am häufigsten …
C'est Maxime qui joue **le moins souvent**. ⇩ … am seltensten …

- Manche Adverbien lassen sich (ähnlich wie Adjektive) steigern.
  Komparativ: *plus … que* (⬀), ***aussi … que*** (⬄), ***moins … que*** (⬂)
  Superlativ: *le plus … de* (⇧), ***le moins … de*** (⇩)
- Adverbien sind **unveränderlich**. Ihr Superlativ wird also immer mit ***le*** gebildet:
  ***le** plus*, ***le** moins*.

*Zum Komparativ und Superlativ der Adjektive → **G 42***

▶ Komparativ – Steigerungs- und Vergleichsformen   Superlativ – höchste Steigerungsform

G 113 Der Komparativ und der Superlativ von *bien*

Clara parle **bien** l'anglais.		... gut ...
Elle parle **mieux** l'anglais **que** l'espagnol.	⇗	... besser ... als ...
Jules parle **aussi bien** l'anglais **que** l'espagnol.	⇔	... genauso gut ... wie ...
Il parle **moins bien** l'anglais **que** l'allemand.	⇘	... schlechter ... als
Mais c'est le français qu'il parle **le mieux**!	⇧	... am besten.
Et c'est le russe qu'il parle **le moins bien**.	⇩	... am schlechtesten.

G 114 Die Adverbien *vite* und *rapidement*

Dem **Adjektiv *rapide*** entsprechen **zwei Adverbien**: ***rapidement*** und ***vite***.

- **Adverbien**

Sur l'autoroute les voitures vont **vite**.
Le docteur roule **rapidement** pour arriver **vite** à l'hôpital.

- **Adjektiv**

Les parents de Maxime ont une voiture **rapide**.
Les TGV sont des trains **rapides**.

- Dem **Adjektiv *rapide*** entsprechen **zwei Adverbien**: ***rapidement*** und ***vite***.
- ***Vite*** ist ein kurzes Adverb und wird häufiger gebraucht als ***rapidement***.

G 115 Adjektive, die wie Adverbien gebraucht werden

– Monsieur, veuillez **parler** plus **fort** / moins **fort**, s'il vous plaît!	... lauter / leiser sprechen ...
– Marine **chante faux** mais Nicolas **chante juste**!	... singt falsch ... singt richtig!
– Les pêches **sentent bon**, mais ce fromage **sent mauvais** ...	... riechen gut ... riecht schlecht!
– Est-ce que ton voyage en Italie a **coûté cher**?	... war teuer?
– Non, il n'a pas **coûté cher**.	... war billig / nicht teuer.
– Pour gagner de l'argent il faut **travailler dur**.	... hart arbeiten.

- Einige Adjektive haben in **festen Wendungen** die Funktion eines Adverbs und sind daher **unveränderlich**.

11 Die Länder und Nationalitäten

Der Artikel bei Ländernamen → G 116

La France
Le Canada
Les Etats-Unis

Die Präpositionen bei Ländernamen → G 117

Elle **vient** de France. – Elle **est** en Italie.
Il **vient** du Luxembourg. – Il **est** au Japon.
Je **viens des** Pays-Bas. – Je **suis aux** Etats-Unis.

Nationalitätsbezeichnungen → G 118

un Français – un garçon français
une Française – une fille française

G 116 Der Artikel bei Ländernamen

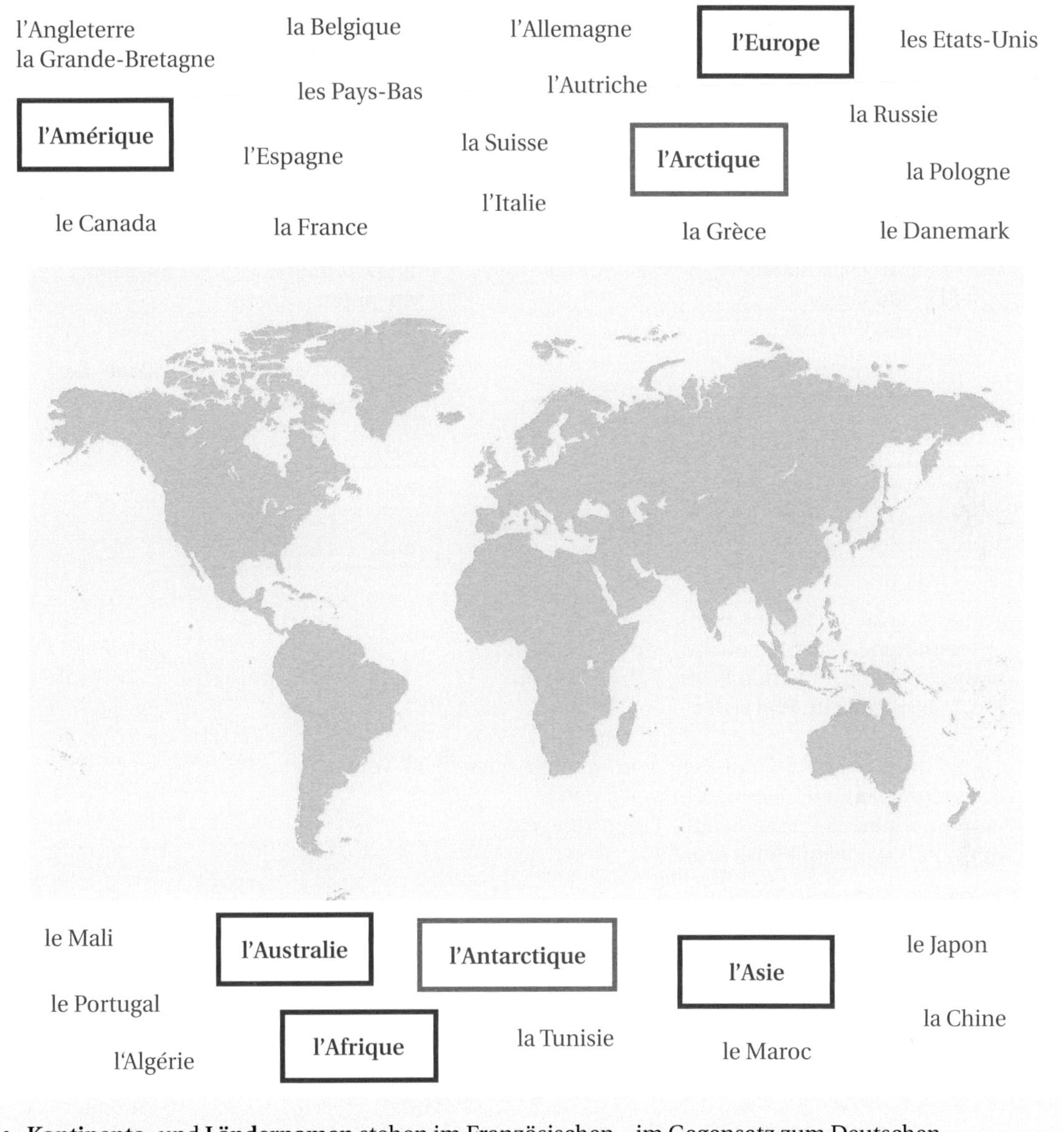

F/D

- **Kontinente-** und **Ländernamen** stehen im Französischen – im Gegensatz zum Deutschen – in der Regel **mit dem bestimmten Artikel** ***(le, la, l', les)*****:**
  la France – Frankreich.
- Die meisten Kontinente- und Ländernamen **enden auf** *-e* und sind **feminin**:
  l'Europe, **la** France, **l'**Allemagne, **la** Pologne, **l'**Angleterre …
- Einige Kontinente und Länder sind **maskulin**:
  le Japon, **le** Canada, **le** Portugal …
  ! le Mexique, l'Arctique *(m.)*, l'Antarctique *(m.)*.
- Einige wenige Ländernamen stehen im **Plural**: **les** Etats-Unis *(m.)*, **les** Pays-Bas *(m.)*.

G 117 Die Präpositionen *de* und *à* bei Ländernamen

	Tu viens d'où? Vous venez d'où?		Tu vas où? Vous habitez où?	
Je viens	**de** France.	**Je vais** **J'habite**	**en** France.	• **Femininum Singular**
	de Belgique.		**en** Belgique.	
	d'Allemagne.		**en** Allemagne.	
	d'Autriche.		**en** Autriche.	
	d'Irlande.		**en** Irlande.	
	du Portugal.		**au** Portugal.	• **Maskulinum Singular**
	du Danemark.		**au** Danemark.	
	du Japon.		**au** Japon.	
	du Canada.		**au** Canada.	
	des Etats-Unis.		**aux** Etats-Unis.	• **Plural**
	des Pays-Bas.		**aux** Pays-Bas.	

• → de/d' + Land; du + Land; **des + Land**

en + Land; au + Land; **aux + Land** → •

- Um auszudrücken, **woher** man kommt, verwendet man
  - vor **femininen** Ländernamen die Präposition *de/d'*,
  - vor **maskulinen** Ländernamen die Präposition *du*,
  - vor Ländernamen im **Plural** *des*.
- Um auszudrücken, **wohin** man geht oder **wo** man sich aufhält, verwendet man
  - vor **femininen** Ländernamen die Präposition *en*,
  - vor **maskulinen** Ländernamen die Präposition *au*,
  - vor Ländernamen im **Plural** *aux*.

Pour en savoir plus

Was für die Länder gilt, gilt auch für **Regionen**, **Inseln** und die deutschen **Bundesländer**:

Je viens	**de** Bretagne.	Je vais J'habite	**en** Bretagne.	• **Femininum Singular**
	de Corse.		**en** Corse.	
	de Bavière.		**en** Bavière.	
	de Provence.		**en** Provence.	
	du Limousin.	!	**dans le** Limousin.	• **Maskulinum Singular**
	du Bade-Wurtemberg.		**dans le** Bade-Wurtemberg.	
	du Nord.		**dans le** Sud.	
	des Antilles. *(f.)*		**aux** Antilles.	• **Plural**

! **la** Martinique → Je viens **de la** Martinique. – Je vais **à la** Martinique.
la Réunion → Je viens **de la** Réunion. – Je vais **à la** Réunion.
Madagascar → Je viens **de** Madagascar. – Je vais **à** Madagascar.

G 118 Nationalitätsbezeichnungen

Un Français habite en France et parle le français.

Land / Kontinent	Einwohner (Nomen)		Adjektiv	
	un …	une …	un restaurant …	une spécialité …
l'Afrique *(f.)*	Africain	Africaine	africain	africaine
l'Europe *(f.)*	Européen	Européenne	européen	européenne
l'Allemagne *(f.)*	Allemand	Allemande	allemand	allemande
l'Autriche *(f.)*	Autrichien	Autrichienne	autrichien	autrichienne
l'Espagne *(f.)*	Espagnol	Espagnole	espagnol	espagnole
la France	Français	Française	français	française
la Suisse	Suisse	Suisse	suisse	suisse
le Danemark	Danois	Danoise	danois	danoise
le Japon	Japonais	Japonaise	japonais	japonaise
le Maroc	Marocain	Marocaine	marocain	marocaine
les Etats-Unis *(m.)*	Américain	Américaine	américain	américaine
les Pays-Bas *(m.)*	Néerlandais	Néerlandaise	néerlandais	néerlandaise

- Das **Land** und die **Einwohner** werden **großgeschrieben**.

  Les Belges habitent en Belgique. Les Français et les Françaises habitent en France.

- Das **Adjektiv** und die **Landessprache** werden **kleingeschrieben**.
  Die **Landessprache** wird vom **männlichen Adjektiv** abgeleitet.
  J'aime le chocolat belge. Je parle (le) français et (l') italien.

! Lucia **est** italienne. → ***être*** **+ Adjektiv** → **Kleinschreibung**
C'est **une** Italienne. → **un / une + Nomen** → **Großschreibung**

Pour en savoir plus

Was für die Länder gilt, gilt auch für **Regionen**, **Inseln** und die deutschen **Bundesländer**.

Region / Insel	Einwohner		Adjektiv	
	un …	une …	un restaurant …	une spécialité …
la Bretagne	Breton	Bretonne	breton	bretonne
la Flandre	Flamand	Flamande	flamand	flamande
la Bavière	Bavarois	Bavaroise	bavarois	bavaroise
la Corse	Corse	Corse	corse	corse
les Antilles *(f.)*	Antillais	Antillaise	antillais	antillaise

! les **habitants du** Bade-Wurtemberg,
une **spécialité de la** Basse-Saxe.

▶ Namen von französischen Regionen und der deutschen Bundesländer → S. 150

12 Die Zahlen und Mengen

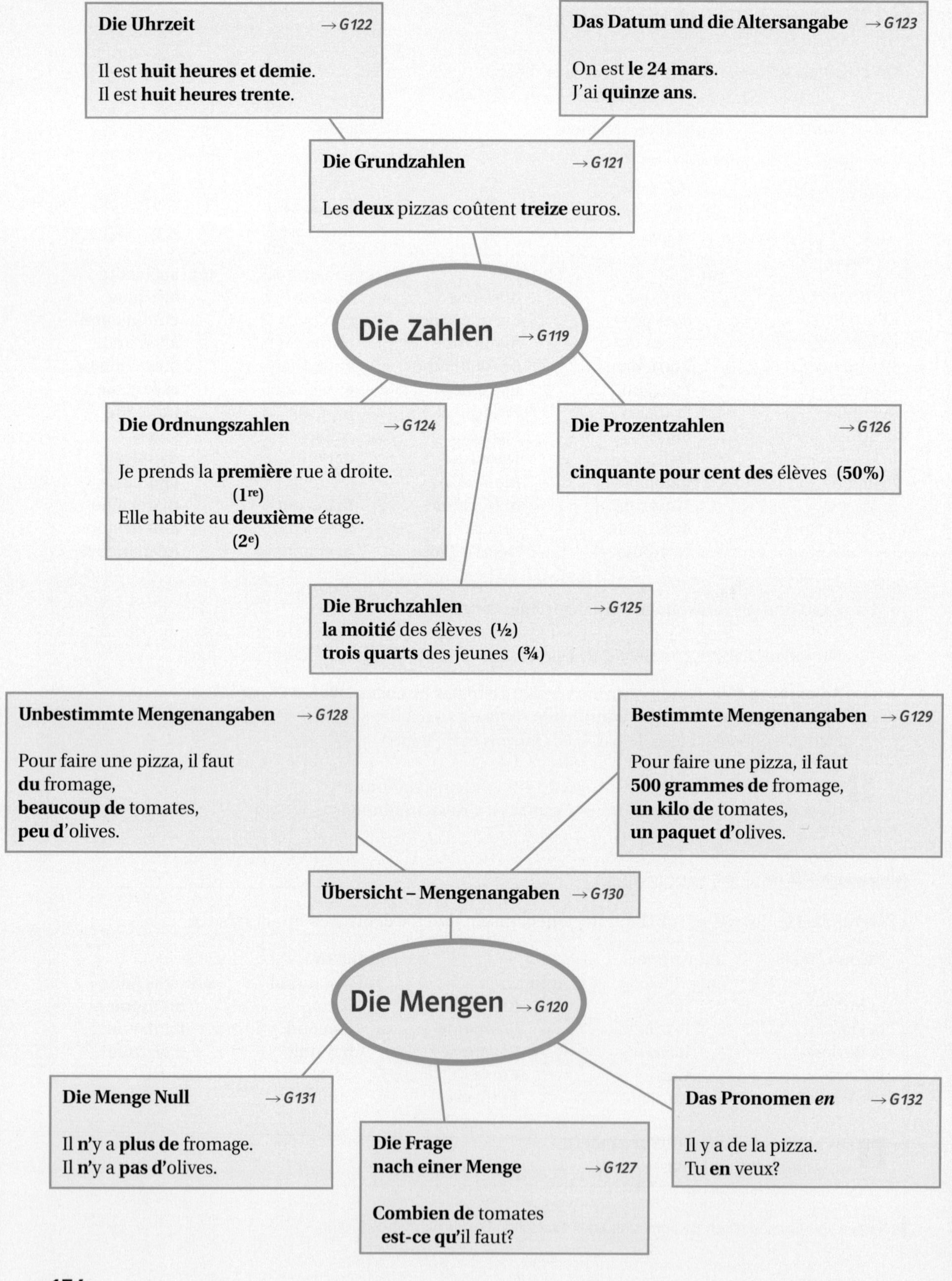

G 119 Die Zahlwörter

Zahlwörter werden zur Angabe von Mengen, Größen oder Zeitangaben … verwendet.
In diesem Kapitel erfährst du Genaueres zu den

- **Grundzahlen:** **1, 2, 3 …**
- **Ordnungszahlen:** **1er, 2^{e}, 3^{e} …**
- **Bruchzahlen:** **¼, ½, ¾ …**

und zu den

- **Datumsangaben:** Nous sommes **le trois mai**.
- **Zeitangaben:** Il est **six heures et demie**.
- **Altersangaben:** **J'ai seize ans.**

G 120 Die Mengenangaben

Um eine **Menge** anzugeben, verwendet man entweder
- die **genaue Zahl** *(**trois** oranges)*

- oder eine andere **Mengenangabe**.

Diese **Mengenangabe** kann **bestimmt** *(un paquet de …, deux cents grammes de …)* oder **unbestimmt** *(beaucoup de …, peu de …)* sein.

Im Französischen wird eine **Menge mit *de*/*d'*** angegeben.

F/D

un kilo ein Kilo	**de** –	tomates Tomaten
beaucoup viele	**d'** –	oranges Apfelsinen

G 121 Die Grundzahlen: *un, deux, trois ...*

0	zéro	[zeʀo]	20	vingt	[vɛ̃]	
1	un / une	[ɛ̃/yn]	21	vingt **et** un / une		et
2	deux	[dø]	22	vingt-deux		2 1
3	trois	[tʀwa]	23	vingt-trois		3 1
4	quatre	[katʀ]	24	vingt-quatre		4 1
5	cinq	[sɛ̃k]	25	vingt-cinq		5 1
6	six	[sis]	26	vingt-six		6 1
7	sept	[sɛt]	27	vingt-sept		7 1
8	huit	[ɥit]	28	vingt-huit		
9	neuf	[nœf]	29	vingt-neuf		! mit ***et***
10	dix	[dis]	30	trente	[tʀɑ̃t]	
11	onze	[ɔ̃z]	31	trente **et** un / une		
12	douze	[duz]	32	trente-deux		8–1
13	treize	[tʀɛz]	33	trente-trois		9–1
14	quatorze	[katɔʀz]	34	trente-quatre		
15	quinze	[kɛ̃z]	35	trente-cinq		! mit **Bindestrich**
16	seize	[sɛz]	36	trente-six		
17	dix-sept	[disɛt]	37	trente-sept		
18	dix-huit	[dizɥit]	38	trente-huit		
19	dix-neuf	[diznœf]	39	trente-neuf		

40	quarante [kaʀɑ̃t]	60	soixante [swasɑ̃t]	80	quatre-vingt**s** [katʀəvɛ̃]
41	quarante **et** un / une	61	soixante **et** un / une	81	quatre-ving**t**-un / -une
42	quarante-deux	62	soixante-deux	82	quatre-vingt-deux
43	quarante-trois	63	soixante-trois	83	quatre-vingt-trois
44	quarante-quatre	64	soixante-quatre	84	quatre-vingt-quatre
45	quarante-cinq	65	soixante-cinq	85	quatre-vingt-cinq
46	quarante-six	66	soixante-six	86	quatre-vingt-six
47	quarante-sept	67	soixante-sept	87	quatre-vingt-sept
48	quarante-huit	68	soixante-huit	88	quatre-vingt-huit
49	quarante-neuf	69	soixante-neuf	89	quatre-vingt-neuf
50	cinquante [sɛ̃kɑ̃t]	70	soixante-dix [swasɑ̃tdis]	90	quatre-vingt-dix [katʀəvɛ̃dis]
51	cinquante **et** un / une	71	soixante **et** onze	91	quatre-vingt-onze
52	cinquante-deux	72	soixante-douze	92	quatre-vingt-douze
53	cinquante-trois	73	soixante-treize	93	quatre-vingt-treize
54	cinquante-quatre	74	soixante-quatorze	94	quatre-vingt-quatorze
55	cinquante-cinq	75	soixante-quinze	95	quatre-vingt-quinze
56	cinquante-six	76	soixante-seize	96	quatre-vingt-seize
57	cinquante-sept	77	soixante-dix-sept	97	quatre-vingt-dix-sept
58	cinquante-huit	78	soixante-dix-huit	98	quatre-vingt-dix-huit
59	cinquante-neuf	79	soixante-dix-neuf	99	quatre-vingt-dix-neuf
100	cent	520	cinq cent vingt	1 000	**mille**
200	deux cent**s**	680	six cen**t** quatre-vingt**s**	2 000	deux **mille**
300	trois cent**s**	881	huit cen**t** quatre-ving**t**-un	2 000 000	deux **millions**

- Die zusammengesetzten **Zahlen bis 100** werden in der Regel **mit Bindestrich** gebunden, der **Bindestrich entfällt** aber bei den Zahlen mit ***et***: **180 cent quatre-vingt** – **121 cent vingt et un**. Es ist aber auch möglich, alle zusammengesetzten Zahlwörter mit Bindestrichen zu verbinden: **180 cent-quatre-vingt** – **121 cent-vingt-et-un**.

- Bei **81** ***quatre-vingt-un*** und **91** ***quatre-vingt-onze*** entfällt das ***et***.
- ***Cent*** und ***vingt*** bekommen das Plural **-*s***, nur wenn sie **am Ende der Zahl** stehen:
  400 quatre cents, aber **401 quatre cent un**
  80 quatre-vingts, aber **83 quatre-vingt-trois**.

- ***Mille*** ist **unveränderlich**: **3.000 trois mille**,
  aber: **3.000.000 trois millions**!

Pour en savoir plus

- Man sagt ***chiffre*** von 0 bis 9 und ***nombre*** von 10 bis unendlich!
- Die Grundzahlen, die mit ***un*** enden, werden in der Regel an das Geschlecht des Nomens angepasst ***(un/une)***:
  31 trente et un garçons, **trente et une** filles,
  21 vingt et un croissants, **vingt et une** heures.

Besonderheiten in der Aussprache von Grundzahlen

	Grundzahl steht **vor Konsonant**	Grundzahl steht **vor Vokal / stummem *h***		Grundzahl steht **vor Konsonant**	Grundzahl steht **vor Vokal / stummem *h***
1		un‿ami [ɛ̃nami]	6	six copains [sikɔpɛ̃]	six‿œufs [sizø]
2		deux‿amis [døzami]	8	huit chiens [ɥiʃjɛ̃]	huit‿heures [ɥitœʀ]
3		trois‿hôtels [tʀwazotɛl]	9		neuf‿heures [nœvœʀ]
5	cinq jours [sɛ̃(k)ʒuʀ]	cinq‿heures [sɛ̃kœʀ]	10	dix trains [ditʀɛ̃]	dix‿élèves [dizelɛv]

- Folgt auf das Zahlwort ein Nomen, das mit einem **Vokal** oder **stummen *h* beginnt,**
  – so bindet man das **-*s*** und das **-*x***: *deux‿amis*.
  – so werden die **Endkonsonanten -*q*, -*n*** und **-*t* hörbar**: *un‿ami* [n], *cinq‿amis* [k], *huit‿amis* [t].
- Folgt auf das Zahlwort **6 *six*, 8 *huit*, 10 *dix*** ein Nomen, das mit einem **Konsonanten** beginnt, so wird der **Endkonsonant nicht ausgesprochen**: huit jours [ɥiʒuʀ].

! Der **Endkonsonant** von *cinq* kann vor Konsonanten ausgesprochen werden oder nicht: ***cinq semaines*** [sɛ̃**(k)**səmɛn].

G 122 Die Uhrzeit

Die Uhrzeit in der **Umgangssprache**:
Il est ...

Il est quelle heure?
Il est onze heures vingt-deux.

... moins cinq
... cinq
... moins vingt
... vingt
... et demie

08 h 00	huit heure**s**
13 h 00	**une** heur**e**
14 h 00	deux heure**s**
15 h 05	trois heures **cinq**
16 h 15	quatre heures **et quart**
17 h 20	cinq heures **vingt**
18 h 30	six heures **et demie**
18 h 40	sept heures **moins vingt**
19 h 45	huit heures **moins le quart**
20 h 55	neuf heures **moins cinq**

12 h 00 Il est **midi**.

24 h 00 Il est **minuit**. 

- In der **Umgangssprache** werden die Stunden für die Tages- und Nachtzeit von 1 bis 12 gezählt.
- Ab zwei Uhr steht *heure* im **Plural**: *deux **heures***.

moins le quart
et quart
et demie

- Die **Minuten bis halb** werden zur vollen Stunde **hinzugezählt**.
  - 16 h 05 → quatre heures **cinq**
  - 16 h 15 → quatre heures **et quart**
  - 16 h 30 → **quatre** heures **et demie**
- Die **Minuten nach halb** werden von der **nächsten** vollen Stunde **abgezogen**.
  - 16 h 35 → **cinq** heures **moins vingt-cinq**
  - 16 h 45 → cinq heures **moins le quart**

- Für die Unterscheidung zwischen Tag und Nacht, fügt man ***du matin, de l'après-midi*** und ***du soir*** hinzu: J'ai mangé

à **trois heures du matin,**	03 h 00
à **une heure de l'après-midi,**	13 h 00
à **huit heures du soir.**	20 h 00

Im Radio, Fernsehen, am Bahnhof usw. hörst du **offizielle Zeitangaben**:

18 h 30	dix-huit heure**s** **trente**
21 h 01	**vingt et une** heure**s** **une**
21 h 45	**vingt et une** heure**s** **quarante-cinq**
23 h 11	vingt-trois heure**s** **onze**

- Bei der **offiziellen Zeitangabe** werden die **Stunden** mit Zahlen **bis 24** und die **Minuten** mit Zahlen **bis 59** angegeben.
- **01 h 01** heißt *une heure une*, da man *une heure et une minute* meint.

G123 Das Datum und die Altersangabe

le 1er mai / le premier mai
le 2 mai / le deux mai
en 2010
en avril 2011

D/F

- Der **erste Tag** im Monat wird mit der **Ordnungszahl** angegeben.
  le premier mai — am **ersten** Mai
  Alle anderen Tage werden mit den **Grundzahlen** angegeben.
  le deux mai / le quatorze juillet — am **zweiten** Mai / am **vierzehnten** Juli
- Geschrieben wird das **Datum** gewöhnlich so: **lundi 7 janvier, mercredi 1er septembre**
  oder in einem Brief: **Lyon, le 25 juin 2009**
- Die **Jahreszahl** wird so ausgedrückt: **en 2009** → en deux mille neuf
  en 1992 → en mille neuf cent quatre-vingt-douze.
- Das **Alter** wird mit dem **Verb *avoir*** + **Zahl** + ***an(s)*** angegeben:
  Amélia **a un an.** — Amélia **ist** ein Jahr alt.
  J'ai dix-sept ans. — Ich **bin** 17 Jahre alt.

G124 Die Ordnungszahlen

Ordnungszahlen verwendet man, um eine **Reihenfolge** oder **Rangfolge** zu bestimmen.

Nous vivons **au vingt et unième** siècle.
Marine est arrivée **à la deuxième** place.

le 1er /	la 1re	le premier / la première	der / die **erste**
le / la	2e	le / la **deuxième**	der / die **zweite**
le / la	3e	le / la **troisième**	der / die **dritte**
le / la	4e	le / la **quatrième**	…
le / la	5e	le / la **cinquième**	
le / la	9e	le / la **neuvième**	
le / la	10e	le / la **dixième**	
le / la	11e	le / la **onzième**	
		Grundzahl + -ième	
		…	
		le dernier / la dernière	der / die **letzte**

- Du bildest die **Ordnungszahl**, indem du an die Grundzahl die Endung ***-ième*** anhängst.
  Ausnahmen:
  premier / première – dernier / dernière
- Endet die **Grundzahl auf *-e***, fällt dieses *-e* bei der Ordnungszahl weg:
  quatre → ***le/la quatrième.***
  onze → ***le/la onzième.***
- Die Ordnungszahl von *neuf* lautet: ***le/la neuvième.***
  Die Ordnungszahl von *cinq* lautet: ***le/la cinquième.***

*Zur Stellung von dernier → **G 41***

Pour en savoir plus

Bei den Namen der **Könige** verwendest du die **Grundzahl**, außer bei der Zahl 1: **premier.**

D/F

! François **1er (premier)** / Napoléon **1er (premier)** — Friedrich der Erste / Napoleon der Erste
Henri **IV (quatre)** / Louis **XVI (seize)** — Heinrich der Vierte / Ludwig der Sechzehnte

G 125 Die Bruchzahlen

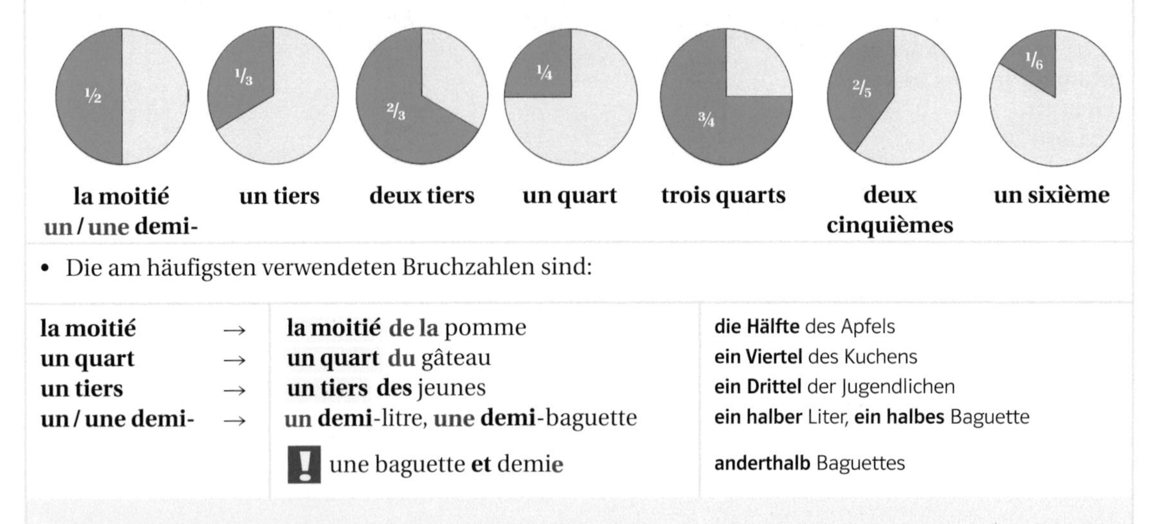

- Die am häufigsten verwendeten Bruchzahlen sind:

la moitié →	**la moitié de la** pomme	**die Hälfte** des Apfels
un quart →	**un quart du** gâteau	**ein Viertel** des Kuchens
un tiers →	**un tiers des** jeunes	**ein Drittel** der Jugendlichen
un / une demi- →	un **demi**-litre, **une demi**-baguette	**ein halber** Liter, **ein halbes** Baguette
	! une baguette **et** demie	**anderthalb** Baguettes

- Die Bruchzahlen sind Nomen. Ist der Zähler größer als **1**, so bekommt der Nenner ein **Plural** ***-s:*** ⅖ **deux cinquièmes** **deux** cinquième**s**
- Folgt ein **Nomen** auf eine **Bruchzahl**, so werden beide mit ***du/de la/de l'/des*** verbunden.
  ¾ **Trois quarts des** élèves chattent.
  Tu veux ½ **la moitié de l'**orange?
- ***Demi-*** in der Bedeutung von **0,5** (la moitié) steht **vor** dem Nomen und wird mit einem Bindestrich an das Nomen angeschlossen. **Demi- vor** dem Nomen ist **unveränderlich**:
  une demi-heure – eine halbe Stunde
- ***et demi / et demie*** **nach** dem Nomen bedeutet, dass eine Hälfte **hinzugefügt** wird. ***et demi*** wird an das **Geschlecht des Nomens angeglichen.**

1 ½	un croissant **et demi**	anderthalb Croissants
1 ½	une heure **et demie**	anderthalb Stunden
2 ½	deux ans **et demi**	zweieinhalb Jahre
2 ½	deux baguettes **et demie**	zweieinhalb Baguettes

G 126 Die Prozentzahlen

Ein **Teil** von einer Menge kann man in **Prozentzahlen** angeben.

18 % des Français vivent dans la région parisienne.	(dix-huit pour cent)
Dans ce gâteau, il y a **25 % de** farine.	(vingt-cinq pour cent)

Zahl + pour cent + de

G127 Die Frage nach einer Menge

Um nach einer Menge zu fragen, verwendet man das Fragewort ***Combien de/d'***.

Combien	**de**	coca **est-ce que** j'achète?
Wie viel	–	Cola …
Combien	**d'**	**o**ranges **est-ce qu'**il y a pour le dessert?
Wie viele	–	Apfelsinen …
Combien	**de**	bouteilles de lait **est-ce que** j'achète?
Wie viele	–	Milchflaschen …

Combien de / d' + Nomen + est-ce que

- Vor Vokal oder stummem *h* wird ***combien de*** zu ***combien d'***.

G128 Unbestimmte Mengenangaben

Unbestimmte Mengenangaben kann man **nicht genau** messen.

Sur sa pizza, Maxime a mis	**beaucoup de**	sel,	**viel** Salz,
	assez de	tomate**s**,	**genug** Tomaten,
	peu d'	**o**live**s**.	**wenige** Oliven.
Oh là là, il a mis	**trop de**	sel,	**zu viel** Salz,
mais il n'a pas mis	**assez d'**	**o**lives!	**zu wenig** Oliven!

- Nach Ausdrücken, die eine **unbestimmte Menge** bezeichnen, steht immer ***de/d'***.
- **Zählbare** Gegenstände stehen immer im Plural: *assez de tomates*.
- **Nicht zählbare** Gegenstände stehen im Singular: *trop de **sel***.
- Vor Vokal und stummem *h* wird *de* zu *d'*.

! Vergleiche: **peu d'**huile – **wenig** Öl
un peu d'huile – **ein wenig** Öl

Mit dem **Teilungsartikel *du/de la/de l'*** gibst du auch eine **unbestimmte** Menge an.

Maxime veut préparer une pizza.

Il lui faut	**du fromage**,	Er braucht	- Käse,
	de la sauce tomate,		- Tomatensauce,
	de l'huile,		- Öl,
	de l'ananas.		- Ananas.

Zum Teilungsartikel → G 14

Pour en savoir plus

Quelques wird ohne ***de*** verwendet.
Maxime a mis **quelques** olives sur la pizza.
… **einige / ein paar** Oliven …

G 129 Bestimmte Mengenangaben

Maxime fait les courses.

Il achète				
	un kilo	**de**	tomate**s**,	**ein Kilo** – Tomaten
	deux kilos	**de**	sucre,	**zwei Kilo** – Zucker
	un paquet	**de**	beurre,	**ein Päckchen** – Butter
	deux bouteilles	**de**	coca,	**zwei Flaschen** – Cola
	un litre	**de**	lait,	**ein Liter** – Milch
	cent grammes	**d'**	olive**s**,	**100 Gramm** – Oliven
	trois kilos	**d'**	orange**s**.	**drei Kilo** – Orangen

Mengenangabe + de / d' + Nomen

- Nach Ausdrücken, die eine **bestimmte Menge** bezeichnen, steht ***de*** oder ***d'***.
- Steht die Mengeneinheit im **Plural**, wird ein ***-s*** angehängt: *un kilo / deux kilo**s** ...*
- **Zählbare** Gegenstände stehen meistens im **Plural**: *un kilo de carotte**s**.*
- **Nicht zählbare** Gegenstände stehen immer im **Singular**: *deux litres de **lait**.*
- Vor Vokal und stummem *h* wird *de* zu *d'*.

D/F

! Maxime achète deux kilo**s** de pommes.
Maxime kauft zwei Kil**o** – Äpfel.

G 130 Mengenangaben – Übersicht

Übersicht

Unbestimmte Mengen			Bestimmte Mengen			
			Singular		**Plural**	
	du	sel	un kilo	de farine	deux kilos	de tomates
	de la	farine	un gramme	de beurre	cent grammes	de beurre
	de l'	**h**uile	un litre	de lait	trois litres	de lait
			un mètre	de tissu	deux mètres	de tissu
peu	de	sucre	un paquet	de riz	quatre paquets	de riz
assez	de	sucre	un pot	de confiture	deux pots	de confiture
beaucoup	de	sucre	un verre	d'eau	cinq verres	d'eau
trop	de	sucre	un morceau	de gâteau	trois morceaux	de gâteau
			une tasse	de thé	trois tasses	de café
			une bouteille	de lait	dix bouteilles	d'eau

G 131 Die Menge Null

Die Menge Null drückst du mit ***ne … pas de / ne … plus de*** aus.

Mais il **n'**y a **pas de** fromage dans le frigo.
plus de sauce tomate.
pas d'huile.
pas de tomate**s**.
plus d'olive**s**.

keinen Käse
keine Tomatensauce **mehr**
kein Öl
keine Tomaten
keine Oliven **mehr**

ne / n' … pas de / d' …
plus de / d'…

- **Alle Mengenangaben** (bestimmte und unbestimmte Mengen) werden mit ***ne … pas de*** oder ***ne … plus de*** + **Nomen** verneint.
- Folgt auf die Verneinung ein Nomen mit Vokal oder stummem *h*, wird ***de*** zu ***d'***.
  Je **n'**achète **pas d'o**ranges.
  pas d'huile.

! **Die Verneinung von zählbaren** Mengen steht meistens im Plural:

Vergleiche: Il n'y a plus de tomate**s** / d'orange**s** … (zählbare Mengen)
Il n'y a plus de lait / d'huile … (nicht zählbare Mengen)

G 132 Das Pronomen *en*

Willst du eine **Mengenangabe** durch ein **Pronomen** ersetzen, so verwendest du ***en***.

- – Il y a **de la** salade.
  – Tu **en** veux?
  – Oui, j'**en** prends **un peu**.
- – Tu as **assez de sucre**?
  – Oui, j'**en** ai même **trop**.
  – Non, je **n'en** ai **pas assez**.
- – Il reste **des chips**?
  – Oui, il **en** reste.
  – Ah non, il **n'en** reste **plus**.

En kann Folgendes ersetzen:
- **Teilungsartikel + Nomen** (**de la** salade)
- **Mengenangabe mit *de*** (assez **de** sucre)
- ***des*** **+ Nomen** (**des** chips).

- ***En*** kann mit einer **ergänzenden Mengenangabe** stehen: J'**en** prends { **une tasse.** / **un peu**.

Zur Stellung des Pronomens en *im Satz* → ***G 25***

13 Verbtabellen

G133 Regelmäßige Verben auf *-er*, *-ir* und *-dre*

		regelmäßige **Verben auf *-er*** **danser** - tanzen	regelmäßige ***Verben auf -ir*** vom Typ **finir** - beenden	regelmäßige **Verben auf *-ir*** vom Typ **sortir** - ausgehen	regelmäßige **Verben auf *-dre*** **répondre** - antworten	reflexive Verben **se** laver - sich waschen
		Ebenso: alle regelmäßigen Verben auf *-er:* parl**er**, aim**er**, jou**er** …	**Ebenso:** chois**ir**, réfléch**ir**, applaud**ir**, réag**ir**, un**ir**, rempl**ir** …	**Ebenso:** dorm**ir**, ment**ir** …	**Ebenso:** atten**dre**, enten**dre**, per**dre**, ven**dre**, ren**dre** …	
présent	**je**	dans e	fini s	sor s	répond s	**me** lave
	tu	dans es	fini s	sor s	répond s	**te** laves
	il/elle	dans e	fini t	sor t	répond	**se** lave
	nous	dans ons	finiss ons	sort ons	répond ons	**nous** lavons
	vous	dans ez	finiss ez	sort ez	répond ez	**vous** lavez
	ils/elles	dans ent	finiss ent	sort ent	répond ent	**se** lavent
impératif		Dans **e.**	Fini s.	Sor s.	Répond s.	Lave- **toi.**
		Dans ons.	Finiss ons.	Sort ons.	Répond ons.	Lavons- **nous.**
		Dans ez.	Finiss ez.	Sort ez.	Répond ez.	Lavez- **vous.**
imparfait	**je**	dans ais	finiss ais	sort ais	répond ais	**me** lavais
	tu	dans ais	finiss ais	sort ais	répond ais	**te** lavais
	il/elle	dans ait	finiss ait	sort ait	répond ait	**se** lavait
	nous	dans ions	finiss ions	sort ions	répond ions	**nous** lavions
	vous	dans iez	finiss iez	sort iez	répond iez	**vous** laviez
	ils/elles	dans aient	finiss aient	sort aient	répond aient	**se** lavaient
subjonctif	**que je**	dans e	finiss e	sort e	répond e	**me** lave
	que tu	dans es	finiss es	sort es	répond es	**te** laves
	qu'il/elle	dans e	finiss e	sort e	répond e	**se** lave
	que nous	dans ions	finiss ions	sort ions	répond ions	**nous** lavions
	que vous	dans iez	finiss iez	sort iez	répond iez	**vous** laviez
	qu'ils/elles	dans ent	finiss ent	sort ent	répond ent	**se** lavent
futur simple	**je**	danser ai	finir ai	sortir ai	répondr ai	**me** laverai
	tu	danser as	finir as	sortir as	répondr as	**te** laveras
	il/elle	danser a	finir a	sortir a	répondr a	**se** lavera
	nous	danser ons	finir ons	sortir ons	répondr ons	**nous** laverons
	vous	danser ez	finir ez	sortir ez	répondr ez	**vous** laverez
	ils/elles	danser ont	finir ont	sortir ont	répondr ont	**se** laveront
conditionnel	**je**	danser ais	finir ais	sortir ais	répondr ais	**me** laverais
	tu	danser ais	finir ais	sortir ais	répondr ais	**te** laverais
	il/elle	danser ait	finir ait	sortir ait	répondr ait	**se** laverait
	nous	danser ions	finir ions	sortir ions	répondr ions	**nous** laverions
	vous	danser iez	finir iez	sortir iez	répondr iez	**vous** laveriez
	ils/elles	danser aient	finir aient	sortir aient	répondr aient	**se** laveraient

Zusammengesetzte Zeiten:

		regelmäßige **Verben auf -*er*** **danser** - tanzen	regelmäßige ***Verben auf -ir*** vom Typ **finir** - beenden	regelmäßige **Verben auf -*ir*** vom Typ **sortir** - ausgehen	regelmäßige **Verben auf -*dre*** **répondre** - antworten	reflexive Verben **se laver** - sich waschen
passé composé	**je/j'**	ai dansé	ai fini	suis sorti(e)	ai répondu	**me** suis lavé(e)
	tu	as dansé	as fini	es sorti(e)	as répondu	**t'**es lavé(e)
	il	a dansé	a fini	est sorti	a répondu	**s'**est lavé
	elle	a dansé	a fini	est sortie	a répondu	**s'**est lavée
	nous	avons dansé	avons fini	sommes sorti(e)s	avons répondu	**nous** sommes lavé(e)
*(avec **avoir** ou*	**vous**	avez dansé	avez fini	êtes sorti(e)s	avez répondu	**vous** êtes lavé(e)s
***être**)*	**ils**	ont dansé	ont fini	sont sortis	ont répondu	**se** sont lavés
	elles	ont dansé	ont fini	sont sorties	ont répondu	**se** sont lavées
plus-que-parfait	**je/j'**	avais dansé	avais fini	étais sorti(e)	avais répondu	**m'**étais lavé(e)
	tu	avais dansé	avais fini	étais sorti(e)	avais répondu	**t'**étais lavé(e)
	il	avait dansé	avait fini	était sorti	avait répondu	**s'**était lavé
	elle	avait dansé	avait fini	était sortie	avait répondu	**s'**était lavée
	nous	avions dansé	avions fini	étions sorti(e)s	avions répondu	**nous** étions lavé(e)s
*(avec **avoir** ou*	**vous**	aviez dansé	aviez fini	étiez sorti(e)s	aviez répondu	**vous** étiez lavé(e)s
***être**)*	**ils**	avaient dansé	avaient fini	étaient sortis	avaient répondu	**s'**étaient lavés
	elles	avaient dansé	avaient fini	étaient sorties	avaient répondu	**s'**étaient lavées
futur composé	**je**	vais danser	vais finir	vais sortir	vais répondre	vais **me** laver
	tu	vas danser	vas finir	vas sortir	vas répondre	vas **te** laver
	il	va danser	va finir	va sortir	va répondre	va **se** laver
	elle	va danser	va finir	va sortir	va répondre	va **se** laver
	nous	allons danser	allons finir	allons sortir	allons répondre	allons **nous** laver
*(avec **aller**)*	**vous**	allez danser	allez finir	allez sortir	allez répondre	allez **vous** laver
	ils	vont danser	vont finir	vont sortir	vont répondre	vont **se** laver
	elles	vont danser	vont finir	vont sortir	vont répondre	vont **se** laver

*Zum Gebrauch und zur Bildung der Zeiten → **Kapitel 5***

G134 Verben auf *-er* mit Besonderheiten

	infinitif	*présent*		*passé composé*			*imparfait*		*plus-que-parfait*		
1	**commencer**	je	commence	j'	ai	commencé	je	commençais	j'	avais	commencé
	beginnen	tu	commences	tu	as	commencé	tu	commençais	tu	avais	commencé
		il	commence	il	a	commencé	il	commençait	il	avait	commencé
	-c- wird zu *-ç-*	nous	commençons	nous	avons	commencé	nous	commencions	nous	avions	commencé
	vor *-a* und *-o*	vous	commencez	vous	avez	commencé	vous	commenciez	vous	aviez	commencé
		ils	commencent	ils	ont	commencé	ils	commençaient	ils	avaient	commencé

Ebenso: lancer, recommencer, annoncer

	infinitif	*présent*		*passé composé*			*imparfait*		*plus-que-parfait*		
2	**manger**	je	mange	j'	ai	mangé	je	mangeais	j'	avais	mangé
	essen	tu	manges	tu	as	mangé	tu	mangeais	tu	avais	mangé
		il	mange	il	a	mangé	il	mangeait	il	avait	mangé
	-g- wird zu *-ge-*	nous	mangeons	nous	avons	mangé	nous	mangions	nous	avions	mangé
	vor *-a* und *-o*	vous	mangez	vous	avez	mangé	vous	mangiez	vous	aviez	mangé
		ils	mangent	ils	ont	mangé	ils	mangeaient	ils	avaient	mangé

Ebenso: changer, corriger, déranger, nager, ranger, voyager, déménager, bouger

	infinitif	*présent*		*passé composé*			*imparfait*		*plus-que-parfait*		
3	**acheter**	j'	achète	j'	ai	acheté	j'	achetais	j'	avais	acheté
	einkaufen	tu	achètes	tu	as	acheté	tu	achetais	tu	avais	acheté
		il	achète	il	a	acheté	il	achetait	il	avait	acheté
	-e- wird zu *-è-*	nous	achetons	nous	avons	acheté	nous	achetions	nous	avions	acheté
		vous	achetez	vous	avez	acheté	vous	achetiez	vous	aviez	acheté
		ils	achètent	ils	ont	acheté	ils	achetaient	ils	avaient	acheté

Ebenso: emmener, enlever,
und die reflexiven Verben: se lever, se promener
je **me suis** levé(e), je **me suis** promené(e)

	infinitif	*présent*		*passé composé*			*imparfait*		*plus-que-parfait*		
4	**espérer**	j'	espère	j'	ai	espéré	j'	espérais	j'	avais	espéré
	hoffen	tu	espères	tu	as	espéré	tu	espérais	tu	avais	espéré
		il	espère	il	a	espéré	il	espérait	il	avait	espéré
	-é- wird zu *-è-*	nous	espérons	nous	avons	espéré	nous	espérions	nous	avions	espéré
		vous	espérez	vous	avez	espéré	vous	espériez	vous	aviez	espéré
		ils	espèrent	ils	ont	espéré	ils	espéraient	ils	avaient	espéré

Ebenso: compléter, répéter, préférer, exagérer, sécher, interpréter, posséder, protéger

	infinitif	*présent*		*passé composé*			*imparfait*		*plus-que-parfait*		
5	**appeler**	j'	appelle	j'	ai	appelé	j'	appelais	j'	avais	appelé
	(an)rufen	tu	appelles	tu	as	appelé	tu	appelais	tu	avais	appelé
		il	appelle	il	a	appelé	il	appelait	il	avait	appelé
	-l- wird zu *-ll-*	nous	appelons	nous	avons	appelé	nous	appelions	nous	avions	appelé
		vous	appelez	vous	avez	appelé	vous	appeliez	vous	aviez	appelé
		ils	appellent	ils	ont	appelé	ils	appelaient	ils	avaient	appelé

Ebenso: s'appeler Das Verb *jeter* verhält sich ähnlich: **-t-** wird zu **-tt-** (je jette, nous jetons - je jetterai …)

	infinitif	*présent*		*passé composé*			*imparfait*		*plus-que-parfait*		
6	**payer**	je	paie	j'	ai	payé	je	payais	j'	avais	payé
	bezahlen	tu	paies	tu	as	payé	tu	payais	tu	avais	payé
		il	paie	il	a	payé	il	payait	il	avait	payé
	-y- wird zu *-i-*	nous	payons	nous	avons	payé	nous	payions	nous	avions	payé
		vous	payez	vous	avez	payé	vous	payiez	vous	aviez	payé
		ils	paient	ils	ont	payé	ils	payaient	ils	avaient	payé

Ebenso: essayer, envoyer

futur composé			futur simple		conditionnel		subjonctif		impératif
je	vais	commencer	je	commencerai	je	commencerais	que je	commence	
tu	vas	commencer	tu	commenceras	tu	commencerais	que tu	commences	Commence.
il	va	commencer	il	commencera	il	commencerait	qu'il	commence	
nous	allons	commencer	nous	commencerons	nous	commencerions	que nous	commencions	Commençons.
vous	allez	commencer	vous	commencerez	vous	commenceriez	que vous	commenciez	Commencez.
ils	vont	commencer	ils	commenceront	ils	commenceraient	qu'ils	commencent	

futur composé			futur simple		conditionnel		subjonctif		impératif
je	vais	manger	je	mangerai	je	mangerais	que je	mange	
tu	vas	manger	tu	mangeras	tu	mangerais	que tu	manges	Mange.
il	va	manger	il	mangera	il	mangerait	qu'il	mange	
nous	allons	manger	nous	mangerons	nous	mangerions	que nous	mangions	Mangeons.
vous	allez	manger	vous	mangerez	vous	mangeriez	que vous	mangiez	Mangez.
ils	vont	manger	ils	mangeront	ils	mangeraient	qu'ils	mangent	

futur composé			futur simple		conditionnel		subjonctif		impératif
je	vais	acheter	j'	achèterai	j'	achèterais	que j'	achète	
tu	vas	acheter	tu	achèteras	tu	achèterais	que tu	achètes	Achète …
il	va	acheter	il	achètera	il	achèterait	qu'il	achète	
nous	allons	acheter	nous	achèterons	nous	achèterions	que nous	achetions	Achetons …
vous	allez	acheter	vous	achèterez	vous	achèteriez	que vous	achetiez	Achetez …
ils	vont	acheter	ils	achèteront	ils	achèteraient	qu'ils	achètent	

futur composé			futur simple		conditionnel		subjonctif		impératif
je	vais	espérer	j'	espèrerai	j'	espèrerais	que j'	espère	
tu	vas	espérer	tu	espèreras	tu	espèrerais	que tu	espères	Espère …
il	va	espérer	il	espèrera	il	espèrerait	qu'il	espère	
nous	allons	espérer	nous	espèrerons	nous	espèrerions	que nous	espérions	Espérons …
vous	allez	espérer	vous	espèrerez	vous	espèreriez	que vous	espériez	Espérez …
ils	vont	espérer	ils	espèreront	ils	espèreraient	qu'ils	espèrent	

futur composé			futur simple		conditionnel		subjonctif		impératif
je	vais	appeler	j'	appellerai	j'	appellerais	que j'	appelle	
tu	vas	appeler	tu	appelleras	tu	appellerais	que tu	appelles	Appelle …
il	va	appeler	il	appellera	il	appellerait	qu'il	appelle	
nous	allons	appeler	nous	appellerons	nous	appellerions	que nous	appelions	Appelons …
vous	allez	appeler	vous	appellerez	vous	appelleriez	que vous	appeliez	Appelez …
ils	vont	appeler	ils	appelleront	ils	appelleraient	qu'ils	appellent	

futur composé			futur simple		conditionnel		subjonctif		impératif
je	vais	payer	je	paierai	je	paierais	que je	paie	
tu	vas	payer	tu	paieras	tu	paierais	que tu	paies	Paie.
il	va	payer	il	paiera	il	paierait	qu'il	paie	
nous	allons	payer	nous	paierons	nous	paierions	que nous	payions	Payons.
vous	allez	payer	vous	paierez	vous	paieriez	que vous	payiez	Payez.
ils	vont	payer	ils	paieront	ils	paieraient	qu'ils	paient	

G 135 Unregelmäßige Verben

In diesem Kapitel findest du die **Konjugationstabelle** der **wichtigsten unregelmäßigen Verben**. Wenn du ein Verb suchst, dann schau hier im **Verbverzeichnis** nach. Dort sind auch Verben aufgelistet, die **nach dem gleichen Muster** konjugiert werden.

Verbenverzeichnis

aller	gehen	3
appartenir	gehören	27
apprendre	lernen	22
s'asseoir	sich setzen	4
avoir	haben	1
boire	trinken	5
comprendre	verstehen	22
conduire	fahren	6
connaître	kennen	7
courir	laufen	8
croire	glauben	9
découvrir	entdecken	19
décrire	beschreiben	12
devenir	werden	28
devoir	müssen, sollen	10
disparaître	verschwinden	7
dire	sagen	11
écrire	schreiben	12
envoyer	schicken	13
être	sein	2
falloir	müssen	15
faire	machen, tun	14
lire	lesen	16
mettre	stellen	17

	infinitif	*présent*	*passé composé*	*imparfait*	*plus-que-parfait*
1	**avoir**	j' **ai**	j' ai **eu**	j' avais	j' avais eu
	haben	tu **as**	tu as eu	tu avais	tu avais eu
		il **a**	il a eu	il avait	il avait eu
		nous **avons**	nous avons eu	nous avions	nous avions eu
		vous **avez**	vous avez eu	vous aviez	vous aviez eu
		ils **ont**	ils ont eu	ils avaient	ils avaient eu
2	**être**	je **suis**	j' ai **été**	j' étais	j' avais été
	sein	tu **es**	tu as été	tu étais	tu avais été
		il **est**	il a été	il était	il avait été
		nous **sommes**	nous avons été	nous étions	nous avions été
		vous **êtes**	vous avez été	vous étiez	vous aviez été
		ils **sont**	ils ont été	ils étaient	ils avaient été
3	**aller**	je **vais**	je **suis allé**(e)	j' allais	j' étais allé(e
	gehen, fahren	tu **vas**	tu es allé(e)	tu allais	tu étais allé(e
		il **va**	il est allé	il allait	il était allé
			elle est allée		elle était allée
		nous **allons**	nous sommes allé(e)s	nous allions	nous étions allé(e
		vous **allez**	vous êtes allé(e)s	vous alliez	vous étiez allé(e
		ils **vont**	ils sont allés	ils allaient	ils étaient allés
			elles sont allées		elles étaient allées
4	**s'asseoir**	je m' **assois**	je **me suis assis**(e)	je m' asseyais	je m' étais assis(
	sich setzen	tu t' **assois**	tu t' es assis(e)	tu t' asseyais	tu t' étais assis(
		il s' **assoit**	il s' est assis	il s' asseyait	il s' était assis
			elle s' est assise		elle s' était assis
		nous nous **asseyons**	nous nous sommes assis(es)	nous nous asseyions	nous nous étions assis(
		vous vous **asseyez**	vous vous êtes assis(es)	vous vous asseyiez	vous vous étiez assis(
		ils s' **assoient**	ils se sont assis	ils s' asseyaient	ils s' étaient assis
			elles se sont assises		elles s' étaient assis
5	**boire**	je bois	j' ai **bu**	je buvais	j' avais bu
	trinken	tu bois	tu as bu	tu buvais	tu avais bu
		il boit	il a bu	il buvait	il avait bu
		nous buvons	nous avons bu	nous buvions	nous avions bu
		vous buvez	vous avez bu	vous buviez	vous aviez bu
		ils boivent	ils ont bu	ils buvaient	ils avaient bu

obtenir	erhalten	25	**recevoir**	empfangen	23	**se souvenir**	sich erinnern	28
offrir	anbieten	18	**reconnaître**	wieder erkennen	7	**suivre**	folgen	26
ouvrir	öffnen	19	**réduire**	verringern	6	**survivre**	überleben	29
permettre	erlauben	17	**revenir**	zurückkommen	28	**tenir**	halten	27
pleuvoir	regnen	20	**revoir**	wieder sehen	30	**venir**	kommen	28
pouvoir	können	21	**rire**	lachen	24	**vivre**	leben	29
prendre	nehmen	22	**savoir**	wissen	25	**voir**	sehen	30
promettre	versprechen	17	**sourire**	lächeln	24	**vouloir**	wollen	31

futur composé			*futur simple*			*conditionnel*			*subjonctif*			*impératif*
je	vais	avoir	j'		**aur**ai	j'		aurais	que j'		**aie**	
tu	vas	avoir	tu		auras	tu		aurais	que tu		aies	Aie …
il	va	avoir	il		aura	il		aurait	qu'il		ait	
nous	allons	avoir	nous		aurons	nous		aurions	que nous		**ayons**	Ayons …
vous	allez	avoir	vous		aurez	vous		auriez	que vous		**ayez**	Ayez …
ils	vont	avoir	ils		auront	ils		auraient	qu'ils		aient	
je	vais	être	je		**ser**ai	je		serais	que je		**sois**	
tu	vas	être	tu		seras	tu		serais	que tu		sois	Sois …
il	va	être	il		sera	il		serait	qu'il		soit	
nous	allons	être	nous		serons	nous		serions	que nous		**soyons**	Soyons …
vous	allez	être	vous		serez	vous		seriez	que vous		**soyez**	Soyez …
ils	vont	être	ils		seront	ils		seraient	qu'ils		soient	
je	vais	aller	j'		**ir**ai	j'		irais	que j'		**aille**	
tu	vas	aller	tu		iras	tu		irais	que tu		ailles	Va …
il	va	aller	il		ira	il		irait	qu'il		aille	
nous	allons	aller	nous		irons	nous		irions	que nous		allions	Allons …
vous	allez	aller	vous		irez	vous		iriez	que vous		alliez	Allez …
ils	vont	aller	ils		iront	ils		iraient	qu'ils		aillent	
je	vais m'	asseoir	je	m'	assiérai	je	m'	assiérais	que je	m'	asseye	
tu	vas t'	asseoir	tu	t'	assiéras	tu	t'	assiérais	que tu	t'	asseyes	Assieds-**toi.**
il	va s'	asseoir	il	s'	assiéra	il	s'	assiérait	qu'il	s'	asseye	
nous	allons nous	asseoir	nous	nous	assiérons	nous	nous	assiérions	que nous	nous	asseyions	Asseyons-nous.
vous	allez vous	asseoir	vous	vous	assiérez	vous	vous	assiériez	que vous	vous	asseyiez	Asseyez-vous.
ils	vont s'	asseoir	ils	s'	assiéront	ils	s'	assiéraient	qu'ils	s'	asseyent	
je	vais	boire	je		boirai	je		boirais	que je		boive	
tu	vas	boire	tu		boiras	tu		boirais	que tu		boives	Bois.
il	va	boire	il		boira	il		boirait	qu'il		boive	
nous	allons	boire	nous		boirons	nous		boirions	que nous		buvions	Buvons.
vous	allez	boire	vous		boirez	vous		boiriez	que vous		buviez	Buvez.
ils	vont	boire	ils		boiront	ils		boiraient	qu'ils		boivent	

	infinitif	*présent*	*passé composé*		*imparfait*	*plus-que-parfait*	
6	**conduire**	je conduis	j' ai	conduit	je conduisais	j' avais	conduit
	fahren, lenken	tu conduis	tu as	conduit	tu conduisais	tu avais	conduit
		il conduit	il a	conduit	il conduisait	il avait	conduit
		nous conduisons	nous avons	conduit	nous conduisions	nous avions	conduit
		vous conduisez	vous avez	conduit	vous conduisiez	vous aviez	conduit
		ils conduisent	ils ont	conduit	ils conduisaient	ils avaient	conduit
7	**connaître**	je connais	j' ai	**connu**	je connaissais	j' avais	connu
	kennen	tu connais	tu as	connu	tu connaissais	tu avais	connu
		il connaît	il a	connu	il connaissait	il avait	connu
		nous connaissons	nous avons	connu	nous connaissions	nous avions	connu
		vous connaissez	vous avez	connu	vous connaissiez	vous aviez	connu
		ils connaissent	ils ont	connu	ils connaissaient	ils avaient	connu

Ebenso: **disparaître, reconnaître**

	infinitif	*présent*	*passé composé*		*imparfait*	*plus-que-parfait*	
8	**courir**	je cours	j' ai	**couru**	je courais	j' avais	couru
	laufen	tu cours	tu as	couru	tu courais	tu avais	couru
		il court	il a	couru	il courait	il avait	couru
		nous courons	nous avons	couru	nous courions	nous avions	couru
		vous courez	vous avez	couru	vous couriez	vous aviez	couru
		ils courent	ils ont	couru	ils couraient	ils avaient	couru
9	**croire**	je crois	j' ai	**cru**	je croyais	j' avais	cru
	glauben	tu crois	tu as	cru	tu croyais	tu avais	cru
		il croit	il a	cru	il croyait	il avait	cru
		nous croyons	nous avons	cru	nous croyions	nous avions	cru
		vous croyez	vous avez	cru	vous croyiez	vous aviez	cru
		ils croient	ils ont	cru	ils croyaient	ils avaient	cru
10	**devoir**	je dois	j' ai	**dû**	je devais	j' avais	dû
	müssen,	tu dois	tu as	dû	tu devais	tu avais	dû
	sollen	il doit	il a	dû	il devait	il avait	dû
		nous devons	nous avons	dû	nous devions	nous avions	dû
		vous devez	vous avez	dû	vous deviez	vous aviez	dû
		ils doivent	ils ont	dû	ils devaient	ils avaient	dû
11	**dire**	je dis	j' ai	**dit**	je disais	j' avais	dit
	sagen	tu dis	tu as	dit	tu disais	tu avais	dit
		il dit	il a	dit	il disait	il avait	dit
		nous disons	nous avons	dit	nous disions	nous avions	dit
		vous **dites**	vous avez	dit	vous disiez	vous aviez	dit
		ils disent	ils ont	dit	ils disaient	ils avaient	dit
12	**écrire**	j' écris	j' ai	**écrit**	j' écrivais	j' avais	écrit
	schreiben	tu écris	tu as	écrit	tu écrivais	tu avais	écrit
		il écrit	il a	écrit	il écrivait	il avait	écrit
		nous écrivons	nous avons	écrit	nous écrivions	nous avions	écrit
		vous écrivez	vous avez	écrit	vous écriviez	vous aviez	écrit
		ils écrivent	ils ont	écrit	ils écrivaient	ils avaient	écrit

Ebenso: **décrire**

futur composé			*futur simple*		*conditionnel*		*subjonctif*		*impératif*
je	vais	conduire	je	conduirai	je	conduirais	que je	conduise	
tu	vas	conduire	tu	conduiras	tu	conduirais	que tu	conduises	Conduis.
il	va	conduire	il	conduira	il	conduirait	qu'il	conduise	
nous	allons	conduire	nous	conduirons	nous	conduirions	que nous	conduisions	Conduisons.
vous	allez	conduire	vous	conduirez	vous	conduiriez	que vous	conduisiez	Conduisez.
ils	vont	conduire	ils	conduiront	ils	conduiraient	qu'il	conduisent	
je	vais	connaître	je	connaîtrai	je	connaîtrais	que je	connaisse	
tu	vas	connaître	tu	connaîtras	tu	connaîtrais	que tu	connaisses	
il	va	connaître	il	connaîtra	il	connaîtrait	qu'il	connaisse	
nous	allons	connaître	nous	connaîtrons	nous	connaîtrions	que nous	connaissions	
vous	allez	connaître	vous	connaîtrez	vous	connaîtriez	que vous	connaissiez	
ils	vont	connaître	ils	connaîtront	ils	connaîtraient	qu'ils	connaissent	
je	vais	courir	je	courrai	je	courrais	que je	coure	
tu	vas	courir	tu	courras	tu	courrais	que tu	coures	Cours.
il	va	courir	il	courra	il	courrait	qu'il	coure	
nous	allons	courir	nous	courrons	nous	courrions	que nous	courions	Courons.
vous	allez	courir	vous	courrez	vous	courriez	que vous	couriez	Courez.
ils	vont	courir	ils	courront	ils	courraient	qu'ils	courent	
je	vais	croire	je	croirai	je	croirais	que je	croie	
tu	vas	croire	tu	croiras	tu	croirais	que tu	croies	Crois …
il	va	croire	il	croira	il	croirait	qu'il	croie	
nous	allons	croire	nous	croirons	nous	croirions	que nous	croyions	Croyons …
vous	allez	croire	vous	croirez	vous	croiriez	que vous	croyiez	Croyez …
ils	vont	croire	ils	croiront	ils	croiraient	qu'ils	croient	
je	vais	devoir	je	**devrai**	je	devrais	que je	doive	
tu	vas	devoir	tu	devras	tu	devrais	que tu	doives	
il	va	devoir	il	devra	il	devrait	qu'il	doive	
nous	allons	devoir	nous	devrons	nous	devrions	que nous	devions	
vous	allez	devoir	vous	devrez	vous	devriez	que vous	deviez	
ils	vont	devoir	ils	devront	ils	devraient	qu'ils	doivent	
je	vais	dire	je	dirai	je	dirais	que je	dise	
tu	vas	dire	tu	diras	tu	dirais	que tu	dises	Dis …
il	va	dire	il	dira	il	dirait	qu'il	dise	
nous	allons	dire	nous	dirons	nous	dirions	que nous	disions	Disons …
vous	allez	dire	vous	direz	vous	diriez	que vous	disiez	**Dites** …
ils	vont	dire	ils	diront	ils	diraient	qu'ils	disent	
je	vais	écrire	j'	écrirai	j'	écrirais	que j'	écrive	
tu	vas	écrire	tu	écriras	tu	écrirais	que tu	écrives	Écris.
il	va	écrire	il	écrira	il	écrirait	qu'il	écrive	
nous	allons	écrire	nous	écrirons	nous	écririons	que nous	écrivions	Écrivons.
vous	allez	écrire	vous	écrirez	vous	écririez	que vous	écriviez	Écrivez.
ils	vont	écrire	ils	écriront	ils	écriraient	qu'ils	écrivent	

	infinitif	*présent*	*passé composé*		*imparfait*	*plus-que-parfait*	
13	**envoyer**	j' envoie	j' ai	envoyé	j' envoyais	j' avais	envoy
	schicken	tu envoies	tu as	envoyé	tu envoyais	tu avais	envoy
		il envoie	il a	envoyé	il envoyait	il avait	envoy
		nous envoyons	nous avons	envoyé	nous envoyions	nous avions	envoy
		vous envoyez	vous avez	envoyé	vous envoyiez	vous aviez	envoy
		ils envoient	ils ont	envoyé	ils envoyaient	ils avaient	envoy
14	**faire**	je fais	j' ai	**fait**	je faisais	j' avais	fait
	machen, tun	tu fais	tu as	fait	tu faisais	tu avais	fait
		il fait	il a	fait	il faisait	il avait	fait
		nous faisons	nous avons	fait	nous faisions	nous avions	fait
		vous **faites**	vous avez	fait	vous faisiez	vous aviez	fait
		ils **font**	ils ont	fait	ils faisaient	ils avaient	fait
15	**falloir**	il faut	il a	fallu	il fallait	il avait	fallu
	müssen						
16	**lire**	je lis	j' ai	**lu**	je lisais	j' avais	lu
	lesen	tu lis	tu as	lu	tu lisais	tu avais	lu
		il lit	il a	lu	il lisait	il avait	lu
		nous lisons	nous avons	lu	nous lisions	nous avions	lu
		vous lisez	vous avez	lu	vous lisiez	vous aviez	lu
		ils lisent	ils ont	lu	ils lisaient	ils avaient	lu
17	**mettre**	je mets	j' ai	**mis**	je mettais	j' avais	mis
	setzen,	tu mets	tu as	mis	tu mettais	tu avais	mis
	stellen,	il met	il a	mis	il mettait	il avait	mis
	legen	nous mettons	nous avons	mis	nous mettions	nous avions	mis
		vous mettez	vous avez	mis	vous mettiez	vous aviez	mis
		ils mettent	ils ont	mis	ils mettaient	ils avaient	mis
Ebenso: per**mettre**, pro**mettre**							
18	**offrir**	j' offre	j' ai	**offert**	j' offrais	j' avais	offert
	schenken	tu offres	tu as	offert	tu offrais	tu avais	offert
		il offre	il a	offert	il offrait	il avait	offert
		nous offrons	nous avons	offert	nous offrions	nous avions	offert
		vous offrez	vous avez	offert	vous offriez	vous aviez	offert
		ils offrent	ils ont	offert	ils offraient	ils avaient	offert
19	**ouvrir**	j' ouvre	j' ai	**ouvert**	j' ouvrais	j' avais	ouvert
	öffnen	tu ouvres	tu as	ouvert	tu ouvrais	tu avais	ouvert
		il ouvre	il a	ouvert	il ouvrait	il avait	ouvert
		nous ouvrons	nous avons	ouvert	nous ouvrions	nous avions	ouvert
		vous ouvrez	vous avez	ouvert	vous ouvriez	vous aviez	ouvert
		ils ouvrent	ils ont	ouvert	ils ouvraient	ils avaient	ouvert
Ebenso: dé**couvrir**							
20	**pleuvoir**	il pleut	il a	**plu**	il pleuvait	il avait	plu
	regnen						

futur composé			*futur simple*		*conditionnel*		*subjonctif*		*impératif*
je	vais	envoyer	j'	**enverr**ai	j'	enverrais	que j'	envoie	
tu	vas	envoyer	tu	enverras	tu	enverrais	que tu	envoies	Envoie …
il	va	envoyer	il	enverra	il	enverrait	qu'il	envoie	
nous	allons	envoyer	nous	enverrons	nous	enverrions	que nous	envo**yi**ons	Envoyons …
vous	allez	envoyer	vous	enverrez	vous	enverriez	que vous	envo**yi**ez	Envoyez …
ils	vont	envoyer	ils	enverront	ils	enverraient	qu'ils	envoient	
je	vais	faire	je	**ferai**	je	ferais	que je	**fasse**	
tu	vas	faire	tu	feras	tu	ferais	que tu	fasses	Fais …
il	va	faire	il	fera	il	ferait	qu'il	fasse	
nous	allons	faire	nous	ferons	nous	ferions	que nous	fassions	Faisons …
vous	allez	faire	vous	ferez	vous	feriez	que vous	fassiez	**Faites** …
ils	vont	faire	ils	feront	ils	feraient	qu'ils	fassent	
il	va	falloir	il	**faudra**	il	faudrait	qu'il	**faille**	
je	vais	lire	je	lirai	je	lirais	que je	lise	
tu	vas	lire	tu	liras	tu	lirais	que tu	lises	Lis.
il	va	lire	il	lira	il	lirait	qu'il	lise	
nous	allons	lire	nous	lirons	nous	lirions	que nous	lisions	Lisons.
vous	allez	lire	vous	lirez	vous	liriez	que vous	lisiez	Lisez.
ils	vont	lire	ils	liront	ils	liraient	qu'ils	lisent	
je	vais	mettre	je	mettrai	je	mettrais	que je	mette	
tu	vas	mettre	tu	mettras	tu	mettrais	que tu	mettes	Mets …
il	va	mettre	il	mettra	il	mettrait	qu'il	mette	
nous	allons	mettre	nous	mettrons	nous	mettrions	que nous	mettions	Mettons …
vous	allez	mettre	vous	mettrez	vous	mettriez	que vous	mettiez	Mettez …
ils	vont	mettre	ils	mettront	ils	mettraient	qu'ils	mettent	
je	vais	offrir	j'	offrirai	j'	offrirais	que j'	offre	
tu	vas	offrir	tu	offriras	tu	offrirais	que tu	offres	Offre …
il	va	offrir	il	offrira	il	offrirait	qu'il	offre	
nous	allons	offrir	nous	offrirons	nous	offririons	que nous	offrions	Offrons …
vous	allez	offrir	vous	offrirez	vous	offririez	que vous	offriez	Offrez …
ils	vont	offrir	ils	offriront	ils	offriraient	qu'ils	offrent	
je	vais	ouvrir	j'	ouvrirai	j'	ouvrirais	que j'	ouvre	
tu	vas	ouvrir	tu	ouvriras	tu	ouvrirais	que tu	ouvres	Ouvre.
il	va	ouvrir	il	ouvrira	il	ouvrirait	qu'il	ouvre	
nous	allons	ouvrir	nous	ouvrirons	nous	ouvririons	que nous	ouvrions	Ouvrons.
vous	allez	ouvrir	vous	ouvrirez	vous	ouvririez	que vous	ouvriez	Ouvrez.
ils	vont	ouvrir	ils	ouvriront	ils	ouvriraient	qu'ils	ouvrent	
il	va	pleuvoir	il	pleuvra	qu'il	pleuvrait	qu'il	pleuve	

	infinitif	*présent*	*passé composé*			*imparfait*	*plus-que-parfait*		
21	**pouvoir**	je **peux**	j'	ai	**pu**	je pouvais	j'	avais	pu
	können	tu **peux**	tu	as	pu	tu pouvais	tu	avais	pu
		il **peut**	il	a	pu	il pouvait	il	avait	pu
		nous **pouvons**	nous	avons	pu	nous pouvions	nous	avions	pu
		vous **pouvez**	vous	avez	pu	vous pouviez	vous	aviez	pu
		ils **peuvent**	ils	ont	pu	ils pouvaient	ils	avaient	pu
22	**prendre**	je prends	j'	ai	**pris**	je prenais	j'	avais	pris
	nehmen	tu prends	tu	as	pris	tu prenais	tu	avais	pris
		il prend	il	a	pris	il prenait	il	avait	pris
		nous prenons	nous	avons	pris	nous prenions	nous	avions	pris
		vous prenez	vous	avez	pris	vous preniez	vous	aviez	pris
		ils prennent	ils	ont	pris	ils prenaient	ils	avaient	pris
Ebenso: ap**prendre**, com**prendre**									
23	**recevoir**	je **reçois**	j'	ai	**reçu**	je recevais	j'	avais	reçu
	empfangen	tu **reçois**	tu	as	reçu	tu recevais	tu	avais	reçu
		il **reçoit**	il	a	reçu	il recevait	il	avait	reçu
		nous recevons	nous	avons	reçu	nous recevions	nous	avions	reçu
		vous recevez	vous	avez	reçu	vous receviez	vous	aviez	reçu
		ils **reçoivent**	ils	ont	reçu	ils recevaient	ils	avaient	reçu
24	**rire**	je ris	j'	ai	**ri**	je riais	j'	avais	ri
	lachen	tu ris	tu	as	ri	tu riais	tu	avais	ri
		il rit	il	a	ri	il riait	il	avait	ri
		nous rions	nous	avons	ri	nous **riions**	nous	avions	ri
		vous riez	vous	avez	ri	vous **riiez**	vous	aviez	ri
		ils rient	ils	ont	ri	ils riaient	ils	avaient	ri
Ebenso: sou**rire**									
25	**savoir**	je **sais**	j'	ai	**su**	je savais	j'	avais	su
	wissen	tu **sais**	tu	as	su	tu savais	tu	avais	su
		il **sait**	il	a	su	il savait	il	avait	su
		nous **savons**	nous	avons	su	nous savions	nous	avions	su
		vous **savez**	vous	avez	su	vous saviez	vous	aviez	su
		ils **savent**	ils	ont	su	ils savaient	ils	avaient	su
26	**suivre**	je **suis**	j'	ai	**suivi**	je **suivais**	j'	avais	suivi
	folgen	tu **suis**	tu	as	suivi	tu suivais	tu	avais	suivi
		il **suit**	il	a	suivi	il suivait	il	avait	suivi
		nous suivons	nous	avons	suivi	nous suivions	nous	avions	suivi
		vous suivez	vous	avez	suivi	vous suiviez	vous	aviez	suivi
		ils suivent	ils	ont	suivi	ils suivaient	ils	avaient	suivi
27	**tenir**	je **tiens**	j'	ai	**tenu**	je tenais	j'	avais	tenu
	halten	tu **tiens**	tu	as	tenu	tu tenais	tu	avais	tenu
		il **tient**	il	a	tenu	il tenait	il	avait	tenu
		nous tenons	nous	avons	tenu	nous tenions	nous	avions	tenu
		vous tenez	vous	avez	tenu	vous teniez	vous	aviez	tenu
		ils tiennent	ils	ont	tenu	ils tenaient	ils	avaient	tenu

Ebenso: appar**tenir**, ob**tenir**

futur composé	*futur simple*	*conditionnel*	*subjonctif*	*impératif*
je vais pouvoir	je pourrai	je pourrais	que je **puisse**	
tu vas pouvoir	tu pourras	tu pourrais	que tu puisses	
il va pouvoir	il pourra	il pourrait	qu'il puisse	
nous allons pouvoir	nous pourrons	nous pourrions	que nous puissions	
vous allez pouvoir	vous pourrez	vous pourriez	que vous puissiez	
ils vont pouvoir	ils pourront	ils pourraient	qu'ils puissent	
je vais prendre	je prendrai	je prendrais	que je prenne	
tu vas prendre	tu prendras	tu prendrais	que tu prennes	Prends …
il va prendre	il prendra	il prendrait	qu'il prenne	
nous allons prendre	nous prendrons	nous prendrions	que nous prenions	Prenons …
vous allez prendre	vous prendrez	vous prendriez	que vous preniez	Prenez …
ils vont prendre	ils prendront	ils prendraient	qu'ils prennent	
je vais recevoir	je recevrai	je recevrais	que je reçoive	
tu vas recevoir	tu recevras	tu recevrais	que tu reçoives	Reçois …
il va recevoir	il recevra	il recevrait	qu'il reçoive	
nous allons recevoir	nous recevrons	nous recevrions	que nous recevions	Recevons …
vous allez recevoir	vous recevrez	vous recevriez	que vous receviez	Recevez …
ils vont recevoir	ils recevront	ils recevraient	qu'ils reçoivent	
je vais rire	je rirai	je rirais	que je rie	
tu vas rire	tu riras	tu rirais	que tu ries	Ris.
il va rire	il rira	il rirait	qu'il rie	
nous allons rire	nous rirons	nous ririons	que nous riions	Rions.
vous allez rire	vous rirez	vous ririez	que vous riiez	Riez.
ils vont rire	ils riront	ils riraient	qu'ils rient	
je vais savoir	je **sau**rai	je saurais	que je **sache**	
tu vas savoir	tu sauras	tu saurais	que tu saches	**Sache …**
il va savoir	il saura	il saurait	qu'il sache	
nous allons savoir	nous saurons	nous saurions	que nous sachions	**Sachons …**
vous allez savoir	vous saurez	vous sauriez	que vous sachiez	**Sachez …**
ils vont savoir	ils sauront	ils sauraient	qu'ils sachent	
je vais suivre	je suivrai	je suivrais	que je suive	
tu vas suivre	tu suivras	tu suivrais	que tu suives	Suis …
il va suivre	il suivra	il suivrait	qu'il suive	
nous allons suivre	nous suivrons	nous suivrions	que nous suivions	Suivons …
vous allez suivre	vous suivrez	vous suivriez	que vous suiviez	Suivez …
ils vont suivre	ils suivront	ils suivraient	qu'ils suivent	
je vais tenir	je **tiend**rai	je tiendrais	que je tienne	
tu vas tenir	tu tiendras	tu tiendrais	que tu tiennes	Tiens.
il va tenir	il tiendra	il tiendrait	qu'il tienne	
nous allons tenir	nous tiendrons	nous tiendrions	que nous tenions	Tenons …
vous allez tenir	vous tiendrez	vous tiendriez	que vous teniez	Tenez.
ils vont tenir	ils tiendront	ils tiendraient	qu'ils tiennent	

	infinitif	*présent*	*passé composé*			*imparfait*	*plus-que-parfait*		
28	**venir**	je **viens**	je	**suis**	**venu(e)**	je venais	j'	étais	venu(
	kommen	tu **viens**	tu	es	venu(e)	tu venais	tu	étais	venu(
		il **vient**	il	est	venu	il venait	il	était	venu
		nous venons	elle	est	venue		elle	était	venue
		vous venez	nous	sommes	venu(e)s	nous venions	nous	étions	venu(
		ils **viennent**	vous	êtes	venu(e)s	vous veniez	vous	étiez	venu(
			ils	sont	venus	ils venaient	ils	étaient	venus
			elles	sont	venues		elles	étaient	venue

Ebenso: de**venir**, re**venir**, se sou**venir**

	infinitif	*présent*	*passé composé*			*imparfait*	*plus-que-parfait*		
29	**vivre**	je vis	j'	ai	**vécu**	je vivais	j'	avais	vécu
	leben	tu vis	tu	as	vécu	tu vivais	tu	avais	vécu
		il vit	il	a	vécu	il vivait	il	avait	vécu
		nous vivons	nous	avons	vécu	nous vivions	nous	avions	vécu
		vous vivez	vous	avez	vécu	vous viviez	vous	aviez	vécu
		ils vivent	ils	ont	vécu	ils vivaient	ils	avaient	vécu

Ebenso: sur**vivre**

	infinitif	*présent*	*passé composé*			*imparfait*	*plus-que-parfait*		
30	**voir**	je vois	j'	ai	**vu**	je voyais	j'	avais	vu
	sehen	tu vois	tu	as	vu	tu voyais	tu	avais	vu
		il voit	il	a	vu	il voyait	il	avait	vu
		nous voyons	nous	avons	vu	nous voyions	nous	avions	vu
		vous voyez	vous	avez	vu	vous voyiez	vous	aviez	vu
		ils voient	ils	ont	vu	ils voyaient	ils	avaient	vu
31	**vouloir**	je **veux**	j'	ai	**voulu**	je voulais	j'	avais	voulu
	wollen	tu **veux**	tu	as	voulu	tu voulais	tu	avais	voulu
		il **veut**	il	a	voulu	il voulait	il	avait	voulu
		nous voulons	nous	avons	voulu	nous voulions	nous	avions	voulu
		vous voulez	vous	avez	voulu	vous vouliez	vous	aviez	voulu
		ils **veulent**	ils	ont	voulu	ils voulaient	ils	avaient	voulu

futur composé	*futur simple*	*conditionnel*	*subjonctif*	*impératif*
je vais venir	je **viendr**ai	je viendrais	que je **vienne**	
tu vas venir	tu viendras	tu viendrais	que tu **viennes**	Viens.
il va venir	il viendra	il viendrait	qu'il **vienne**	
nous allons venir	nous viendrons	nous viendrions	que nous venions	
vous allez venir	vous viendrez	vous viendriez	que vous veniez	Venez.
ils vont venir	ils viendront	ils viendraient	qu'ils **viennent**	
je vais vivre	je vivrai	je vivrais	que je vive	
tu vas vivre	tu vivras	tu vivrais	que tu vives	Vis …
il va vivre	il vivra	il vivrait	qu'il vive	
nous allons vivre	nous vivrons	nous vivrions	que nous vivions	Vivons …
vous allez vivre	vous vivrez	vous vivriez	que vous viviez	Vivez …
ils vont vivre	ils vivront	ils vivraient	qu'ils vivent	
je vais voir	je **verr**ai	je verrais	que je voie	
tu vas voir	tu verras	tu verrais	que tu voies	Vois …
il va voir	il verra	il verrait	qu'il voie	
nous allons voir	nous verrons	nous verrions	que nous **voy**ions	Voyons …
vous allez voir	vous verrez	vous verriez	que vous **voy**iez	Voyez …
ils vont voir	ils verront	ils verraient	qu'ils voient	
je vais vouloir	je **voudr**ai	je voudrais	que je **veuille**	
tu vas vouloir	tu voudras	tu voudrais	que tu **veuilles**	
il va vouloir	il voudra	il voudrait	qu'il **veuille**	
nous allons vouloir	nous voudrons	nous voudrions	que nous **vou**lions	
vous allez vouloir	vous voudrez	vous voudriez	que vous **vou**liez	**Veuillez** …
ils vont vouloir	ils voudront	ils voudraient	qu'ils **veuillent**	

Verwendete Begriffe	Entsprechungen	Französische Bezeichnungen und Beispiele
Adjektiv	Eigenschaftswort	l'adjectif: *un garçon **sportif***
Adverb **• abgeleitetes ~** **• ursprüngliches ~**	Umstandswort	L'adverbe • ~ en -ment: ***heureusement*** • les autres adverbes: ***souvent, longtemps***
Artikel **• bestimmter ~** **• unbestimmter ~**	Geschlechtswort	l'article • ~ défini: ***le** stage; **l'**escalier; **les** jeunes* • ~ indéfini: ***un** concert; **une** chanson; **des** musiciens*
Aussagesatz		la phrase déclarative: *Ce soir, on fait la fête.*
Bedingungssatz **• realer ~** **• irrealer ~**		la phrase conditionnelle • ~ réelle: *Si tu **viens**, je **serai** content.* • ~ irréelle: *Si j'**étais** une star, j'**aurais** des fans.*
Demonstrativbegleiter	hinweisendes Fürwort	le déterminant démonstratif: *ce/cet/cette/ces*
Demonstrativ-pronomen		le pronom démonstratif: *celui-ci/celle-ci*
Indirekte Rede **Indirekte Frage**		le discours indirect: *Il dit que …* la question indirecte: *Elle demande si …*
Endungen		les terminaisons: *je chant**e**/tu rêv**ais***
Entscheidungsfrage	Gesamtfrage / Ja / Nein-Frage	l'interrogation totale: *Vous venez de Paris**?*** ***Est-ce que** vous venez de Paris?*
Ergänzung		le complément: *le portable **de Léo**; Amandine montre la prise de judo **à Léo**.*
Ergänzungsfrage	Teilfrage / Frage mit Fragewort / Wortfrage / W-Frage	l'interrogation partielle: ***Où** est mon appareil photo?* *A **quelle** heure le train arrive à Bordeaux?*
***Est-ce que*-Frage**	Umschreibungsfrage	l'interrogation avec *est-ce que*: ***Est-ce que** les résultats sont intéressants?* *Avec qui **est-ce que** Johnny fait de la musique?*
Femininum	weibliches Geschlecht	le genre féminin: ***une** ville*
Fragesatz		la phrase interrogative: *Qui est-ce?*
Fragepronomen		le pronom interrogatif: ***Lesquels** te plaisent?*
Futur composé	zusammengesetzte Zukunft	le futur composé: *Il **va acheter** les chips.*
Futur simple	einfache Zukunft	le futur simple: *Dans une semaine, nous **partirons** à Paris.*
Genus (das)	(grammatisches) Geschlecht	le genre: ***un** jeu; **une** gare*
Gérondif	Gerundium	le gérondif: ***en** chant**ant***
Imparfait	Vergangenheit	l'imparfait: *je rêv**ais**, nous fais**ions**, ils ven**aient***
Imperativ	Befehlsform	l'impératif: *Calm**ez**-vous/**Soyez** courageux.*

Verwendete Begriffe	Entsprechungen	Französische Bezeichnungen und Beispiele
Infinitiv	Grundform	l'infinitif: *être; chercher; vendre; faire*
Inversionsfrage	Frage durch Umstellung der Satzglieder	L'interrogation par inversion: *Où **habites-tu**? Où **va-t-elle**?*
Konditional		le conditionnel: *j'aimer**ais**, nous voudr**ions***
Konjugation	Beugung (des Zeitwortes)	la conjugaison: *je cherch**e**, tu cherch**es***, etc.
Lautbild (vgl. Schriftbild)	= wie etwas ausgesprochen wird	le code phonique
Maskulinum	männliches Geschlecht	le genre masculin: ***un** jeu*
Nomen (Substantiv)	Hauptwort / Namenwort	le nom (substantif): *le **festival**; la **danse***
Numerus (der)	Zahl	le nombre: ***un** voisin; **deux** voisins*
Objekt **• direktes ~** **• indirektes ~**	Satzergänzung • Akkusativobjekt • Dativobjekt	le complément d'objet: • ~ direct: *Estelle aime **le rock**.* • ~ indirect: *Johnny parle **à Dany**.*
Objektpronomen **• direktes ~** **• indirektes ~**	Fürwort als • direktes Objekt • indirektes Objekt	le pronom objet: • ~ direct: *Dany **le** trouve super.* • ~ indirect: *Il **lui** montre son instrument.*
Partizip Perfekt	Partizip II	le participe passé: *Elle a **dansé**. Il avait **attendu**.*
Passiv		le passif: *Les olives **sont récoltées** par Henri.*
Personalpronomen	persönliches Fürwort	le pronom sujet: *je, tu, il, elle, on, nous, vous, ils, elles*
Plural	Mehrzahl	le pluriel: ***les** affaire**s***
Plusquamperfekt	Vorvergangenheit	le plus-que-parfait: *Elle **avait parlé**.*
Possessivbegleiter	besitzanzeigendes Fürwort	le déterminant / l'adjectif possessif: ***mon / ton / son** copain*
Präposition	Verhältniswort	la préposition: ***à** Toulon; **de** Paris; **avec** Armelle; **sur** le lit*
Präsens	Gegenwart	le présent: *Luc **vient** du Canada.*
Pronomen	Fürwort	le pronom
Relativpronomen	bezügliches Fürwort	le pronom relatif: *qui, que, où, dont*
Reflexivpronomen	rückbezügliches Fürwort	le pronom réfléchi: *me, te, se, nous, vous*
Schriftbild (vgl. Lautbild)	= wie etwas geschrieben wird	le code graphique
Singular	Einzahl	le singulier: ***une** équipe*
Subjekt	Satzgegenstand	le sujet: ***Lauretta** joue un rôle très drôle.*
Subjonctif présent		le subjonctif présent: *Il faut que nous **soyons** à l'heure.*
Teilungsartikel		l'article partitif: *Didier mange **de la** glace.*
Verben **• regelmäßige ~** **• unregelmäßige ~** **• reflexive ~**	Tätigkeitswort	les verbes: *chercher; attendre; faire; vouloir …* • ~ réguliers: *chercher; attendre …* • ~ irréguliers: *devoir; vouloir …* • ~ pronominaux: *se dépêcher; s'amuser …*
Verbstamm		Le radical du verbe: *je **rentre** / je **rentr**ais*

A

B

C

D

E

F

G, H, I

J, K

L

M

N, O

P

Q, R

W, X, Y, Z

Bildquellen:
Fotolia LLC, New York: Cover (Jean-Michel Pouget) – Klett-Archiv, Stuttgart, 12.1 (Christine Séguret)